Os pobres nos prog

MW01294314

a favor dos pobres no Gana

Dr. Michael Wombeogo

Os pobres nos programas de intervenção para o desenvolvimento a favor dos pobres no Gana

ScienciaScripts

This book is a translation from the original published under ISBN 978-620-2-30658-4.

Publisher:
Sciencia Scripts
is a trademark of
Dodo Books Indian Ocean Ltd. and OmniScriptum S.R.L publishing group

120 High Road, East Finchley, London, N2 9ED, United Kingdom
Str. Armeneasca 28/1, office 1, Chisinau MD-2012, Republic of Moldova, Europe
Printed at: see last page
ISBN: 978-620-8-20908-7

DEDICAÇÃO

Este livro é dedicado aos meus pais e à minha família pelo seu amor, inspiração
e apoio.

Prefácio

Este livro, intitulado *the poor in pro-poor development intervention programme activities in Ghana*, é uma excelente ferramenta para estudos sobre o desenvolvimento, adequada tanto para os académicos como para os profissionais da área do desenvolvimento. A exposição dos principais instrumentos de desenvolvimento, tais como PRA, PAR, CDD, PLA, PPA, entre outros, algumas razões claras e intrigantes pelas quais as populações rurais do Gana são geralmente pobres, e outras questões interessantes e educativas levantadas neste livro, fazem dele um instrumento essencial para o ensino e a aprendizagem de todas as categorias de estudantes de desenvolvimento e profissionais na prática. A produção deste livro é oportuna e é altamente recomendada a todas as instituições de formação em desenvolvimento para facilitar a aprendizagem e a aquisição de competências, particularmente para a prática profissional ao longo da cadeia de desenvolvimento.

Dr. Joseph Ayembilla Anyagbilla
Diretor Executivo, Gabinete de Desenvolvimento Humano e Social da
Diocese Católica Navrongo-Bolgatanga
Região do Alto Oriente, Gana

RECONHECIMENTO

Gostaria de agradecer o apoio da minha promotora, a Professora Linda Cornwell, Diretora da Escola de Ciências Sociais da Universidade da África do Sul, pelos seus conselhos maternais e profissionais e pela supervisão deste trabalho. Além disso, estou sinceramente grato ao CODESRIA por me ter apoiado com uma bolsa de estudo para este trabalho. Estou grato aos chefes e ao povo de Namoaligo, Jawani, Nalerigu, Jirapa, Nandom, Kotintabig, Chiana e Mankarigu pelo enorme apoio e permissão para usar as suas comunidades para a pesquisa. Agradeço ao pessoal das agências e organizações que me apoiaram com informações durante a minha recolha de dados. Estou grato ao Dr. Joseph Ayembila pela leitura de provas e pela edição final do livro num prazo muito curto.

Além disso, estou sinceramente grato a todos os autores de livros, artigos e revistas, tanto publicados como não publicados, dos quais fiz referências para apoiar este livro. Finalmente, este trabalho foi possível graças ao enorme apoio que recebi da minha família e dos meus colegas. Estou grato pela sua bondade.

ABREVIATURAS

ABCD	–	Asset-based community development
ACDEP	–	Association of Church Development Project
AFRC	–	Armed Forces Revolutionary Council
BMZ	–	German Ministry for Development
CHPS	–	Community health-based programme and services
CDD	–	Centre for Democratic Development
CDD	–	Community-driven development
CIA	–	Criminal Investigation Association
CO_2	–	Carbon dioxide
CRS	–	Catholic Relief Services
DA	–	District Assembly
DACF	–	District Assembly Common Fund
DASF	–	Development Alternatives Services Foundation
DRA	–	Demand responsive approach
EFA	–	Education for all
ERPs	–	Economic recovery programmes
ESP	–	Education strategic programme
FASDEP	–	Food and Agriculture Sector Development Programme
FAWE	–	Forum for African Women Educationalists
FCUBE	–	Free compulsory universal basic education
GDI	–	Gross domestic index
GDP	–	Gross domestic product
GER	–	Gross enrolment rate
GES	–	Ghana education service
GHS	–	Ghana Health Service
GLSS 5	–	Ghana living and statistical service 5
GNI	–	Gross National Income
GoG	–	Government of Ghana
GPRS 1	–	Ghana Poverty reduction strategy 1
GPRS 11	–	Ghana poverty reduction strategy 2
GSS	–	Ghana Statistical Service
HDI	–	Human development index
HIPC	–	Highly indebted poor countries
HIV/AIDS	–	Human immune virus / Acquired immune-deficiency syndrome
IDA	–	integrated development approach
IFAD	–	International Food and Agricultural Development

IMF	–	International Monetary Fund
IRD	–	Integrated rural development
ISSER	–	Integrated scientific, social and educational research
JHS	–	Junior High School
JSS	–	Junior Secondary School
LEAP	–	Livelihood empowerment and agricultural programme
MCA	–	Millennium challenge authority
MCC	–	Millennium challenge centre
MDA	–	Millennium development authority
MDBS	–	Multi-donor budget support
MDG 1	–	Millennium development goal 1
MDGs	–	Millennium development goals
MOEYS	–	Ministry of Education, Youth and Sports
MOFA	–	Ministry of Food and Agriculture
NDC	–	National Democratic Congress
NGO	–	Non-governmental organisation
NGOs	–	Non-governmental organisations
NHIS	–	National Health Insurance Scheme
NIRP	–	National Institutional Renewal Programme
NNED	–	Northern Network for Education Development
NPP	–	New Patriotic Party
NR	–	Northern region
NRC	–	National Revolutionary Council
NYeP	–	National Youth Employment Programme
ODI	–	Overseas Development Initiative
OECD	–	Organisation for Economic Cooperation and Development
OVC	–	Organisation of Voluntary Cooperation
Oxfam GB	–	Oxfam Great Britain
PAR	–	Poverty action research
PLA	–	Participatory Learning in Action
PLHIV	–	People living with HIV
PM&E	–	Participatory monitoring and evaluation
PNDC	–	Provisional National Defence Council
PPA	–	Participatory poverty assessment
PPP	–	Public purchasing power
PRSP	–	Poverty reduction strategy paper
PRA	–	Participatory rural appraisal
REFLECT	–	Regenerated Freierian Literacy through Empowering Community Techniques

RRA	–	Rapid rural appraisal
SADA	–	Savannah Accelerated Development Authority
SAPs	–	Structural Adjustment Programmes
SEND	–	Social Education for National Development
SNV	–	Netherlands Development Cooperation
SPSS	–	Statistical package for social sciences
UER	–	Upper East region
UNCTAD	–	United Nations Conference on Trade and Development
UNDP	–	United Nations Development Programme
UNESCO	–	United Nations Education and Scientific Organisation
UNICEF	–	United Nations Children's Fund
USAID	–	United States Agency for International Development
USD	–	United States Dollar
UWR	–	Upper West region
VALCO	–	Volta Aluminium Company
VAT	–	Value added tax
WFP	–	World Food Programme

RESUMO

O objetivo é explorar a forma como a participação comunitária pode levar os beneficiários a descobrir e a comprometer-se com o que precisam para o futuro no norte do Gana. A metodologia utilizada foi um inquérito observacional, descritivo, qualitativo e quantitativo, transversal e longitudinal. Foi utilizado um método de amostragem conveniente para o processo de seleção da comunidade e do distrito. Os inquiridos foram selecionados aleatoriamente para garantir a igualdade de oportunidades para todos os que estavam disponíveis no momento da entrevista. Foram utilizadas oito comunidades das três regiões do norte do Gana, nas quais as intervenções comunitárias a favor dos pobres efectuadas por intervencionistas foram concluídas ou estão ainda em curso. No processo de recolha de dados, foram utilizadas as técnicas de avaliação rural participativa, reflexiva e participativa. Os resultados mostram que 57% dos homens e 43% das mulheres participaram no estudo. O estudo revela que 95,2% dos inquiridos da região Norte, 93,3% da região do Alto Oeste e 88,7% da região do Alto Este participaram mais em actividades conduzidas por ONG do que pelo Governo. Foram cinco as principais conclusões do estudo. Em primeiro lugar, 61% dos inquiridos dão grande prioridade ao crédito agrícola, aos furos/poços e às barragens. Os inquiridos afirmam que estas intervenções são as que mais beneficiam. Em segundo lugar, 92,4% dos inquiridos das oito comunidades participam mais em actividades organizadas por ONGs para ganho pessoal e motivação. Em terceiro lugar, 53% de todos os inquiridos-alvo participaram ativamente na fase de implementação do processo de participação. Em quarto lugar, há pouco investimento na área dos projectos de escolas, estradas e barragens nas comunidades em estudo. Apenas duas das oito comunidades beneficiaram de um projeto de escola ou de estrada, e três das oito comunidades beneficiaram de projectos de barragens. Em quinto lugar, 57% dos homens contra 43% das mulheres participam em actividades de intervenção a favor dos pobres nas oito comunidades. Como contribuição para o conhecimento, o livro mostra que os membros da comunidade no norte do Gana participam em actividades quando há motivação imediata (em dinheiro ou em géneros) ou quando os projectos se aproximam mais das suas principais áreas profissionais. O livro recomenda que o Governo facilite os membros da comunidade a exigir o direito de tomar parte ativa no processo participativo em todas as intervenções a favor dos pobres nas suas comunidades. *Palavras chave*: *participação, a favor dos pobres, comunidade, intervenção, programas, desenvolvimento*

ÍNDICE DE CONTEÚDOS

CAPÍTULO 1   9

CAPÍTULO 2   20

CAPÍTULO 3   84

CAPÍTULO 4   134

CAPÍTULO 5   155

CAPÍTULO 6   195

CAPÍTULO 1

1. 1Introdução

A participação pode implicar "ter uma parte em" ou "tomar parte em", enfatizando assim os direitos dos indivíduos e as escolhas que eles fazem para participar. Assim, a participação é um meio pelo qual os membros da comunidade se envolvem voluntariamente na aprendizagem para aumentar a sua competência e alargar as suas margens de benefícios através das intervenções que os actores do desenvolvimento fazem nas suas comunidades. É um veículo para tomar decisões que afectam a vida dos cidadãos e uma via para transferir o poder político daqueles que o exercem para as massas na base. A participação nas intervenções de desenvolvimento é um convite aos que vivem em circunstâncias difíceis para participarem no planeamento, na análise e na implementação de processos de intervenção de desenvolvimento com vista à mitigação das suas situações de subsistência. Foi efectuado um estudo de caso sobre a participação da comunidade em intervenções de desenvolvimento a favor dos pobres em oito comunidades, nomeadamente, *Nandom, Jirapa, Namoaligo, Kotintabig, Chiana, Jawani, Nalerigu e Mankarigu*, das três regiões do norte do Gana, nomeadamente, as regiões do Alto Oriente, do Alto Oeste e do Norte. O estudo visa particularmente os membros da comunidade (que são considerados neste contexto como os pobres das zonas rurais) e as questões e actividades de intervenção na pobreza rural. Os exemplos de estudos de casos são apresentados no ponto 1.2.2 infra.

Uma forma descritiva de participação em programas implicaria o envolvimento de um maior número de pessoas em situações ou acções de desenvolvimento que aumentam o seu bem-estar, por exemplo, o seu rendimento, segurança, prestígio ou autoestima. No contexto do desenvolvimento, a participação comunitária refere-se a um processo ativo em que os beneficiários da comunidade influenciam a direção e a execução de projectos de desenvolvimento a seu favor, em vez de serem meros receptores de uma parte dos benefícios do projeto (Kur, DePorres e Westrup, 2008, Paul, in Bamberger, 1986).

A participação da comunidade em programas a favor dos pobres tem sido

9

objeto de muito debate a nível mundial. Kur, DePorres e Westrup, (2008); Sankaran, Hase, Dick e Davies, (2007); Taylor e Pettit, (2007) e Oakley (1994), por exemplo, argumentaram que a participação da comunidade pode aumentar a eficiência do desenvolvimento, diminuindo os custos do projeto, reduzindo o tempo e poupando outros recursos, ao mesmo tempo que assegura que o projeto responde a necessidades autênticas. A participação permite que as pessoas influenciem a definição dos objectivos do programa, aumenta o seu empenho nesses objectivos e, consequentemente, aumenta a eficácia do projeto. A participação também aumenta a autossuficiência dos participantes das bases, dando-lhes oportunidades para passarem de dependentes a interdependentes, e desenvolve competências de comunicação que promovem o diálogo e as relações recíprocas (Maiter, Simich, Jacobson e Wise, 2008). Por outras palavras, os membros das bases começam a envolver-se em questões e processos que têm uma influência direta nos seus meios de subsistência e na redução da pobreza, juntamente com os implementadores ou intervenientes benevolentes nas actividades de redução da pobreza. A cobertura e o âmbito dos projectos de desenvolvimento podem ser melhorados através da mobilização dos recursos dos participantes locais, e a sua sustentabilidade pode ser aumentada pelo maior interesse e capacidade da comunidade local em apoiar a atividade em curso. Em muitas circunstâncias, a participação local pode melhorar a qualidade, a eficácia e a sustentabilidade dos projectos, reforçando o empenho e o sentido de apropriação por parte dos intervenientes locais.

O envolvimento conjunto ou colaborativo dos beneficiários em grupos é uma caraterística da participação comunitária. No contexto de um projeto de desenvolvimento, os beneficiários, enquanto indivíduos, podem participar de muitas formas. Só se pode dizer que a participação da comunidade ocorre quando as pessoas agem em conjunto para aconselhar, decidir ou agir sobre questões (Korten, 1980), que podem ser melhor resolvidas através dessa ação conjunta (por exemplo, quando existem externalidades ou quando os grupos organizados são essenciais para a criação de compromissos, aprendizagem, criação de confiança, partilha de custos, entre outros). Daí a utilização do termo qualificativo "comunidade". A participação da comunidade refere-se a um processo e não a um produto no sentido de partilhar os benefícios do projeto. Por exemplo, a aquisição de bens económicos através de um projeto (por exemplo, terra, casa, escolas, clínicas, estradas, entre outros) aumenta o poder e a liberdade das pessoas pobres. É possível, no entanto, que algumas pessoas beneficiem de um projeto, mas como o Banco Mundial (1987:2) observa, estes beneficiários podem ter dificuldade em manter os benefícios, uma vez que nunca passaram pelo processo de ação cooperativa, aprendizagem e desenvolvimento das suas capacidades ao longo da cadeia do projeto.

A questão do envolvimento das pessoas em intervenções a favor dos pobres nas suas comunidades tem sido, desde há algum tempo, uma preocupação global para os profissionais do desenvolvimento. É vista como um instrumento necessário para um desenvolvimento rural bem sucedido (Chambers, 2004:29; Fals Borda, 2001:32). No entanto, mais de 50 anos de tentativas de aplicação do conceito participativo mostram que as populações rurais do Gana, por exemplo, ainda não se envolveram nos processos de tomada de decisões em matéria de desenvolvimento. Esta preocupação parece ser possível mesmo sem um consenso comum sobre o que significa a participação comunitária. Este e outros conceitos e opiniões inter-relacionados sobre a participação comunitária em projectos a favor dos pobres são o foco desta investigação. O tema do livro começa por introduzir as linhas gerais do debate sobre a participação em geral, antes de se concentrar mais na participação da comunidade rural em programas de desenvolvimento e numa análise da pobreza.

Os parágrafos seguintes apresentam o problema de investigação, as questões de investigação e os objectivos da investigação.

1.2O problema de investigação
1.2.1Introdução ao problema de investigação
Esta secção centra-se nos antecedentes do problema de investigação, investigando até que ponto os pobres participam em programas de desenvolvimento a favor dos pobres; como é que os profissionais de desenvolvimento (profissionais, tal como referidos neste contexto, significam aqueles que estão diretamente envolvidos na assistência à comunidade com várias intervenções orientadas para a redução da pobreza) maximizam o potencial da comunidade em relação à sua participação ativa em programas de redução da pobreza realizados ou a serem realizados nas suas comunidades; e o impacto de tais programas de desenvolvimento nos meios de subsistência das pessoas.

11

1.2.2 Antecedentes   do problema de investigação

O Banco Mundial (2010:42) observa que uma maior participação nas intervenções de desenvolvimento comunitário pode levar à formulação e ao investimento em políticas a favor dos pobres, a um maior consenso social e ao apoio a reformas políticas difíceis. De acordo com a sua observação, as experiências com o envolvimento participativo ao nível da comunidade mostraram ligações positivas entre a participação, políticas macroeconómicas sólidas e intervenções governamentais e não governamentais mais eficazes a favor dos pobres.

No passado, os esforços para reduzir a pobreza rural tendiam a centrar-se no aumento do rendimento e da segurança alimentar das populações rurais pobres do Gana. Cada vez mais, tem sido dada uma maior ênfase aos factores humanos e sociais que causam a pobreza. Desde a década de 1990, os governos do Gana (Aryeetey, 2006) têm implementado várias políticas e programas orientados para a redução da pobreza e para a melhoria dos meios de subsistência dos cidadãos. A implementação destas políticas e programas é orientada por alguns documentos políticos fundamentais, nomeadamente A Visão 2020, a Estratégia de Redução da Pobreza do Gana I (GPRS I) e a Estratégia de Crescimento e Redução da Pobreza II (GPRS II). Ao contrário da GPRS I, publicada em 2003, que se centrava no objetivo dos ODM a favor dos pobres, a GPRS II centra-se no crescimento acelerado da economia (ClayDord Consult, 2006), de modo a que o Gana possa atingir o estatuto de país de rendimento médio num período mensurável até 2015. Esta mudança de enfoque baseou-se no facto de o Gana parecer estar no bom caminho para atingir a meta dos ODM e, nesse sentido, a aceleração do crescimento económico permitirá ao país implementá-los de forma ainda mais vigorosa (Grupo do Banco Mundial, 2010:48).

Embora os efeitos da pobreza e do subdesenvolvimento da população do norte do Gana tenham sido amplamente reconhecidos e estejam a ser feitos esforços pelo governo do Gana e por agências não governamentais que trabalham no Gana para mitigar a pobreza, os níveis de participação dos beneficiários destas intervenções têm sido o problema que este livro procura situar. O problema de investigação tem origem em provas empíricas obtidas através das minhas relações de trabalho diretas com algumas das comunidades rurais do norte do Gana. Durante o estudo, foi observado (pelo investigador) que as actividades de desenvolvimento planeadas e já implementadas ou em curso na maioria das comunidades rurais do norte do Gana por organizações governamentais e não governamentais tinham uma participação comunitária limitada, por exemplo, na tomada de decisões, na definição de prioridades e na elaboração do orçamento. Garantir a participação dos cidadãos locais no processo de planeamento do desenvolvimento é uma das principais dimensões das iniciativas comunitárias de intervenção a favor dos pobres. É necessária uma participação suficiente das mulheres e das pessoas pobres na identificação e definição de prioridades dos esquemas de desenvolvimento para a redução da pobreza e a melhoria da vida social. Abaixo estão alguns estudos de caso dentro das comunidades estudadas que lançam luz sobre o problema, conforme consta neste livro.

Estudo de caso 1

Um caso exemplar é o projeto de um conselho local em Namoaligo-Tindongo, no distrito de Talensi, na região do Alto Oriente do Gana, que foi abandonado tanto pelo governo como pelos membros da comunidade. O edifício tornou-se um esconderijo para criminosos e animais. Os membros da comunidade argumentaram, após o meu interrogatório, que a citação do edifício era imprópria e que "as pessoas" (ou seja, os responsáveis pela execução) recusaram o seu conselho. Para além disso, eles (as comunidades envolvidas) não foram consultados antes da construção do edifício e não foram informados sobre a sua utilização. Assim, a intenção subjacente ao edifício, que era a de oferecer às populações rurais uma via conveniente para participarem na tomada e na retirada de decisões, foi perdida.

Estudo de caso 2

Um incidente semelhante ocorreu em 2003 na comunidade de Jawani - Kambago, na região norte do Gana. Tratava-se de um edifício escolar. Os membros da comunidade queriam um edifício de cimento e betão, mas a ONG utilizou gravilha para construir a escola.

A escola desmoronou-se durante a estação das chuvas. As pessoas de Kambago ficaram muito descontentes com a ONG e chamaram à escola a escola da ONG que ruiu.

13

Estudo de caso 3

Em 2007, o deputado de Jirapa iniciou um projeto de barragem de irrigação em pequena escala. A intenção do projeto era oferecer aos jovens a oportunidade de permanecerem na agricultura durante todo o ano. No norte do Gana, a estação das chuvas é curta, de junho a outubro (cinco meses) e a estação seca parece muito mais longa, de novembro a maio (sete meses). As actividades agrícolas efectivas têm lugar entre junho e outubro. Durante o resto do período, os jovens ficam ociosos ou migram para o sul do Gana para se dedicarem a trabalhos braçais. Por muito boa que tenha sido a intenção do deputado na altura, os jovens continuaram a migrar para o sul do Gana durante a estação seca, deixando para trás a barragem de irrigação. Durante o estudo, as razões recolhidas pelo investigador foram que a comunidade queria que a barragem fosse colocada num local diferente, onde, na sua opinião, havia terra arável suficiente para a agricultura na estação seca, em vez do local onde o deputado colocou o projeto da barragem. Todos os apelos de alguns membros da comunidade para que o projeto não fosse colocado no local onde estava caíram em saco roto. Consequentemente, a colocação do projeto nesse local provocou uma reação natural das pessoas, que se recusaram a utilizar a barragem para cumprir as intenções originais da barragem, que era para a agricultura de irrigação em pequena escala durante a estação seca.

As razões ou intenções por detrás das limitações na participação comunitária são a preocupação deste estudo. Portanto, o estudo procura explorar as limitações na participação comunitária e como as intervenções a favor dos pobres podem situar os membros da comunidade para "descobrirem e comprometerem-se com o que precisam e querem para o futuro" (Van Dyk, 2005:176).

1.2.2.1 Declaração do problema

Tendo em conta a análise descritiva acima referida, este estudo centra-se no seguinte problema: A diferença entre a participação dos membros da comunidade e dos executores nas intervenções a favor dos pobres a nível local em projectos já implementados ou em curso a nível da comunidade no norte do Gana. O fraco envolvimento dos próprios membros da comunidade nas intervenções de desenvolvimento a nível de base para mitigar a pobreza rural tende a ter um impacto negativo no cuidado e na utilização das intervenções de desenvolvimento. Parece que os programas, que não satisfazem efetivamente as necessidades imediatas dos membros da comunidade, terminam com a partida dos executores da comunidade após cada visita. A razão pode ser que os membros da comunidade não sintam o impacto de tais programas em termos de alívio da pobreza, mas os percebam como pertencentes aos agentes ou organizações que os estabeleceram. Portanto, este livro procura descobrir como os membros da comunidade (beneficiários) das intervenções do projeto se situam num lugar oportuno (através do seu envolvimento ativo ou não) que os torna os proprietários e sustentadores finais de todas as actividades de desenvolvimento que tiveram lugar nas suas comunidades.

1.3Objectivos do estudo
1.3.1Primeiro objetivo da investigação
O principal objetivo do livro é explorar a forma como a participação da comunidade em intervenções a favor dos pobres pode levar os beneficiários a descobrir e a comprometer-se com o que precisam e querem para o futuro no norte do Gana.

1.3. 2Objectivos secundários da investigação
Os seguintes objectivos secundários abordam o problema de investigação e o objetivo primário de investigação.
1. descrever e analisar as actuais práticas de participação comunitária em programas a favor dos pobres e as razões para essas práticas no norte do Gana.
2. explorar as oportunidades disponíveis para os actores comunitários em intervenções a favor dos pobres, com ênfase no norte do Gana.
3. explorar os níveis de compreensão e os valores associados aos objectivos definidos pelos profissionais do desenvolvimento no trabalho de redução da pobreza em oito comunidades selecionadas no norte do Gana.

1.3.3 As questões de investigação
A principal questão de investigação é a seguinte: como é que a participação da comunidade em intervenções a favor dos pobres leva os beneficiários a descobrirem e a comprometerem-se com as suas necessidades e desejos para o futuro no norte do Gana?

As questões de investigação secundária são:
1. a participação da comunidade é explorada na prática em programas a

favor dos pobres como o principal objetivo dos profissionais do desenvolvimento?

2. a participação da comunidade nos programas de desenvolvimento existentes oferece alguma oportunidade aos actores do desenvolvimento[1] para identificar conhecimentos e talentos locais?

3. Será que a participação reflecte o poder da população local, tal como Mosse (2006:16) opina?

4 - De que forma é que os membros da comunidade compreendem os valores e as expectativas estabelecidos pelos profissionais do desenvolvimento em relação à redução da pobreza nas suas comunidades?

5. Finalmente, que níveis de participação esperam as comunidades locais e os actores do desenvolvimento uns dos outros para desempenharem um papel coletivo na realização dos objectivos de desenvolvimento que beneficiarão diretamente os beneficiários?

1.4 Justificação   e importância do estudo

Este livro procura salientar que os actores do desenvolvimento têm um papel de intermediação a nível comunitário através do reforço de capacidades no processo de ação cooperativa, aprendizagem e liderança comunitária e dinâmica de mobilização ao longo da cadeia do projeto. Além disso, o estudo analisa a forma como os actores do desenvolvimento ajudam os membros da comunidade a navegar, não só como participantes, mas também como possíveis investidores, que pretendem colher lucros dos seus esforços através da sua participação ativa nas intervenções iniciadas.

Significativamente, o livro examina duas palavras afiadas, comuns no discurso do desenvolvimento, que são envolvimento comunitário e participação comunitária. Estas palavras, embora semelhantes no uso, tendem a ter diferenças de espetro em termos do seu processo de implementação ativa. Num extremo do espetro, o envolvimento da comunidade não confere necessariamente uma capacidade de tomada de decisões aos membros da comunidade, mas dá-lhes a oportunidade de terem acesso a informações sobre iniciativas iminentes ou em curso nas suas

---

[1] Agentes de desenvolvimento - refere-se tanto a agentes de desenvolvimento não governamentais como governamentais que ajudam direta ou indiretamente nas actividades de desenvolvimento destinadas a reduzir a pobreza nas comunidades rurais.

16

próprias comunidades. No outro extremo do espetro, a participação comunitária permite que as opiniões da comunidade sejam procuradas e que os representantes da comunidade sejam incluídos nos processos de tomada de decisões. O envolvimento da comunidade é visto como a base para a participação na tomada de decisões institucionais (Chambers, 2004). Isto é feito através de um processo de comunicação bidirecional entre os intervenientes no projeto e os membros da comunidade, a fim de criar confiança entre as partes interessadas, avaliar a situação, explorar opções e procurar um consenso alargado que conduza a uma mudança sustentável. Por outras palavras, uma comunicação que se baseia na transformação planeada pela população de um estado de pobreza para um crescimento socioeconómico dinâmico que permite uma maior igualdade e um maior desenvolvimento das potencialidades individuais, em que os benfeitores (intervenientes no desenvolvimento) e os membros da comunidade que beneficiam das intervenções têm uma plataforma comum para partilhar experiências e pontos de vista.

Além disso, no contexto de uma estratégia a favor dos pobres, o livro procura salientar claramente que o desenvolvimento comunitário, como um processo, ativa, encoraja e apoia grupos de pessoas que vivem na pobreza para se juntarem em actividades que promovem o seu interesse comum. Também apoia e melhora as suas comunidades e permite-lhes influenciar ou ter uma palavra a dizer nas políticas que afectam diretamente o seu bem-estar.

Assim, depois de ter defendido a importância do estudo, o ponto seguinte resume os métodos de conceção da investigação e do estudo.

1.5Síntese da conceção e das metodologias de investigação

A conceção da investigação do livro utiliza uma abordagem combinada ou mista, sob a forma de observação e descrição, qualitativa e quantitativa, inquérito transversal e longitudinal (uma vez que os dados da investigação foram recolhidos ao longo de vários anos). O livro descreve quatro abordagens ou estratégias de investigação, nomeadamente, a indução, a investigação de avaliação, o estudo de caso e a investigação qualitativa. Os métodos utilizados na recolha e análise de dados são um método de amostragem conveniente utilizado no processo de seleção da comunidade e do distrito e uma abordagem de amostragem aleatória utilizada para a seleção dos inquiridos, a fim de proporcionar oportunidades iguais para comunidades semelhantes e para a inclusão de todas as pessoas de todos os géneros (ver detalhes no capítulo quatro deste livro para uma apresentação e análise aprofundadas da conceção e dos métodos de investigação).

A secção seguinte apresenta a estrutura do livro, com uma breve descrição de cada capítulo.

1.6Estrutura   do livro

Capítulo 1: neste capítulo, discute-se a pobreza no Gana em geral e como ela afecta as pessoas no norte do Gana em particular; os pobres rurais no Gana e por que razão as pessoas rurais são pobres no Gana; e as actividades a favor dos pobres que são implementadas nas comunidades pobres para aumentar os seus meios de subsistência. Seguem-se o padrão da investigação (metodologia, amostragem e técnicas de amostragem, entre outros) e os antecedentes das comunidades de investigação.

Capítulo dois; este capítulo fornece o quadro teórico e descreve a participação em programas de alívio da pobreza orientados pelos doadores e a participação da comunidade em actividades de intervenção de desenvolvimento a favor dos pobres. O tópico introduz o debate sobre a participação em geral, a participação da comunidade rural em programas de desenvolvimento em particular e, em seguida, a análise da importância da participação em intervenções a favor dos pobres entre os pobres rurais no norte do Gana. Para além desta discussão, é apresentada a forma como a interação entre os responsáveis pela implementação do desenvolvimento e os beneficiários da comunidade pode levar ao êxito do início e da sustentabilidade do programa nas comunidades rurais visadas.

O capítulo três apresenta uma análise situacional das comunidades estudadas. O capítulo apresenta as caraterísticas gerais da pobreza no Gana e uma análise aprofundada da situação da pobreza em cada região do norte do Gana. Para começar, o capítulo analisa as tendências económicas do Gana e a forma como estas se traduzem na distribuição da pobreza e no seu impacto na população do Gana em geral e do Norte do Gana em particular.

No quarto capítulo são apresentados os métodos de investigação e as abordagens conexas utilizadas para realizar a investigação para a compilação deste livro. Dá uma visão descritiva dos principais métodos e concepções de investigação utilizados na recolha de dados, na análise e nas conclusões do livro.

O capítulo cinco apresenta os resultados da investigação com indicações claras sobre as questões críticas apresentadas em quadros, os resultados e as discussões sobre os resultados.

O capítulo seis discute os resultados da pesquisa em três subtítulos principais, nomeadamente 6.1 que trata de como a participação comunitária é vista pelos actores de desenvolvimento; 6.2 trata do papel da participação comunitária na identificação do conhecimento local, talentos e valores e expectativas dos profissionais de desenvolvimento em relação aos programas a favor dos pobres; e 6.3 discute o género, poder, nível educacional e contribuição dos membros da comunidade na participação do programa a favor dos pobres. Seguem-se as conclusões sobre o livro baseadas nos resultados e discussões, as recomendações e as implicações para a teoria, prática e investigação futura, bem como as contribuições que este livro faz para o corpo de conhecimentos.

O sexto capítulo é seguido da bibliografia e dos anexos em apêndice.

CAPÍTULO 2

UM QUADRO TEÓRICO SOBRE OS PROGRAMAS DE INTERVENÇÃO A FAVOR DOS POBRES

2. 1Introdução

Este capítulo revê e analisa a literatura sobre a participação da comunidade em programas de intervenção a favor dos pobres[2] . O tópico começa por introduzir as linhas gerais do debate sobre a participação em geral, antes de se concentrar mais na participação da comunidade rural em programas de desenvolvimento e na análise da pobreza. Além disso, o tópico discute os pontos fortes e fracos dos instrumentos de participação nos programas de redução da pobreza e a procura de formas alternativas para novas abordagens da análise da pobreza, com vista a uma verdadeira participação da comunidade nas intervenções de desenvolvimento. Para além disso, a análise analisa a importância da participação em programas de intervenção a favor dos pobres nas zonas rurais. Além disso, a análise discute algumas formas estabelecidas em que a participação da comunidade na programação do desenvolvimento e a interação entre benfeitores e beneficiários[3] podem levar a uma implementação e sustentabilidade bem sucedidas do programa nas comunidades rurais.

2. 2Perspectiva histórica da participação comunitária e da intervenção a favor dos pobres

Na sua forma moderna, os conceitos de desenvolvimento comunitário e de participação comunitária ganharam forma na década de 1950 (Chowdhury,

---

[2]Os programas de intervenção a favor dos pobres referem-se às instituições, infra-estruturas, relações e processos sociais e económicos transformadores numa dada comunidade, tais como o crescimento agrícola e económico, a criação de novos empregos, a melhoria da saúde, da nutrição, da habitação, o aumento das oportunidades para todos os indivíduos da comunidade que lhes permitam realizar o seu potencial através da educação e uma voz forte para toda a população rural que molde as decisões e acções que afectam as suas vidas, através de actividades bem planeadas e implementadas a nível comunitário e destinadas a reduzir a pobreza baseada no rendimento ou no conhecimento entre as pessoas da comunidade.

[3]*Os beneficiários do desenvolvimento* são todos os membros da comunidade, incluindo as *"famílias camponesas"* (os camponeses são a maioria da humanidade, mas, apesar do seu número, são os menos compreendidos e pouco se sabe sobre as suas reacções à ajuda ao desenvolvimento) que recebem ajuda ao desenvolvimento; enquanto *os benfeitores* se referem aos doadores (agências internacionais, instituições financeiras locais e governos bilaterais) que concedem subsídios para actividades de desenvolvimento.

in Middlemiss, 2009). Da situação da década de 1950, em que o desenvolvimento comunitário era visto como sinónimo de participação comunitária, a situação passou de ser apenas orientada para a participação para uma situação em que parece não haver uma compreensão clara da relação entre os dois (Abbott, in Middlemiss, 2009). Claramente, isto tem impacto ou muda a perceção do que constitui a participação comunitária e o desenvolvimento.

Por conseguinte, é vital prestar mais atenção a quem está a participar, em quê e para benefício de quem. A utilização de não profissionais através de mecanismos de envolvimento dos cidadãos para resolver problemas sociais tornou-se um lugar comum (Kaufman e Poulin, in Middlemiss, 2009) nas intervenções comunitárias. A participação da comunidade no desenvolvimento remonta à década de 1970, quando era vista como uma componente importante do desenvolvimento rural e da estratégia de necessidades básicas. Foi em 1973, sob a liderança de Robert S. McNamara, que o Banco Mundial adoptou "novas direcções" na política de desenvolvimento rural, sendo a participação comunitária um dos elementos-chave. No seu discurso político, McNamara afirmou: "Nenhum programa ajudará os pequenos agricultores se for concebido por quem não tem conhecimento dos seus problemas e gerido por quem não tem interesse no seu futuro" (McNamara, 1973:26). Na sequência deste forte apelo do líder do Banco Mundial, o Banco começou a implementar a sua agenda de "novas direcções" num novo pacote denominado programa de "desenvolvimento rural integrado" (IRD) a partir de 1974. A partir daí, a participação passou a figurar frequentemente nos documentos programáticos de muitas agências internacionais de desenvolvimento. Mais tarde, na década de 1980, a participação tornou-se um discurso popular de autossuficiência e de actividades de autoajuda, em particular com as ONG. As ONG preencheram o espaço quando as agências governamentais estavam a recuar nos seus esforços de intervenções de desenvolvimento rural, como consequência das reformas neoliberais, tais como os programas de recuperação económica (PRE) e os programas de ajustamento estrutural (PAE) estabelecidos pelo Fundo Monetário Internacional (FMI) e pelo Banco Mundial como condições para os empréstimos dos países em desenvolvimento do Sul. No entanto, na década de 1990, a participação deixou de ser um fenómeno de intervenção de autoajuda orientado para as bases e passou a abranger uma parte muito maior da vida social, económica e política a nível mundial. "A

21

participação passou então a ser vista como um instrumento para atingir objectivos políticos importantes, como o "empoderamento" (Narayan, 2002:14), a "boa governação" (Laderchi, 2001:3) e a "consciencialização" (Freire, 1997:70), que exige que os pobres tomem consciência das suas condições através de uma "totalidade de reflexão e ação" (Mefalopulos, 2008:54), mantendo, pelo menos em teoria, um papel como um fim em si mesmo.

2. 3Explicação da participação

A nível internacional, os recursos para os serviços de ação social estão a diminuir. As pressões demográficas, a mudança de prioridades, a concorrência económica e as exigências de maior eficácia estão a afetar o curso do bem-estar social (Barr, 2003:227). Em todo o mundo, as instituições públicas parecem estar a responder aos apelos expressos por activistas, profissionais do desenvolvimento e pensadores progressistas no sentido de uma maior participação da comunidade na tomada de decisões importantes e na responsabilização dos governos pelos compromissos assumidos. No entanto, o significado exato de "participação" para estes diferentes actores pode variar enormemente. A imprecisão sobre o significado de participação pode ter ajudado a promessa de envolvimento do público a ganhar força, mas pode ser altura de mais daquilo a que Cohen e Uphoff (em Cornwall, 2008:11) chamam 'clareza através da especificidade' ou, dito de outra forma, definir em termos claros os diferentes papéis e funções no processo participativo, para que a participação cumpra a sua promessa democratizante de parceria holística entre os actores do desenvolvimento e os beneficiários.

Não existe consenso em torno de uma definição comum de participação: esta varia consoante a perspetiva aplicada. Alguns intervenientes (Tufte e Mefapulos, 2009:4) definem a participação como a mobilização de pessoas para eliminar hierarquias injustas de conhecimento, poder e distribuição económica. Outros (Mefalopulos, 2008:54) definem-na como o alcance e a inclusão de contributos de grupos relevantes na conceção e implementação de um projeto de desenvolvimento. Estes exemplos representam duas das principais abordagens à participação: *uma perspetiva de movimento social* e *uma perspetiva institucional ou baseada em projectos*. Estas perspectivas partilham um entendimento comum da participação como o envolvimento de pessoas comuns num processo de desenvolvimento conducente à mudança. No entanto, o seu âmbito e métodos podem ser diferentes.

Na perspetiva institucional acima referida, a participação pode ser utilizada como um instrumento para atingir um objetivo pré-estabelecido definido por alguém externo à comunidade envolvida. Para o movimento social acima referido, a participação em si pode ser um objetivo enquanto processo de capacitação. Existe, no entanto, um consenso crescente a favor da participação ativa nas fases iniciais de um projeto ou programa de desenvolvimento, tanto na investigação como na conceção das intervenções. Esta definição participativa de objectivos não garante um papel contínuo para a participação nas fases de execução do projeto. Indica apenas que, com a apropriação na definição de objectivos, será possível um processo sustentado com resultados e impacto relevantes.

Enquanto o debate prossegue, para efeitos do presente estudo, o autor propõe uma definição de participação comunitária em conformidade com Koelen e Van der Ban (2004:138), como 'um processo através do qual os membros da comunidade tomam parte na identificação das suas necessidades, estabelecendo prioridades, identificando e obtendo meios para satisfazer essas prioridades, incluindo o desenvolvimento, implementação e avaliação desses meios em termos dos seus resultados'. Em primeiro lugar, esta definição considera a participação da comunidade como um processo ativo em que os grupos beneficiários influenciam a direção e a execução de um projeto de desenvolvimento para melhorar o seu bem-estar em termos de rendimento, crescimento pessoal, autossuficiência ou outros valores que estimam. Em segundo lugar, a tónica é colocada na participação dos beneficiários e não na participação do pessoal do governo, do pessoal dos doadores ou das suas filiais. As pessoas (beneficiários) são o objeto do desenvolvimento e é o seu envolvimento na direção e execução dos projectos que constitui a principal preocupação da participação comunitária no contexto deste livro.

De um ponto de vista académico ou pragmático, a participação é um instrumento para melhorar a qualidade da investigação ou a eficácia e a utilidade de um projeto comunitário, ao abrir caminho para as actividades planeadas.

De acordo com Laderchi (2001:3), os discursos participativos estão protegidos por três "tributários" conflituosos que tentam moldar a forma como a participação tem sido redefinida ao longo do tempo e a compreensão contínua dos elementos da participação e a sua influência ao longo da sua evolução. Estes discursos incluem a auto-determinação, a eficiência e a ênfase na aprendizagem mútua. Estas três formas de pensar reflectem a participação como um processo *das* pessoas a quem se destinam os projectos e programas de desenvolvimento, através do seu empenho pessoal e coletivo e da sua convicção numa necessidade identificada que têm de tomar medidas para resolver, ou *para as* pessoas, como no caso de uma agência de desenvolvimento que toma a iniciativa e limita frequentemente a participação à consulta das comunidades e não necessariamente ao planeamento e à execução com elas (o que acontece frequentemente no Gana, tanto por parte do governo como das organizações não governamentais), ou *com as* pessoas, em que os membros da comunidade estão envolvidos na identificação da necessidade (Bhatt e Tandon, 2001:301) e as abordagens necessárias para responder a essa necessidade, as fontes dos meios necessários para responder à necessidade e as pessoas que devem executar as actividades envolvidas na satisfação das exigências da necessidade.

Os três tributos da participação manifestam-se na atuação de alguns agentes de desenvolvimento. Outras organizações de desenvolvimento abraçam a ideia de ajudar os membros da comunidade a criar consciência das suas necessidades e das formas estratégicas de as satisfazer, enquanto outras se concentram na adoção das reformas neoliberais, como os programas de ajustamento estrutural e de recuperação económica impostos pelas agências de desenvolvimento do Norte aos países do Sul (Chossudovsky, 1997:34), na redução dos esforços do Estado em matéria de participação no desenvolvimento e, em vez disso, concentram os seus esforços nos principais parceiros de desenvolvimento, como o FMI e o Banco Mundial, por um lado, e os clubes de Paris e Londres, por outro.

Noutra dimensão, semelhante às proposições de participação de Laderchi, White, et al (1994:16) imagina a participação como um caleidoscópio no sentido em que pode ser mutável, ilusória e frágil. Outros, como Rifkin (1985), Bamberger (1991:281284) e Pretty (1996:15-20), vêem a participação sob a forma de uma tríade concetual. A primeira é que a participação é o envolvimento *ativo* dos beneficiários do projeto (os membros da comunidade) na identificação, planeamento, implementação, gestão e avaliação de projectos de uma forma sistemática e sustentada. Ativo neste contexto significa que os beneficiários da comunidade não estão apenas incluídos nas fases do projeto, mas estão diretamente "envolvidos em influenciar e partilhar o controlo sobre iniciativas e decisões que os afectam" (Dulani, 2003:3). Dito de outra forma, os membros da comunidade não são trazidos para legitimar o processo de participação, continuando a ser contribuintes passivos e silenciosos, mas estão agora envolvidos ativamente, em pé de igualdade, em todas as deliberações e na implementação das decisões do projeto. A segunda é que a participação envolve *escolha*. Nas palavras de Rifkin (in Dulani, 2003:3), a participação é "o direito e a responsabilidade das pessoas de fazerem escolhas e, portanto, explícita ou implicitamente, de terem poder sobre as decisões que afectam as suas vidas". O envolvimento ativo dos beneficiários do projeto só se manifestaria no tipo de participação que escolhessem ter. O facto de os beneficiários serem simplesmente informados das decisões já tomadas para eles "não implica escolha e, portanto, não é participativo" (Dulani, 2003:3). A terceira é a participação **efectiva** nos processos do programa. O envolvimento ativo e a escolha existem quando as pessoas locais têm a oportunidade de fazer escolhas vitais. Desta forma, os pobres da comunidade desempenhariam um papel efetivo no processo participativo, assumindo o controlo e sendo capacitados no processo.

Além disso, a participação tem sido descrita de várias formas, utilizando terminologias específicas para qualificar o tipo de envolvimento da comunidade em actividades a favor das pessoas pobres. Algumas delas incluem "participação genuína" (White, et al, 1994:16); "auto-mobilização" (Pretty, 1994), em que a população local assume o controlo do processo de desenvolvimento, e "participação passiva" (Rifkin, 1985); "tokenismo" (Hart, 1992); "participação manipulada" (Bordenave, in Dulani, 2003:3) e "pseudo-participação" (White, et al, 1994:16-17), o que significa que a comunidade pobre apenas legitima o tipo de participação, mas o controlo e o processo de tomada de decisão do projeto cabem aos actores do desenvolvimento e às elites da comunidade. A participação das pessoas limita-se a uma escuta passiva.

No entanto, o problema central parece não residir na definição ou na compreensão da participação em si, mas sim no contexto em que é utilizada e comunicada. Na definição, nas explicações e na compreensão variada do termo participação, está implícito o elemento de ser uma atividade ou um processo. No discurso sobre desenvolvimento, a participação é definida e utilizada para conotar tanto um processo como um resultado. No entanto, a participação cria diálogos e aumenta a confiança dos participantes que dela beneficiam. Estes processos podem ser capacitantes ou incapacitantes. Por outras palavras, dependendo de quem implementa o processo participativo, este pode ser vantajoso (capacitador) ou ter consequências negativas para os beneficiários (incapacitar os seus esforços e contribuição). Por conseguinte, este estudo define a participação como um processo que permite um diálogo entre as pessoas locais que constroem um significado narrativo do que é a participação para elas, para posterior interpretação por pessoas de fora.

2.3.1 Crítica   da participação

A participação dos membros da comunidade é uma atividade voluntária e implica dotar os participantes de conhecimentos e formação adequados, o que os deixa igualmente satisfeitos. No entanto, é de notar que a participação plena de todos os intervenientes em qualquer fase do processo não é possível e, em alguns casos, provavelmente não é inteiramente desejável. O termo é utilizado frequentemente e num conjunto diversificado de contextos, mas sem explicação; consequentemente, o seu significado tornou-se bastante confuso (Chiweza, in Jacobs, 2010:382). Na mesma linha, Amanda (2000:1) argumentou que o uso generalizado do termo 'participação' mascarou a heterogeneidade evidente na sua realização na prática. Isto deve-se ao facto de não se poder assumir uma abordagem coerente em todos os pormenores do processo participativo de iniciação, planeamento, implementação e avaliação de ideias. Teoricamente, os intervencionistas no domínio do desenvolvimento consideram que o controlo da tomada de decisões passa para o nível local ou de base através da participação.

Para algumas situações e questões técnicas, não faria sentido alargar o exercício de tomada de decisão participativa. Se as prioridades forem decididas de forma participativa e houver um amplo consenso, por exemplo, para construir uma escola num determinado local, não há necessidade de envolver todos os interessados nas decisões técnicas relativas ao tipo de betão, parafusos e outras especificações técnicas de construção. A menos que haja pessoas familiarizadas com diferentes especificações técnicas de engenharia, a participação geral só atrasaria o processo e não beneficiaria o resultado final. No entanto, em geral, um processo participativo global (pelo menos nas etapas principais) é relevante para assegurar uma liderança e uma

26

gestão transparentes de uma escola ou de outro projeto de infra-estruturas, incluindo a garantia de igualdade de acesso à escola de acordo com as políticas e os preços acordados.

Rahman (in Amanda, 2000) defende que a tendência participativa deve ser tratada ao nível da metodologia e deve centrar-se naquilo que ele descreve como o processo de animação. A animação refere-se ao processo de capacitar as pessoas para se considerarem os principais actores das suas vidas, de modo a desbloquearem estados de dependência mental e apatia e a exercerem o seu potencial criativo em situações sociais. A animação implica um processo de aprendizagem através da participação, durante o qual o controlo do processo pelo facilitador é cedido aos sujeitos. Segundo Rebien (in Amanda, 2000:2-6), parece que a abordagem participativa não teve em conta que os participantes activos podem desafiar a forma como a avaliação é organizada e, por conseguinte, a participação pode ser considerada como um meio de assegurar a aceitação da avaliação. Oakley (1991) faz uma distinção importante entre a participação como um meio e como um fim. A participação como meio implica que deve ser utilizada para atingir uma meta ou objetivo pré-determinado e é um exercício a curto prazo. Oakley contrasta a participação como um meio com a participação como um fim, que implica um 'processo de desdobramento' que serve para desenvolver e reforçar as capacidades dos participantes para se envolverem em iniciativas.

Embora os argumentos a favor das abordagens participativas sejam persuasivos, Dudley (in Amanda, 2000:2) questiona o seu valor prático no discurso do desenvolvimento comunitário: 'A participação comunitária pode ter ganho a guerra das palavras mas, para além da retórica, o seu sucesso é menos evidente'. Esta falta de sucesso evidente tem sido o resultado de um desafio geral para tornar explícita a natureza da participação e o que a participação procura alcançar. Cleaver (1999:1) argumenta que, apesar das reivindicações de participação, há poucas provas da eficácia a longo prazo da participação, melhorando realisticamente a base material dos membros vulneráveis da comunidade ou servindo como estratégia para a mudança social. Uma preocupação é que as agências de desenvolvimento estão a implementar práticas participativas de formas que servem as suas próprias agendas, mas levam os membros da comunidade a acreditar que é a panaceia para melhorar a imagem das pessoas ou da comunidade em que vivem. Isto é o que Cleaver (1999:1) descreve como "um ato de fé no desenvolvimento".

27

Algumas críticas abrangentes vêem a ideia de desenvolvimento participativo como defeituosa, idealista, ingénua (Christens & Speer, (2006) e tirânica (Cleaver, 1999) pelas três deduções principais seguintes:

Em primeiro lugar, a tirania do domínio das agências multinacionais e dos financiadores existe mesmo por baixo da retórica e das práticas de participação e aborda o controlo duradouro da tomada de decisões detido pelas agências e financiadores. Em segundo lugar, a ênfase nas práticas participativas obscurece muitas limitações e manipulações que suprimem as diferenças de poder locais; de facto, as práticas participativas contribuem por vezes para a manutenção e exacerbação das diferenças de poder locais. Trata-se de uma tirania a nível do grupo e aborda a conhecida dinâmica psicológica social do funcionamento do grupo, que é largamente ignorada no discurso da participação. A terceira forma de tirania aborda o domínio do método participativo, observando que a aceitação esmagadora da participação, particularmente dos objectivos e valores expressos, limitou o diálogo e até a consideração de outros métodos para cultivar o desenvolvimento. A crítica tradicional ao desenvolvimento era que as pessoas de fora e os peritos definiam a agenda e tomavam as decisões e que a participação era um antídoto para este poder. No entanto, ao nível das agências multinacionais e dos financiadores, a participação é sinónimo de planeamento central. Muitas agências internacionais (tais como a Catholic Relief Services, a World Vision International e a Action Aid) e financiadores justificam os processos participativos observando a eficiência e a produtividade com que os métodos participativos fazem avançar os objectivos das organizações de desenvolvimento. Na linguagem empresarial, a participação poupa "custos de transação". Assim, apesar da retórica participativa, o status quo do planeamento de cima para baixo é mantido, embora Chambers (2005) dê a impressão de que a participação abrange uma gama de níveis, de baixo a alto. Os exemplos de níveis baixos de participação incluem: o fornecimento de informação às pessoas ou às comunidades e os níveis elevados de participação são: quando as pessoas exercem efetivamente o poder de decisão. No entanto, depois de o seu contributo ser tido em conta, não é necessário que estejam diretamente envolvidas nas decisões, especialmente nas decisões técnicas que possam ultrapassar os seus interesses ou conhecimentos específicos. O reforço das capacidades para desenvolver a confiança, a autoestima e a compreensão das pessoas apoia a sua capacitação e participação. Não é o mesmo que o desenvolvimento de competências para

28

equipar as pessoas para trabalharem da forma como as agências tradicionalmente trabalhavam. Talvez seja neste dilema considerável que Dulani (2003:4) tenta uma qualificação adjetival da explicação como um processo de "envolvimento ativo...". Embora o ponto de vista de Dulani tenda a esclarecer um pouco o que é o envolvimento e a participação, descrevendo a participação como envolvimento ativo, o que significa *ativo* na opinião expressa continua a ser nebuloso. O significado de ativo não é bem explicado. Assim, a participação continua a ser um processo que não está inteiramente disponível para o envolvimento absoluto da comunidade, como o termo pode sugerir.

Ao permitir a participação das partes interessadas, um planeador de desenvolvimento ou gestor de projeto deve equilibrar a inclusão com o tempo, os recursos, os interesses e os conhecimentos dos indivíduos e grupos relacionados com a mudança pretendida. As principais partes interessadas afectadas pela mudança devem ter a oportunidade de participar em todo o processo de tomada de decisão que define a mudança necessária. Assim, no que diz respeito ao primeiro critério de Rebien, o investigador conclui que a noção de *oferecer aos* participantes papéis activos é fraca, porque não reconhece as tendências arraigadas para a independência dos participantes em relação a fontes externas de conhecimentos especializados, a fim de fazer com que a participação funcione na realidade. Por conseguinte, requer o recurso a um apoio metodológico, tal como o oferecido pelo processo de animação de Rahman.

2. 4Participação comunitária

luz destes debates, a participação comunitária tem sido referida como compreendendo duas terminologias-chave (Schmidt e Rifkin, 1996:346); nomeadamente, "comunidade" e "participação". Segundo eles (Schmidt e Rifkin 1996), a comunidade refere-se a um "grupo específico de pessoas com interesses comuns que vivem numa área geográfica definida". Interesses partilhados neste contexto podem significar ligações ou linhagens ancestrais, antecedentes culturais ou semelhanças profissionais (tais como as ferramentas, fontes de energia e outros artefactos que um grupo de pessoas utiliza na produção, a criação de riqueza e os tipos de atividade económica em que estão envolvidos estão intimamente ligados às suas organizações culturais e padrões de comportamento desenvolvidos ou caracterizados por eles). A definição de comunidade de Schmidt e Rifkin não é suficiente. Não tem em consideração as divisões no seio da comunidade e as relações de poder desiguais (Ellis, 2005:4). Ao nível da comunidade, a cultura e a tradição são elementos fortes e definem a coesão geral e a identidade das pessoas dentro da comunidade. Estes elementos definem as relações de poder e a divisão de género, prescrevendo os vários papéis para os membros da comunidade.

Tendo em conta a definição de comunidade de Schmidt e Rifkin e a elaboração acima sobre participação, Dulani (2003:4) oferece uma definição abrangente de participação comunitária como: "O envolvimento ativo das comunidades locais em iniciativas de desenvolvimento, em que grupos específicos, que partilham os mesmos interesses ou vivem numa área geográfica definida, procuram ativamente identificar as suas necessidades e estabelecer mecanismos para fazer a sua escolha de forma eficaz". Por outras palavras, os membros da comunidade têm de identificar as suas próprias necessidades, reconhecer os desafios envolvidos na realização das suas necessidades sentidas e procurar genuinamente meios adequados para as satisfazer. Desta forma, como Dulani vê, os membros da comunidade seriam vistos como participativos nos processos de actividades de desenvolvimento orientadas para a redução da pobreza na sua própria área e para seu benefício final. A seguir, a tipologia participativa de Pretty, sob a forma de uma escada, define diferentes tipos de participação e apresenta as caraterísticas de cada categoria.

2.4. 1Objectivos de participação

Objetivo de capacitação: Além disso, o objetivo fundamental de capacitar as pessoas para enfrentarem desafios e influenciarem o rumo das suas próprias vidas é inerente à participação. Na definição de capacitação de Deepa Narayan, a participação torna-se um ponto de viragem: "A capacitação é a expansão dos activos e das capacidades das pessoas pobres para participarem, negociarem, influenciarem, controlarem e responsabilizarem as instituições que afectam as suas vidas" (Narayan 2006:5). A perspetiva de Narayan é a perspetiva institucional, em que a participação para o empoderamento consiste em reforçar as capacidades das pessoas e o lado da procura da governação. O Banco Mundial, no livro de referência sobre a participação (1996), define a participação como "um processo através do qual as partes interessadas influenciam e partilham o controlo sobre as iniciativas de desenvolvimento e as decisões e recursos que as afectam". O conceito de capacitação da periferia para o centro ou, por outras palavras, das comunidades rurais para os centros urbanos economicamente dotados, perde-se se a participação for influenciada mais pelos intervenientes na execução do que pelos intervenientes beneficiários ou pelos membros da comunidade.

Objetivo político: As causas de muitos destes fracassos foram atribuídas à compreensão limitada do contexto local e ao envolvimento insuficiente das partes interessadas locais. Além disso, os mal-entendidos e as diferenças de perceção sobre os principais problemas conduziram frequentemente a uma adesão política limitada e a uma conceção deficiente do projeto. Ao envolver ativamente as partes interessadas desde o início e ao procurar um consenso mais amplo em torno das iniciativas de desenvolvimento, a comunicação participativa começou a ser considerada uma ferramenta crucial para evitar os erros do passado. Muitos conflitos e obstáculos podem ser evitados se forem abordados atempadamente. Além disso, uma participação genuína aumenta o sentimento de apropriação do projeto pelas partes interessadas locais, reforçando assim a sustentabilidade. Por um lado, os profissionais da comunicação poderão ter de enfrentar um processo mais complexo para ter em conta os muitos pontos de vista a conciliar, mas, por outro lado, é provável que obtenham alguns benefícios adicionais. Por exemplo, a comunicação dos objectivos e resultados do projeto pode tornar-se redundante, uma vez que as partes interessadas já estarão conscientes, muitas delas já considerarão as iniciativas como suas e participarão ativamente no projeto.

Objetivo de Voz: O valor da comunicação participativa, no entanto, não é apenas considerado devido aos melhores resultados que pode produzir. A participação das pessoas é também considerada um direito próprio por um número crescente de ONG, organizações internacionais e agências da ONU. A este respeito, a comunicação participativa cumpre uma função social mais alargada, dando voz às pessoas mais pobres e marginalizadas de todo o mundo. Ao envolver todos os intervenientes relevantes, a comunicação participativa torna-se uma ferramenta que ajuda a aliviar a pobreza, atenua a exclusão social e assegura que as prioridades e os objectivos são acordados e aperfeiçoados por uma base mais alargada de constituintes. Este processo melhora os resultados globais e a sustentabilidade de qualquer iniciativa de desenvolvimento.

2.4.2 Estágios do desenvolvimento participativo

A participação em cada questão do projeto pode ser dividida em fases, e esta divisão facilita a avaliação de quando e em que medida uma abordagem participativa é relevante. De uma perspetiva institucional, existem quatro fases fundamentais de um projeto de desenvolvimento (Tufte e Mefapulos, 2009):

1. **A fase de investigação** é a fase em que o problema de desenvolvimento é definido com exatidão. Todas as partes interessadas relevantes podem ser envolvidas neste processo. A investigação em torno do problema de desenvolvimento pode incluir o estudo de experiências anteriores, conhecimentos e atitudes individuais e comunitários, políticas existentes e outras informações contextuais relevantes relacionadas com as condições socioeconómicas, a cultura, a espiritualidade, o género, etc.

2. **A fase de conceção** define as actividades reais. Uma abordagem participativa ajuda a garantir a apropriação e o empenhamento das comunidades envolvidas. A participação ativa dos cidadãos locais e de outras partes interessadas visa melhorar a qualidade e a pertinência das intervenções sugeridas.

3. **A fase de implementação** é quando a intervenção planeada é implementada. A participação nesta fase aumenta o empenhamento, a relevância e a sustentabilidade.

4. **Avaliação** A participação **na fase de avaliação** garante que as mudanças mais significativas sejam expressas, levadas ao conhecimento de todos e avaliadas. Para uma avaliação significativa, os indicadores e as medidas devem ser definidos num processo participativo logo no início da iniciativa, com a participação de todas as partes interessadas.

2.4.3 Os tipos de participação

A distinção entre participação como um objetivo e participação como uma ferramenta utilizada em fases específicas do projeto permite identificar diferentes percepções de participação. Cada uma das categorias abaixo refere-se a diferentes níveis de participação e comunicação (Tufte e Mefalopulos, 2009:18; Mefalopulos 2008:91ff; Pretty in Dulani, 2003:4-5). Ao iniciar um projeto ou programa de desenvolvimento, é útil clarificar qual a perceção de participação que orientará concetualmente a estratégia. Alargando o conceito, Pretty (in Dulani, 2003:4-5), posiciona a participação numa escada de sete passos, como mostra a tabela 2.1 abaixo.

Quadro 2.1 A escada de participação

Typology	Characteristics
1. Passive participation	People participate by being told what is going to happen or has already happened. It is a unilateral announcement by an administration of project management without listening to people's responses.
2. Participation in information giving	People participate by answering questions posed by extractive researchers using questionnaire surveys or similar approaches. People do not have the opportunity to influence proceedings, and research findings are neither shared nor checked for accuracy.
3. Participation by consultation	People participate by being consulted or answering questions, and external people listen to views. These external professionals define both problems and solutions, and may modify these in the light of people's responses. Such a consultative process does not concede any share in decision-making and professionals are under no obligation to take on board people's views.
4. Participation for material incentives	People participate by providing resources, such as labour, in return for food, cash and other material incentives. However, the people have no stake in prolonging activities when the incentives end.
5. Functional participation	People participate by forming groups to meet predetermined objectives related to the project. Such involvement does not tend to be dependent on external initiators and facilitators, but may become self-dependent.
6. Interactive participation	People participate in joining analysis, which leads to action plans and the formation of new local institutions or the strengthening of existing ones. Participation is seen as a right, and not just a means to achieve project goals. These groups take control over local decisions, and so people have a stake in maintaining structures.
7. Self-mobilisation	People participate by taking initiatives independent of external institutions to change systems. They develop contacts with external institutions for resources and technical advice they need, but retain control over how resources are used.

Adaptado de Pretty (in Dulani, 2003:5)

O nível superior da escada representa o tipo mais restrito de participação comunitária. O nível intermédio representa um alargamento gradual do espaço participativo e o sétimo e mais baixo degrau da escada representa o nível mais elevado de participação comunitária. O sétimo nível é o ideal e a forma mais significativa de envolvimento da comunidade na programação a favor dos pobres que manifesta o seu desejo coletivo de assumir o controlo dos assuntos que afectam as suas vidas.

Na mesma linha, Mefalopulos (2008:91ft) resume os tipos de participação em quatro, como se segue:

A participação passiva é a menos participativa das quatro abordagens. As principais partes interessadas de um projeto participam ao serem informadas sobre o que vai acontecer ou já aconteceu. O feedback das pessoas é mínimo ou inexistente, e a sua participação é avaliada através de métodos como a contagem de cabeças e a contribuição para a discussão (por vezes referida como participação por informação).

A participação por consulta é um processo extrativo, em que as partes interessadas dão respostas a questões colocadas por investigadores ou peritos externos. Os contributos não se limitam às reuniões, podendo ser fornecidos em diferentes momentos. No entanto, em última análise, este processo consultivo mantém todo o poder de decisão nas mãos de profissionais externos que não têm qualquer obrigação de incorporar os contributos das partes interessadas.

A participação por colaboração forma grupos de partes interessadas primárias para participarem na discussão e análise de objectivos pré-determinados estabelecidos pelo projeto. Este nível de participação não resulta normalmente em mudanças drásticas no que deve ser realizado, que muitas vezes já está determinado. No entanto, exige um envolvimento ativo no processo de tomada de decisão sobre a forma de o alcançar. Isto incorpora uma componente de comunicação horizontal e de desenvolvimento de capacidades entre todas as partes interessadas - um esforço conjunto de colaboração. Mesmo que inicialmente dependa de facilitadores e especialistas externos, com o tempo a participação colaborativa tem o potencial de evoluir para uma forma independente de participação. **A participação com base na capacitação** é aquela em que os principais interessados são capazes e estão dispostos a iniciar o processo e a tomar parte na análise. Isto leva a uma tomada de decisão conjunta sobre o que deve ser alcançado e como. Enquanto as pessoas de fora são parceiros iguais no esforço de desenvolvimento, as partes interessadas primárias *são primus inter pares*, ou seja, são parceiros iguais com uma palavra importante a dizer nas decisões que dizem respeito às suas vidas. O diálogo identifica e analisa questões críticas e a troca de conhecimentos e experiências conduz a soluções. A propriedade e o controlo dos processos de desenvolvimento[4] estão nas mãos dos principais interessados (os membros da comunidade).

Os parágrafos que se seguem discutem algumas ferramentas participativas básicas utilizadas principalmente por intervencionistas em programas a favor

---

[4] A adoção da participação comunitária, incluindo o seu significado para os diferentes agentes e a forma como cria novos espaços de diálogo, aceitabilidade, aprendizagem, sensibilização e transformação dos comportamentos e atitudes da comunidade de várias formas inesperadas na cadeia de desenvolvimento.

dos pobres a nível comunitário para criar consciência sobre como facilitar a luta contra a sua opressão interna e externa ou para ajudar as comunidades rurais e pobres com infra-estruturas vitais e micro apoio socioeconómico para aliviar o seu nível de sofrimento e carência.

2.5 Ferramentas participativas na participação comunitária

2.5.1Origens dos instrumentos de participação

Alguns destes métodos tiveram origem na antropologia, enquanto outros têm as suas raízes na Universidade de Chiang Mai, em 1978, no Sudeste Asiático. A avaliação rural rápida (RRA), agora designada *por ação rural descontraída* (Chambers 2006:4), desde a sua promoção na década de 1980 pela Universidade de Khon Kaen na Tailândia, trouxe inovação e inspiração ao discurso do desenvolvimento. O termo PRA foi utilizado pela primeira vez no Quénia e na Índia por volta de 1988 e 1989. "Alguns dos primeiros PRA no Quénia estavam ligados à produção de planos de gestão dos recursos da aldeia e à análise rápida das bacias hidrográficas" (Chambers, 2006:4). A partir de 1989, o PRA difundiu-se com muitas inovações e aplicações na Índia e no Nepal.

2.5. 2Ferramentas de participação

Os instrumentos participativos, como a avaliação rural participativa (PRA), a aprendizagem e ação participativas (PLA), as avaliações participativas da pobreza (PPA) e a investigação-ação participativa (PAR), têm sido utilizados para oferecer muitos processos de elaboração de políticas no domínio do desenvolvimento comunitário. A ação participativa transforma o interesse das organizações da sociedade civil, estimula e ajuda as lutas das pessoas. A investigação-ação participativa baseia-se na "premissa de que as pessoas comuns são conhecedoras das suas realidades sociais e capazes de articular os seus próprios conhecimentos" (Bhatt e Tandon, 2001:301). O cerne da investigação-ação participativa (PAR) é a identificação e a aplicação dos conhecimentos das pessoas sobre as suas necessidades e as várias estratégias que utilizam para satisfazer essas necessidades (ver pormenores no ponto 2.5.3).

A avaliação rural participativa evoluiu a partir da avaliação rural rápida (ARR, um conjunto de técnicas informais utilizadas pelos profissionais do desenvolvimento nas zonas rurais para recolher e analisar dados). A avaliação rural rápida desenvolveu-se nas décadas de 1970 e 1980 em resposta aos problemas detectados de pessoas de fora que não se encontravam ou não comunicavam corretamente com a população local no contexto do trabalho de desenvolvimento.

As raízes das técnicas de avaliação rural participativa encontram-se no ativismo e nos métodos de educação de adultos de Paulo Freire e nos clubes de estudo do Movimento Antigonish (Chambers, 1983). O consenso coletivo era que uma população local ativamente envolvida e capacitada era essencial para um desenvolvimento comunitário rural bem sucedido. Chambers, um dos principais expoentes do PRA, argumenta que a abordagem deve muito ao "tema freiriano de que as pessoas pobres e exploradas podem e devem ser capacitadas para analisar a sua própria realidade". (Chambers, 1997:106) No início da década de 1980, havia uma insatisfação crescente entre os especialistas em desenvolvimento, tanto com o reducionismo dos inquéritos formais, como com os preconceitos das visitas típicas ao terreno.

Em 1983, Robert Chambers, um membro do Institute of Development Studies (Reino Unido), utilizou o termo *Rapid Rural Appraisal* para descrever técnicas que poderiam provocar uma "inversão da aprendizagem" (Chambers, 2006). Dois anos mais tarde, realizou-se na Tailândia a primeira conferência internacional para partilhar experiências relacionadas com a ARR (Proceedings on PRA, 1985). Seguiu-se um rápido crescimento no desenvolvimento de métodos que envolviam as populações rurais na análise dos seus próprios problemas, na definição dos seus próprios objectivos e na monitorização dos seus próprios resultados. Em meados da década de 1990, o termo ARR tinha sido substituído por uma série de outros termos, incluindo 'Avaliação Rural Participativa (ARP)' e 'Aprendizagem e Ação Participativas' (APAP).

Chambers (1993) chama ao ARP um "novo profissionalismo" para o desenvolvimento, mas reconhece que as descobertas e inovações significativas que informaram a metodologia não foram suas, mas sim da engenhosidade dos profissionais do desenvolvimento na Índia, em África e noutros locais. Profissionais como James Mascarenhas, Parmesh Shah, Meera Kaul, John Devavaram, entre outros na Índia, colaboraram com Chambers para explorar técnicas e ferramentas emergentes. Estes pioneiros difundiram as noções de PRA em África e noutros locais. Em África, a metodologia criou raízes no Quénia através do entusiasmo de alguns defensores, nomeadamente, Charity Kabutha, Daniel Mwayaya; África do Sul (Kamal Laldas Singh e outros), Zimbabué (Sam Chimbuya, Saiti Makuku) e no Gana (Tony Dogbe). Este entusiasmo levou a Chambers a obter financiamento para intercâmbios Sul-Sul que acabaram por internacionalizar a comunidade de prática do PRA. Kamal Laldas Singh juntou-se a Chambers no Instituto de Estudos para o Desenvolvimento (IDS) e apoiou os seus esforços para catalisar as redes Sul-Sul e nacionais que incentivaram a reflexão e a aprendizagem entre os profissionais (Singh, 2001:163-175).

O ARP, por exemplo, é uma forma de dar voz às pessoas pobres (ver pormenores no ponto 2.5.3). Além disso, dá-lhes a oportunidade de expressar e analisar os seus problemas e prioridades. O ARP tende a gerar percepções importantes e surpreendentes sobre as prioridades da comunidade e as suas necessidades mais desejadas, contribuindo para a formulação e implementação de políticas, que servem melhor as necessidades e aspirações da comunidade pobre. O ARP pode e desafia as percepções das autoridades sobre as necessidades, prioridades e capacidades das populações rurais no planeamento e programação do desenvolvimento. Consequentemente, o ARP pode mudar as atitudes dos actores do desenvolvimento e inverter qualquer agenda que sirva melhor as necessidades da comunidade alvo (Chambers, 2006:3). O objetivo do ARP é permitir que os profissionais do desenvolvimento, os funcionários do governo e a população local trabalhem em conjunto para planear programas adequados ao contexto que facilitem a partilha de informações entre todas as partes interessadas.

2.5.3 O que são PRA, PLA, PPA e PAR?

2.5.3. 1PRA

De acordo com Chambers, (1996:1), "o ARP pode ser descrito como uma família de abordagens, métodos e comportamentos que permitem às pessoas exprimir e analisar as realidades das suas vidas e condições, planear elas próprias as acções a tomar, e monitorizar e avaliar os resultados". Os elementos-chave do ARP nesta descrição são os métodos utilizados e, mais importante ainda, os elementos comportamentais e atitudinais daqueles que o facilitam. O PRA pode ser descrito como um quadro metodológico utilizado para obter, avaliar e analisar informações relevantes e problemas-chave prioritários, identificando e planeando possíveis acções concretas que estimulariam os debates no mais curto espaço de tempo possível. O ARP implica uma participação muito mais forte da comunidade e pode ser definido como um processo semiestruturado de aprendizagem de, com e pela população rural sobre as condições rurais. Por outras palavras, o PRA é uma abordagem metodológica, um processo de avaliação e aprendizagem que permite aos membros da comunidade analisar a sua situação, criar a base de

37

informação de que necessitam para o planeamento e ação participativos e desenvolver uma perspetiva comum sobre a gestão de recursos a nível comunitário. A ênfase é colocada nas pessoas como "actores ou executantes" e não apenas como "inquiridos e receptores" (ênfase minha). Por outras palavras, o PRA considera que as múltiplas perspectivas que existem em qualquer comunidade estão representadas na análise e que os membros da comunidade assumem a liderança na avaliação e na procura de soluções para a sua situação. No PRA, a recolha e análise de dados são realizadas por pessoas locais, com pessoas de fora a facilitar e não a controlar os processos (Chambers, 2005:131). Por outras palavras, as pessoas de fora podem participar no fornecimento de informações técnicas, mas não devem assumir o controlo do processo. Por conseguinte, o PRA centra-se não só nos aspectos de recolha de dados, mas também na apresentação e análise da informação para e com a comunidade. É geralmente considerado um passo inicial num processo de planeamento e ação participativos. O PRA é mais do que um método. Pressupõe, além disso, um estilo situacional eclético (o humilde forasteiro que aprende) que se distingue no seu melhor pelo uso de representações gráficas e visuais locais criadas pela comunidade que virtualmente legitimam o conhecimento local e promovem o conhecimento partilhado entre os membros da comunidade.

O PRA está a espalhar-se muito rapidamente como uma ferramenta potente para a participação da comunidade em programas de desenvolvimento. De acordo com Neubert (2000:10), "as abordagens participativas intervêm nos campos sociais, que também constituem arenas políticas ao mesmo tempo". Este processo aponta para o facto de a participação estar ligada à diferenciação e à desigualdade. A questão é quem participa e a que nível? Como já foi indicado, o PRA é um modelo para a comunidade, para os membros da comunidade identificarem, decidirem e planearem soluções para as suas situações. É uma técnica que se baseia na ARR mas que vai muito mais longe. O PRA acrescenta mais cinco conceitos-chave, derivados principalmente do Sul da Ásia (Chambers, 2006). Estes cinco conceitos-chave adicionais são:

- **Capacitação**. Conhecimento é poder. O conhecimento surge dos processos e resultados de uma investigação comunitária que, através da participação, passa a ser partilhado e propriedade da população local. Assim, o monopólio profissional da informação utilizada para o planeamento e a gestão das decisões é quebrado. Gera-se, ou reforça-se, uma nova confiança local relativamente à validade dos seus conhecimentos, aumentando a assimilação de conhecimentos externos mais facilmente.

- **Respeito**. O processo de ARP transforma os investigadores em aprendizes e ouvintes, aumentando assim o respeito dos investigadores pelas capacidades intelectuais e analíticas locais. As pessoas locais são tão inteligentes que podem fazer os seus próprios gráficos de barras, desenhar os seus próprios planos e refletir sobre as suas necessidades e aspirações que terão um impacto positivo coletivo nos seus meios de subsistência e desenvolvimento, e isto deve ser respeitado pelos investigadores e pelos actores do desenvolvimento.

- **Localização**. A utilização extensiva e criativa de materiais e representações locais encoraja a partilha visual e evita a imposição de convenções de representação externas aos membros da comunidade. Assim, o PRA aumenta a aceitabilidade local das questões de desenvolvimento e conduz à apropriação local dos recursos.

- **Divertimento**. Quando o ARP é bem feito, constitui uma via para o divertimento. A ênfase já não está no "rápido" mas no "processo" que resulta em satisfação tanto para os membros da comunidade como para os investigadores.

- **Inclusão**. O PRA é abrangente e conduz a uma sensibilidade reforçada, através da atenção ao processo de inclusão ou, por outras palavras, o processo que envolve todas as categorias de membros da comunidade, os grupos marginais e vulneráveis, mulheres, crianças, idosos e indigentes, entre outros.

Na dimensão participativa, as ARP podem ser aplicadas de formas que são mais ou menos participativas. Os PRAs em que os membros da comunidade assumem o controlo total do processo estão num extremo do continuum participativo. Contudo, muitos PRAs ficam aquém deste "ideal" de participação e envolvem uma forma mais limitada de participação comunitária. Os PRA, em particular, valorizam muito a participação ativa da população e os bons PRAs procurarão maximizar esta participação e o empoderamento ou apropriação que a acompanha.

Os métodos de ARP são atualmente cada vez mais utilizados tanto em situações rurais como urbanas. Estes têm-se baseado em muitas tradições estabelecidas há muito tempo que colocaram a participação, a investigação de ação e a educação de adultos na vanguarda das tentativas de libertar e emancipar as pessoas sem poder.

As pessoas locais, utilizando os métodos de inquérito participativo, demonstraram uma maior capacidade de observação, diagrama e análise do que a maioria dos profissionais esperava. Nalguns programas, isto levou a que as pessoas locais conduzissem investigações sem a presença de pessoas de fora (Shah, 1992). Neste caso, as técnicas participativas de ARP tornam-se os meios locais para a ação colectiva.

A importância da ARP, que a torna adequada como instrumento de aprendizagem e de resolução de problemas para as populações rurais pobres, é a seguinte

- Incentiva a participação e o debate em grupo

- A informação a ser processada é recolhida pelos próprios membros do grupo

- É apresentado de forma altamente visual, geralmente ao ar livre e no terreno, utilizando imagens, símbolos e materiais disponíveis localmente
- Uma vez apresentada, a informação é "transparente e não oculta" - todos os membros podem comentá-la, revê-la e criticá-la. Isto ajuda a cruzar e a verificar os dados recolhidos.

A ARP é um exercício de comunicação e de transferência de conhecimentos. Independentemente de ser realizado como parte da identificação ou avaliação de projectos ou como parte do trabalho económico e setorial do país, o espírito de aprendizagem pela prática e de trabalho de equipa das ARP requer procedimentos transparentes.

Ao referir-se à sugestão de Pratt (2001), Chambers (2006:3) salienta que o PRA dá um melhor significado quando dizemos "reflexão e ação participativa" em vez de dizer avaliação rural participativa. A razão é que a participação faz mais do que apenas a avaliação. De facto, capacita e reforça uma autoconsciência crítica, um comportamento pessoal, uma relação participativa e um compromisso com a ação. Chambers (2006:3) redefine, portanto, o PRA, dando ênfase às relações e à sua abordagem participativa reflexiva, em contraste com a conotação rural. Ele vê o PRA como "uma família crescente de abordagens, métodos, atitudes, comportamentos e relações para permitir e capacitar as pessoas a partilhar, analisar e melhorar o seu conhecimento da vida e das condições, e a planear, agir, monitorizar, avaliar e refletir". A aprendizagem e a ação participativas são por vezes utilizadas indistintamente com o PRA, uma vez que ambas as ferramentas colocam a tónica num processo de aprendizagem que evolui a partir dos membros da comunidade rural.

2.53.2 PLA

De acordo com Chambers (2007), a Aprendizagem e Ação Participativas (AAP) pode ser definida como "uma família crescente de abordagens, ferramentas, atitudes e comportamentos para permitir e capacitar as pessoas a apresentar, partilhar, analisar e melhorar os seus conhecimentos sobre a vida e a condição e para planear, agir, monitorizar, avaliar, refletir e ampliar a ação comunitária." O PLAjust, como PAR, é uma forma de investigação-ação e é uma estratégia de investigação prática e adaptativa que permite a diversos grupos e indivíduos aprender, trabalhar e agir em conjunto de forma cooperativa. Centra-se em questões de interesse comum, identifica desafios e gera respostas positivas de uma forma colaborativa e democrática. Por outras palavras, o AAP é um processo iterativo e orgânico que incentiva as partes interessadas a participarem em ciclos de investigação, co-análise, reflexão e avaliação em conjunto ao longo do tempo (Chambers, 1997). Por conseguinte, Kumar (2002) vê o AAP como uma abordagem para aprender e envolver-se com as · comunidades, que combina um conjunto de ferramentas cada vez maior de métodos participativos e visuais com técnicas naturais de entrevista e que se destina a facilitar um processo de análise e aprendizagem colectivas.

A metodologia AAP evoluiu a partir de abordagens de participação menos inclusivas, mas relacionadas, conhecidas como avaliação rural rápida (RRA) e avaliação rural participativa (PRA). A RRA e a PRA foram desenvolvidas na década de 1970 para fornecer métodos alternativos de recolha de dados para além das tradicionais etnografias antropológicas e inquéritos em grande escala. Esta família de abordagens relacionadas evoluiu ao longo do tempo para enfatizar a capacitação local e para fornecer uma alternativa à recolha de dados extractiva.

Na década de 1990, as abordagens de PRA e AAP tinham atingido um público global. As abordagens de AAP foram utilizadas em mais de 100 países em todo o mundo e pilotadas por uma variedade de instituições, incluindo ministérios governamentais, organizações internacionais sem fins lucrativos e agências doadoras. As ferramentas de AAP continuam a ser inventadas ou implementadas de formas novas e criativas, com algumas organizações internacionais a utilizá-las internamente para capacitar os seus empregados.

O princípio subjacente à metodologia de AAP consiste em envolver a plena participação das pessoas nos processos de aprendizagem sobre as suas necessidades e oportunidades, e na ação necessária para as resolver. Ao capacitar os participantes para investigarem criativamente questões que lhes dizem respeito, a abordagem desafia preconceitos e concepções pré-existentes sobre o conhecimento dos participantes. Como tal, também pode oferecer oportunidades para a população local se mobilizar para uma ação conjunta. Embora os métodos específicos utilizados possam variar, todas as ferramentas são definidas pela aprendizagem interactiva, conhecimento partilhado e uma análise adaptável, mas estruturada. O quadro do AAP de análise conjunta e interação entre as partes interessadas e os participantes promove um enfoque na aprendizagem comunitária.

Seguem-se os principais princípios do AAP que Yetter (2012) defende para abordar as melhores práticas da abordagem.

1. preconceito explícito: Cada indivíduo mantém uma visão única do mundo que é moldada por uma confluência de factores, incluindo, mas não se limitando a, cultura, educação, religião e injustiças percebidas. Como tal, cada pessoa mantém um conjunto distinto de preconceitos, que desempenham um papel na forma como um indivíduo age, pensa e percebe o mundo à sua volta. Os melhores facilitadores de AAP tornam os seus preconceitos explícitos em vez de tentarem suprimi-los, assegurando que os seus preconceitos têm menos influência nos resultados da atividade de AAP.

2. triangulação: É melhor utilizar o maior número possível de ferramentas, diversificando os membros da equipa e as fontes de dados para cruzar a informação e neutralizar os preconceitos. Ao triangular a informação, os facilitadores também conseguem captar uma maior quantidade de informação.

3. ignorância óptima: É possível captar uma grande quantidade de dados ricos, variados e interessantes a partir das ferramentas de AAP. No entanto, recolher apenas a informação mais necessária poupa tempo e recursos.

4. Imprecisão apropriada: A metodologia de AAP enfatiza o "quadro geral" ou as tendências nos dados. Os facilitadores devem concentrar-se na identificação destas tendências e não na precisão na conceção e aplicação das ferramentas de AAP.

5. Múltiplas Perspectivas: Inerente à metodologia do AAP está a prática de valorizar todas as perspectivas dos participantes e explorar diferentes visões de mundo. É importante procurar a diversidade e analisar as anomalias em vez de simplificar demasiado a complexidade.

6. Processo de Aprendizagem em Grupo: Uma abordagem de AAP a um projeto deve envolver um processo de aprendizagem em grupo que espelhe as interações e reflicta a complexidade observada na comunidade. Como resultado, a aprendizagem em grupo e a instrução serão iterativas, mudando à medida que as percepções das pessoas evoluem. É importante lembrar que as comunidades não têm necessariamente opiniões homogéneas.

7. Contexto específico: Todas as abordagens e ferramentas de AAP devem ser suficientemente flexíveis para se adaptarem a uma variedade de contextos. A conceção e a adaptação dos métodos à situação local cultivam a adesão dos membros da comunidade

8. facilitando o empoderamento: O objetivo final da metodologia AAP é facilitar o empoderamento local. O papel do facilitador, então, é promover essa transformação entre os participantes, em vez de dominar a atividade.

9. Conduzindo à Mudança: O processo de AAP deve suscitar a aprendizagem e o debate sobre a mudança que precisa de ocorrer numa determinada população. Estas discussões devem mudar as percepções individuais e de grupo, bem como a prontidão da população para a ação.

Utilização: A abordagem tem sido utilizada, tradicionalmente, com comunidades rurais no mundo em desenvolvimento. Aí, tem sido considerada extremamente eficaz para explorar as perspectivas únicas das populações rurais pobres, ajudando a desbloquear as suas ideias não só sobre a natureza e as causas dos problemas que as afectam, mas também sobre soluções realistas. Permite que as pessoas locais partilhem as suas percepções e identifiquem, priorizem e avaliem as questões a partir do seu conhecimento das condições locais. A investigação mais tradicional e extractiva tende a "consultar" as comunidades e depois retira os resultados para análise, sem qualquer garantia de que serão postos em prática. Em contraste, as ferramentas de AAP combinam a partilha de conhecimentos com a análise e, como tal, fornecem um catalisador para a própria comunidade agir sobre o que é descoberto.

O AAP é altamente relevante para o domínio da ciência da implementação porque é uma metodologia de investigação pragmática e multi-perspetiva. Isto significa que pode ser utilizado para abordar problemas práticos, para se concentrar em soluções para esses problemas e para explorar questões a partir de uma variedade de pontos de vista. Este processo permite que as partes interessadas atinjam os seus objectivos em termos de prática e/ou política. Este processo é muitas vezes possibilitado por investigadores/facilitadores que encorajam as partes interessadas a envolverem-se num 'diálogo mediado' de AAP (Kane & O'Reilly-de Brun, 2001). O diálogo de AAP ajuda as partes interessadas a ultrapassar problemas ou barreiras que encontram durante o trabalho de implementação. O AAP aumenta a coerência, a participação cognitiva, a ação colectiva e a monitorização reflexiva; as técnicas de AAP podem ser utilizadas para estimular o pensamento criativo e identificar soluções para quaisquer problemas e obstáculos que possam surgir.

Neste diálogo, os principais grupos de interessados são incentivados a ouvir e a aprender com os conhecimentos e as perspectivas uns dos outros. As partes interessadas terão tempo para considerar quais as iniciativas que são particularmente relevantes para elas e serão encorajadas a escolher uma iniciativa para implementar no seu contexto local. A confiança, o relacionamento e o respeito mútuo são essenciais para um diálogo de AAP e, quando presentes, podem levar a trocas produtivas em que todos os tipos de conhecimento e experiência se tornam explícitos e valorizados. Devido à sua ética subjacente de inclusão, o AAP é particularmente adequado para se envolver com grupos "difíceis de alcançar" (por exemplo, utilizadores de serviços migrantes) e abordar questões transculturais, ambas importantes em actividades comunitárias (O'Reilly-de Brun, & de Brun, 2010).

2.5.3. 3PPA

O desenvolvimento participativo efetivo requer um ambiente propício para prosperar. De acordo com Cornwall (2000:23), o desenvolvimento participativo "é, em si mesmo, uma mudança produtiva nas relações das pessoas locais com as que estão para além da interface do projeto... e tenta aproximar a elaboração de políticas das pessoas afectadas... para além do domínio do projeto". Cornwall considera que as ferramentas da política participativa são uma iniciativa eficaz que daria aos que não têm voz a oportunidade de explorar formas que lhes permitissem apresentar os seus sentimentos e preocupações no âmbito do processo de desenvolvimento. Um desses instrumentos, a que Cornwall dá mais atenção, é a avaliação participativa da pobreza (APP). De acordo com Booth et al (1998:5), "ao dar expressão às muitas dimensões diferentes da privação e ao que as próprias pessoas pobres dizem sobre o que as faz permanecer pobres, os PPAs têm o potencial de nos dar uma compreensão mais completa da pobreza e de tornar mais difícil que a pobreza seja ignorada ou posta de lado pelos políticos e outros decisores". Os PPAs têm-se centrado na produção de informação para os decisores políticos e, de certa forma, têm ajudado a envolver as populações rurais pobres na definição da sua própria agenda para a mudança, especialmente quando os PRAs são utilizados nos PPAs.

Robb (1999:xii) argumenta que os PPAs respondem ao desafio da inclusão representando diretamente os pontos de vista dos pobres para os formuladores de políticas. A afirmação de Robb pressupõe que as vozes das pessoas pobres que emergem nos relatórios dos PPAs apresentados são versões autênticas do que os pobres realmente querem. Cornwall (2000:24) discorda desta afirmação e argumenta que seria falso pensar que os pontos de vista dos pobres são direta e factualmente representados nos documentos relatados; a razão é que aqueles que processam e editorializam os relatórios do PPA são completamente diferentes dos facilitadores do PPA. O facto de os pontos de vista dos pobres serem apresentados nos relatórios do PPA depende da agência daqueles que moldam este processo e da sua compreensão dos pobres e das necessidades dos pobres. Ferramentas participativas como os PPAs "tentam entender as dimensões da pobreza dentro do ambiente social, cultural, económico e político de uma localidade" (David, Holland et al, 1998:52).

A abordagem dos meios de subsistência reconhece o facto de que os pobres não são uma massa homogénea nem são sempre meros beneficiários fracos e passivos das ajudas do governo. De acordo com Helmore e Singh (2001, em Hall e Midgley, 2004:7), os pobres "também têm pontos fortes, activos e capacidades que podem ser mobilizados para uma participação proactiva no processo de desenvolvimento". Por "processo de desenvolvimento", Helmore e Singh referem-se à participação dos pobres nos programas de desenvolvimento, desde a identificação da necessidade até à implementação de actividades para satisfazer essa necessidade e inclui a avaliação do progresso desses programas. Foi provavelmente com base nesta consideração que o Banco Mundial ampliou os PPAs como um complemento às suas avaliações da pobreza, embora inicialmente destinados a pequenos projectos.

2.5.3. 4PAR

Segundo Cooke (2001:104), a investigação-ação participativa (PAR) é outro instrumento que permite aos pobres e oprimidos "tomarem consciência tanto das fontes estruturais da sua própria opressão como da forma como as suas próprias visões do mundo e processos de pensamento" influenciam o seu bem-estar. Ao falar de processos de pensamento, Cooke tenta evocar o sentido de discriminação de género, que tem sido uma marca da discriminação cultural e social contra as mulheres no norte do Gana. Cooke defende que, com a consciencialização criada como resultado, o grupo oprimido em questão assumirá uma posição colectiva e segura para desafiar as causas da sua opressão. O PAR é uma abordagem colaborativa à investigação que envolve equitativamente todos os parceiros no processo de investigação e reconhece os pontos fortes únicos que cada um traz e começa com um tópico de investigação de importância para a comunidade com o objetivo de combinar conhecimento e ação para a mudança social para melhorar a comunidade (Minkler e Wallerstein, 2003). Por outras palavras, o PAR é uma abordagem à investigação em comunidades que enfatiza a participação e a ação. O PAR procura compreender e melhorar o mundo, mudando-o através da ação e participação colaborativa e reflexiva. Por outro lado, Green et al, (2003:419) vêem o PAR como "uma investigação sistemática, com a colaboração das pessoas afectadas pela questão em estudo, para fins de educação e ação ou para efetuar mudanças". No entanto, a investigação colaborativa com pessoas que têm um historial de marginalização só é possível com base na confiança (RATH, 2012). Esta confiança deve poder desenvolver-se; baseia-se em relações honestas e de longo prazo que estabelecem um equilíbrio entre proximidade e distância, tal como descrito por DENTITH et al (2012).

No cerne do PAR está a noção de investigação colectiva e auto-reflexiva que os investigadores e os participantes levam a cabo, para que possam compreender e melhorar as práticas em que participam e as situações em que se encontram. O processo reflexivo está diretamente ligado à ação, é influenciado pela compreensão da história, da cultura e do contexto local e está inserido nas relações sociais. BORG et al. (2012) observam: "A reflexividade exige que o investigador tenha consciência de si próprio enquanto instrumento de investigação. Esta é uma questão particularmente

46

importante para os investigadores de ação que estão intimamente envolvidos com o objeto da investigação, o contexto em que esta tem lugar e outros que podem ser partes interessadas nesse contexto."

Por outras palavras, o PAR enfatiza a investigação e a experimentação colectivas baseadas na experiência e na história social. Reason e Bradbury, (2008:1) afirmam que, no âmbito de um processo PAR, "as comunidades de investigação e de ação evoluem e abordam questões e problemas que são significativos para aqueles que participam como co-pesquisadores". O processo de RAP deve ser capacitante e levar as pessoas a terem um maior controlo sobre as suas vidas (Minkler e Wallerstein, 2003, Grbich, 1999).

Segundo Rahman (1991:4), a "dominação das massas pelas elites[5] radica não só na polarização do controlo dos meios de produção material, mas também dos meios de produção de conhecimento, incluindo o controlo do poder social para determinar o que é conhecimento útil". Para os defensores do PAR, o poder é entendido como uma relação de conhecimento e a sua produção compara-se com a produção de relações materiais e sociais (Gaventa e Cornwall, 2001:73). Isto acaba por contribuir para a construção e o reforço das capacidades das populações rurais, nomeadamente através da sua participação ativa nas actividades de desenvolvimento.

Os praticantes de PAR fazem um esforço concertado para integrar três aspectos básicos do seu trabalho: participação (vida em sociedade e democracia), ação (envolvimento com a experiência e a história) e investigação (solidez do pensamento e crescimento do conhecimento) (Chevalier e Buckles, 2013:1). Rahman, (2008:49) enfatiza que "A ação une-se, organicamente, à investigação" e aos processos colectivos de auto-investigação. A forma como cada componente é efetivamente entendida e a ênfase relativa que recebe varia, no entanto, de uma teoria e prática de PAR para outra. Isto significa que o PAR não é um corpo monolítico de ideias e métodos, mas antes uma orientação pluralista para a produção de

---

[5] A palavra "elites" é utilizada aqui para descrever as pessoas da comunidade rural que são menos pobres e mais influentes. Incluem agricultores progressistas, líderes de aldeia, chefes, comerciantes, líderes religiosos, professores, paraprofissionais e outras pessoas com formação académica. São eles que recebem e falam com os visitantes, são eles que articulam os interesses e desejos da comunidade; são as suas preocupações que emergem como prioridades da comunidade para o desenvolvimento; são eles que recebem uma maior parte da atenção, conselhos e serviços dos visitantes (Kinyashi, 2006:3; Chambers, 1983:18).

conhecimento e para a mudança social (Brown, in Brown e Gaventa, 2010:5-28).

O PAR é uma fonte de descoberta e de criação, desenrolando-se assim num espaço central em que "o que é" só pode ser definido no contexto de "o que deve ser" (Toulmin e Gustavsen, 1996:181-188). Por outras palavras, quando o PAR é definido no contexto do *que deve ser*, implica um elemento de opções participativas e, por conseguinte, oferece a oportunidade a outros de contribuírem para as questões relevantes no terreno. Por conseguinte, "*O que é*", tal como é utilizado neste contexto, significa uma abordagem definida que evoluiu a partir das conclusões dos profissionais numa determinada área e, por conseguinte, dá muito pouco espaço para uma contribuição alargada de todos os tipos de pessoas (Fals Borda, 2001:32).

Os princípios do PAR também constituem a base da "avaliação da capacitação" Fetterman et al, (1996) que defendem que a avaliação da participação comunitária deve incluir aqueles cujos meios de subsistência e saúde estão a ser promovidos (Rootman I, Goodstadt M, Hyndman M. *et al, 2001).* Embora tenha havido algum debate sobre o carácter distintivo da avaliação do empoderamento (Patton, 1997), esta esforça-se certamente por ser mais democrática, desenvolver capacidades, encorajar a autodeterminação e tornar a avaliação menos orientada por peritos.

O papel do PAR é dar poder às populações rurais através da construção do seu próprio conhecimento, num processo de "ação e reflexão ou consciencialização" (Gaventa e Cornwall, 2001:73). De acordo com Rahman (1993:169), "não há dúvida de que o crescente sistema de cooperação no desenvolvimento participativo não é meramente uma preocupação teórica hoje em dia, mas é uma parte de, e está a ser mais estimulado por, os avanços que o trabalho de base desta natureza está a fazer no terreno". O PAR não é apenas uma busca de conhecimentos, é também "uma transformação das atitudes e dos valores individuais, da personalidade e da cultura, um processo altruísta" (Fals Borda, 2001:32). Apesar de tais iniciativas terem tido algum impacto nas comunidades de base, não se pode dizer que estejam próximas da macro-direção das comunidades rurais pobres em geral no Gana, na medida em que as instituições com poder social e político sobre a política nacional, controlam os recursos e as questões de estratégia de desenvolvimento. Os recursos indicados neste contexto podem incluir a terra, a floresta, a água, a eletricidade, o crédito e o poder de lobbying, aos quais os membros comuns da comunidade têm pouco ou nenhum acesso. Consequentemente, os pobres das zonas rurais são "prejudicados nos seus esforços de tomar iniciativas para melhorar as suas próprias vidas" (Rahman, 1993:169). Por conseguinte, o PAR implica necessariamente a democratização. Segundo Fals Borda (2001:32), a democracia participativa inspira um novo humanismo politicamente empenhado na justiça social e na participação objetiva.

Num extenso livro de síntese da literatura sobre investigação de ação participativa e baseada na comunidade, Israel et al (1998) propõem os seguintes princípios-chave que podem ser tomados como ponto de partida, mas que não são de modo algum definitivos para a compreensão da PAR:

1. **Reconhece a comunidade como uma unidade de identidade.** Esta investigação deve trabalhar explicitamente com comunidades, que podem ser definidas por uma área geográfica, ou definidas como uma comunidade de identidade que está geograficamente dispersa, mas cujos membros têm um sentido de identidade comum e um destino partilhado.

2. **Baseia-se nos pontos fortes e nos recursos da comunidade.** Esta investigação deve identificar, apoiar e reforçar explicitamente as estruturas sociais, os processos e os conhecimentos já existentes na comunidade que a ajudam a trabalhar em conjunto para melhorar as suas vidas.

3. **Facilita parcerias de colaboração em todas as fases da investigação.** Esta investigação deve envolver os membros da comunidade em todas as fases em que queiram participar, incluindo, mas não se limitando a: definição do problema, recolha de dados, interpretação dos resultados e aplicação dos resultados para resolver as preocupações da comunidade. Isto pode implicar a aplicação de competências de fora da comunidade, mas deve centrar-se em questões identificadas pela comunidade e criar situações em que todas as partes possam efetivamente influenciar todo o processo de investigação.

4. **Integra conhecimento e ação para benefício mútuo de todos os parceiros.** Embora o projeto de investigação em si possa não incluir uma componente de ação direta, todas as partes devem estar empenhadas em aplicar os resultados da investigação a um esforço de mudança social destinado a beneficiar todos os parceiros.

5. **Promove um processo de co-aprendizagem e de capacitação que atende às desigualdades sociais.** Esta investigação deve reconhecer as desigualdades inerentes entre as comunidades marginalizadas e os investigadores, e tentar resolvê-las dando ênfase aos conhecimentos dos

membros da comunidade e partilhando informações, recursos e poder de decisão. Israel et al dão o exemplo de que os investigadores aprendem com os conhecimentos e as teorias locais dos membros da comunidade e os membros da comunidade adquirem mais competências sobre a forma de efetuar a investigação.

6. **Envolve um processo cíclico e iterativo.** Esta investigação deve envolver a criação de confiança, o desenvolvimento de parcerias e a sua manutenção em todas as fases da investigação.

7. **Divulga as conclusões e os conhecimentos adquiridos a todos os parceiros.** Esta investigação deve divulgar as informações obtidas numa linguagem respeitosa e compreensível que reconheça as contribuições de todos os participantes e a propriedade da produção de conhecimentos.

Apesar destas utilizações louváveis do PAR e de outros instrumentos de abordagem participativa no desenvolvimento orientado para a comunidade (DDC) como motores dos esforços de desenvolvimento, alguns académicos do desenvolvimento (Mefalopulos, 2008, Narayan, 2002, Banco Mundial, 2008, Wilkins, 2000) consideram que estes instrumentos de abordagem participativa negligenciaram sistematicamente a comunicação de uma forma dialógica. A ênfase na participação no desenvolvimento também implica uma maior atenção à comunicação, porque, como diz o Banco Mundial (2008), não pode haver participação sem algum nível de comunicação. Por outras palavras, a ênfase acrescida na participação ajuda a integrar a comunicação em muitas iniciativas e, ao mesmo tempo, promove uma conceção mais dialógica e bidirecional da comunicação, tendo em consideração o diálogo e uma partilha equilibrada de percepções e conhecimentos. Ao longo dos anos, o PNUD tem defendido o alargamento da conceção de desenvolvimento para além das dimensões económicas (Mefalopulos, 2008), de modo a incluir a ideia de que as partes interessadas devem participar nas iniciativas de desenvolvimento desde o início e desempenhar um papel ativo ao longo de todo o processo.

2.5.3.5 Factores que distinguem a ARP do PAR

A Pesquisa de Ação Participativa (PAR), que se deve mais a uma tradição ativista radical do trabalho de Paulo Freire e outros na América Latina, deriva alguns dos seus fundamentos da consciência de que a ARP, apesar de toda a sua ênfase na participação, no desenvolvimento de capacidades, na propriedade do conhecimento e no empoderamento, ainda é fundamentalmente um exercício extrativo e intelectual. Os benefícios que o

PRA traz às comunidades locais podem ser intangíveis e até decepcionantes. O PAR, pelo contrário, trabalha diretamente com as capacidades políticas/desenvolvimento locais para criar estruturas organizacionais reais e visíveis, uma advocacia local eficaz e uma mudança duradoura nas relações de poder com o centro. O PAR é uma abordagem mais ativista, que trabalha para capacitar a comunidade local, ou os seus representantes, para manipular as estruturas de poder de nível superior. Se puder evitar o perigo de entrincheirar uma elite local auto-interessada, e abordar honestamente as escolhas a longo prazo que devem ser feitas sobre a utilização dos recursos, talvez o PAR tenha o maior potencial de todos os métodos descritos para garantir os recursos para meios de subsistência sustentáveis. O PAR pode dar poder a uma comunidade, consolidar a elite local, corrigir um erro ou estragar totalmente as coisas. Depende do grau de consciencialização e do savoir faire político da organização externa de apoio. A abordagem do tipo PAR tornou-se uma abordagem desejável, uma vez que procura mobilizar recursos reais em exercícios de acompanhamento para produzir mudanças duradouras a nível comunitário.

O PAR distingue-se da investigação convencional em três aspectos. Em primeiro lugar, centra-se na investigação cujo objetivo é permitir a ação. A ação é conseguida através de um ciclo de reflexão, em que os participantes recolhem e analisam os dados, determinando depois a ação a seguir. A ação resultante é depois investigada e um ciclo reflexivo iterativo perpetua a recolha de dados, a reflexão e a ação, como numa ação em saca-rolhas. Em segundo lugar, o PAR presta uma atenção cuidadosa às relações de poder, defendendo que o poder seja deliberadamente partilhado entre o investigador e o investigado: esbatendo a linha entre eles até que os investigados se tornem os investigadores. Os investigados deixam de ser objectos e passam a ser parceiros em todo o processo de investigação: incluindo a seleção do tópico de investigação, a recolha e análise de dados e a decisão sobre as acções a realizar em resultado dos resultados da investigação. Wadsworth - vê o PAR como uma expressão do "novo paradigma científico" que difere significativamente do velho paradigma ou da ciência positivista. A marca distintiva da ciência positivista é que ela vê o mundo como tendo uma única realidade que pode ser observada e medida independentemente por cientistas objectivos, de preferência em condições laboratoriais em que todas as variáveis podem ser controladas e manipuladas para determinar as ligações causais. Em contraste, a ciência do novo paradigma e o RAP postulam que o observador tem um impacto sobre os fenómenos que estão a ser observados e traz para a sua investigação um conjunto de valores que exercerão influência sobre o estudo. Em terceiro lugar, a RAP contrasta com as abordagens menos dinâmicas que retiram os dados e a informação dos seus contextos. A maior parte da investigação na área da saúde envolve pessoas, mesmo que apenas como participantes passivos, como "sujeitos" ou "inquiridos". O PAR defende que aqueles que estão a ser investigados devem ser envolvidos ativamente no processo. O grau em que isto é possível na investigação no domínio da saúde será diferente, tal como a vontade das pessoas de se envolverem na investigação

Para os académicos, surgem dilemas na utilização do PAR porque consome muito tempo e é imprevisível, não é provável que conduza a uma elevada produção de artigos em revistas especializadas e a sua natureza algo "confusa" significa que é menos provável que atraia financiamento competitivo para a investigação (Kavannagh, Daly & Jolley, 2002).

A capacidade de um investigador para se envolver com as comunidades e provocar mudanças reais na sua qualidade de vida e estado de saúde raramente conta. A comunidade global de investigação já está a ser instada a adaptar os seus métodos de avaliação das subvenções e a sua avaliação do desempenho da investigação, de modo a garantir que os processos participativos típicos daPAR sejam valorizados e incentivados (McCoy D, Sanders D, Baum F. *et al*, 2004). A Investigação-Ação Participativa é adequada se se compreender a estrutura de poder local e os problemas. É melhor reservada para situações em que o agente externo está ciente do potencial de danos, tanto para si próprio como, mais importante, para os destituídos de poder na comunidade. Também funciona melhor quando a agência externa tem um estatuto e uma relação clara com a comunidade e pode comandar recursos para um compromisso a longo prazo.

Por conseguinte, ao utilizar as mensagens dos meios de comunicação social como principal fonte de comunicação, espera-se que estas mensagens possam "ter origem nas próprias pessoas" (Mefalopulos, 2008:5) e não em "peritos externos" (Mody, 1991). Isto contribuirá muito para melhorar a compreensão dos beneficiários diretos das intervenções de desenvolvimento, "uma vez que a participação exige uma maior influência e controlo e ... uma maior capacitação em termos económicos, sociais e políticos" (PNUD, 1993:21). Isto significa que a população local terá o poder de tomar parte no processo de tomada de decisões, uma vez que o poder pode ser concebido como a capacidade de moldar o contexto social (Wilkins, 2000).

Por conseguinte, a participação dos membros da comunidade depende em grande medida dos seus conhecimentos sobre a participação, sobre o quê e como participar e da oportunidade de aproveitar estes conhecimentos para aumentar a sua participação no desenvolvimento de actividades para o seu bem coletivo. De acordo com Rahman (1993:40), pode haver o perigo de apatia se houver um domínio contínuo das organizações sobre as pessoas, mesmo com o seu consentimento, uma vez que isso é suscetível de criar interesses adquiridos na organização enquanto tal, e de consolidar o poder e o privilégio desses interesses. É neste sentido que se argumenta (Hayward, 1998, Mefalopulos, 2008) que, se os intervencionistas continuarem a desvalorizar os membros da comunidade no processo de desenvolvimento, a ordem acabará por se quebrar a longo prazo e os membros da comunidade não só se questionarão sobre a participação em actividades de desenvolvimento que os beneficiem, como a combaterão. Como diz Selener (1997:23), "esta ação contra o poder das classes dominantes é desafiada, uma vez que os relativamente impotentes começam a desenvolver a sua própria consciência da sua realidade e a agir por si próprios". Ao agirem por si próprios, os membros da comunidade estariam a libertar-se da opressão da expressão. A liberdade, na opinião de Hayward (1998:21), "é a capacidade de participar efetivamente na definição dos limites sociais que definem o que é possível". Se esta visão alargada da liberdade significa poder para os pobres rurais, então também pode, de forma mais evidente, situar o conhecimento como um recurso no campo do poder. O conhecimento, tal como qualquer recurso, "determina definições do que é concebido como importante, como possível, para e por quem" (Gaventa e Cornwall, 2001:72). Por outras palavras, o controlo das produções de conhecimento determina os limites das possibilidades que podem ser imaginadas ou postas em prática. Por outras palavras, esses limites podem definir os níveis de coprodução com outros ou alargar as fronteiras dessas produções, com base na premissa de que a participação democrática na produção de conhecimento pode expandir as fronteiras da ação das pessoas.

2.5.4 Metodologias participativas

Estes incluem dramatizações ou "teatro popular" (Chambers, 2006:3), REFLECT (Regenerated Freirian Literacy through Empowering Community Techniques), planeamento para o real, stepping stones, investigação apreciativa e formação para a transformação. Quando estes processos são combinados, pode haver "partilha sem fronteiras" (Chambers, 2006:3).

Capacitar a comunidade pobre e marginalizada é tudo o que é preciso para fazer uma boa ARP. Assim, os actores de desenvolvimento não devem atuar apenas como professores ou transferidores de tecnologia, mas também como convocadores, catalisadores e facilitadores. O papel dos intervenientes no desenvolvimento é permitir que os membros da comunidade rural local façam a sua própria avaliação, análise concreta, apresentação, planeamento e tomem as medidas que vão ao encontro das suas aspirações. Quando os intervenientes no desenvolvimento se apercebem de que os membros da comunidade pobres, rurais, marginalizados, vulneráveis e sem voz podem fazê-lo por si próprios, isso significa um reforço da confiança e uma confiança nas suas capacidades. As capacidades dos membros da comunidade seriam confrontadas com os poderes de desenvolvimento que lhes permitiriam participar nas acções e actividades de alívio da pobreza. Chambers (2006:4) identificou três elementos comuns da abordagem de ARP, nomeadamente

Responsabilidade autocrítica consciente: responsabilidade e julgamento dos indivíduos e dos membros da comunidade através do apoio de facilitadores, com consciência autocrítica e enfrentando ou aceitando erros ao longo do processo.

Equidade e capacitação: um compromisso com a igualdade colaborativa, capacitando aqueles que são marginalizados, excluídos e privados, particularmente as mulheres.
Diversidade: reconhecimento e celebração das diferenças sociais na diversidade.
Estes elementos combinam-se para dar aos membros da comunidade rural a confiança necessária para enfrentar os poderes de desenvolvimento e contribuir significativamente para a agenda de desenvolvimento.

A investigação participativa desafia as dimensões de poder de três formas (Gaventa e Cornwall, 2001:74):
Conhecimento - como um recurso que afecta as decisões;
Ação - *que* analisa quem está envolvido na produção desse conhecimento; e
Consciência - *que* analisa a forma como a produção de conhecimento altera a consciência ou a visão do mundo das pessoas envolvidas, como ilustra a figura 1 abaixo.

Figura 2.1 Dimensões da investigação participativa (Gaventa e Cornwall, 2001:74)

2.6 Quadro teórico da participação comunitária e da redução da pobreza

De acordo com Bradshaw e Burger (2005:52), a participação pública é um conceito que está firmemente enraizado na filosofia política. Ou seja, a participação pública baseia-se na democracia pública, que procura envolver diretamente sectores mais amplos da população nas decisões que os afectam (Bradshaw e Burger, 2005:52; Cochrane, 1986:51; Dahl, 1990:62). Barber, (em Bradshaw e Burger 2005:51) descreve esta forma de democracia participativa como "democracia forte". Ou seja, os cidadãos estão ativamente envolvidos nos poderes mais pertinentes de governação dos sectores e programas que afectam diretamente o seu bem-estar. De acordo com Cornwall (2000:5), para fazer a diferença, portanto, "o desenvolvimento participativo deve envolver-se em questões de diferença: para combater efetivamente a pobreza, deve ir além dos pobres como categoria genérica e envolver-se na diversidade das experiências de pobreza e impotência de mulheres e homens". Por outras palavras, a Cornualha gostaria de ter um tipo de desenvolvimento participativo que tivesse em consideração todas as nuances de pontos de vista e experiências que atravessam a divisão de géneros numa dada comunidade e em todas as culturas em que essas actividades de desenvolvimento são levadas a cabo.

A este respeito, Guijt e Kaul Shah (1998:1) observam que, apesar das reivindicações de inclusão defendidas pelos profissionais do desenvolvimento sobre a participação no desenvolvimento, "a linguagem e a prática da participação muitas vezes obscurecem o mundo, as necessidades e as contribuições das mulheres para o desenvolvimento, tornando o desenvolvimento participativo equitativo um objetivo ilusório". A opinião de Guijt e Kaul Shah é sugestiva da participação ativa das mulheres na agenda do desenvolvimento comunitário.

A verdadeira participação pública[6] na redução da pobreza e no desenvolvimento a nível comunitário é "um dos fenómenos sociopolíticos mais importantes do nosso tempo" (Agunga, 1990:137) que envolve um interesse coletivo. Por outras palavras, a participação permite que os decisores estabeleçam "o ponto de sustentabilidade de cada projeto, contribuindo com conhecimentos e sabedoria locais essenciais para o planeamento e a conceção do projeto, e esclarecendo até que ponto as partes interessadas estão dispostas a aceitar ou a viver com os compromissos" (Greyling, 2002, in Bradshaw e Burger 2005:48). Ao envolver todas as partes interessadas em todas as fases de qualquer intervenção a nível comunitário, o interesse dos beneficiários diretos (membros da comunidade) será tal que eles continuarão a manter e a cuidar de qualquer atividade de desenvolvimento que lhes tenha sido prestada.

Além disso, Narula e Pearce (1986:36) defendem "... que os programas de desenvolvimento devem melhorar a qualidade de vida de pessoas específicas e que o planeamento e a implementação dos mesmos devem ser realizados com as pessoas e não para elas". O argumento sugere que a participação pública não deve ser limitada apenas a um convite terapêutico feito pelos agentes de desenvolvimento aos membros da comunidade depois de as decisões cruciais já terem sido tomadas. Pelo contrário, os membros da comunidade devem estar diretamente envolvidos na expressão das suas opiniões sobre questões cruciais de planeamento e conceção do desenvolvimento. Paul (1987, em Agunga, 1990:137) acrescenta que a participação significa a "voz" das pessoas nas actividades que as afectam de forma positiva ou negativa. Greyling (1998:5) salienta que a participação não tem a ver com a obtenção de consenso; pelo contrário, tem como objetivo "gerar uma diversidade de opiniões e pontos de vista". É sugestivo que as opiniões divergentes que podem surgir da participação dos membros da comunidade aumentem a eficiência e determinem a sua disponibilidade para os programas que podem ser implementados. Por outras palavras, a participação pública pode evitar conflitos na comunidade e atenuar o custo da implementação e sustentabilidade do programa. Bradshaw e Burger (2005:48) afirmam que a falta de envolvimento dos membros da comunidade

---

[6]Uma verdadeira participação pública significa o envolvimento real e significativo da comunidade na decisão, execução e avaliação dos programas e actividades que a beneficiam na sua comunidade ou no seu país enquanto cidadãos.

"durante o processo de participação pode contribuir para criar um ambiente de conflito" que acabará por minar os objectivos de desenvolvimento pretendidos na comunidade.

Argumenta-se (Chambers, 2005:130) que os governos do Terceiro Mundo adoptaram a noção de participação comunitária por duas razões. Em primeiro lugar, a aceitação da participação popular era uma condição prévia para receber um empréstimo para o desenvolvimento rural integrado (DRI) e, em segundo lugar, consideravam os seus programas de desenvolvimento rural, nomeadamente os sistemas de extensão agrícola, ineficazes e necessitavam de uma estratégia de comunicação alternativa. A abordagem "formação e visita", uma componente principal do IRD, prometia não só um meio de unificar os sistemas de extensão fragmentados destes países, mas também de envolver as populações locais no processo de desenvolvimento (Agunga, 1990:139). Com base nas condições prévias estabelecidas pelo Banco Mundial para a concessão de empréstimos e para a aceitação, por parte dos países em desenvolvimento, da participação popular da comunidade nos programas de desenvolvimento, seria de esperar que a participação nas últimas três décadas fosse mais desenvolvida. No entanto, a situação parece diferente e Agunga (1990:139) coloca a questão "porque é que não há participação apesar da defesa da mesma?" Esta e outras questões semelhantes serão tratadas nos capítulos seis e sete do livro. Abaixo, discuto as questões de mudança e desenvolvimento tal como são entendidas pelos pobres nas comunidades rurais e os seus níveis de participação em actividades de desenvolvimento nas suas comunidades locais.

2.6.1 Comunidades alfabetizadas e participação em programas de desenvolvimento

Mudança e desenvolvimento são, sem dúvida, duas palavras-chave que definem o mundo da vida das comunidades rurais pobres. De acordo com Coetzee e Graaff (1996:40), a mudança é um movimento que se afasta da "primitividade em direção ao controlo" e o desenvolvimento é um processo gradual de redução dos problemas e do sofrimento das pessoas em relação ao seu ambiente físico e social. Por outras palavras, o desenvolvimento constitui um elemento fundamental destinado a melhorar o bem-estar das pessoas em condições de vida. É provavelmente nesta conceção que os ocidentais tendem a exprimir a sua perceção do desenvolvimento em termos de um continuum. Estes dois extremos do continuum incluem os conceitos de tradicionalidade, por um lado, e de modernidade, por outro (Coetzee e Graaff, 1996:40). A tradicionalidade pode significar uma fase de restrição à capacidade progressiva de resolver problemas sociais e de controlar o ambiente físico. A modernidade, por outro lado, é vista como estando associada a caraterísticas qualitativas como a racionalidade, a liberdade e as acções progressivas.

Argumenta-se que a participação dos pobres nos programas de desenvolvimento depende, em grande medida, dos seus níveis de privação de recursos socioeconómicos, bem como da sua contribuição para o planeamento do desenvolvimento. De acordo com Chambers (2005:45), a privação, tal como é percepcionada pelos pobres, inclui várias dimensões. Estas dimensões não se referem apenas à falta de rendimento e de riqueza "mas também à inferioridade social, à fraqueza física, à deficiência e à doença, à vulnerabilidade, ao isolamento físico e social, à impotência e à humilhação". Na prática, o não envolvimento dos beneficiários comunitários analfabetos e pobres nos programas de desenvolvimento agrava a pobreza na tomada de decisões e na parceria. Por outras palavras, não é dada aos membros da comunidade a oportunidade de explorar os seus potenciais assertivos, não só como contribuintes para as decisões, mas também como parceiros noutros programas que os beneficiam.

Numa situação em que os membros da comunidade são taticamente excluídos do planeamento e da implementação das actividades de desenvolvimento, argumenta-se que são simplesmente vistos como "pequenos recipientes... dispostos por ordem, prontos para receberem galões imperiais de factos" até ficarem cheios até à borda (Dickens, in Chambers, 2005:60). Como resultado, a estrutura de relação superior-inferior traduz-se numa relação fornecedor-consumidor. Os membros da comunidade apenas recebem o que lhes é fornecido, seja bom ou mau, seja compreendido ou não, seja adequado ao seu interesse pessoal e coletivo ou não. É dado e deve ser tomado (Ansa, 2006:7).

Os profissionais do desenvolvimento e os trabalhadores no terreno desenvolvem a sua própria interpretação operacional das necessidades dos aldeões e dos objectivos do projeto, bem como as suas próprias estratégias de intervenção, que são sensíveis ao ambiente administrativo e institucional, bem como aos contextos das aldeias em que trabalham (Arce e Long, in

Mosse, 2001:24). Afirma-se que qualquer projeto participativo que tenha divergido da consideração das opções da comunidade e da análise dos problemas com que os membros da comunidade se confrontam "terá um impacto limitado, perderá oportunidades ou, pior ainda, ao especificar mal o problema, contribuirá para um agravamento da pobreza ou do declínio ambiental" em vez de os atenuar (Mosse, 2001:25).

Clayton, Oakley e Pratt (1997:1) observam que "a noção de participação das pessoas é agora amplamente reconhecida como um princípio operacional básico dos programas e projectos de desenvolvimento". Por outras palavras, a participação no âmbito da cooperação para o desenvolvimento "passou das margens para a corrente principal" (Cornwall, 2000:5). Por outras palavras, as abordagens participativas para a redução da pobreza nas comunidades pobres estão a ser bem comunicadas a todas as partes interessadas e, em particular, a chamar a atenção para questões que conduzem a um consenso sobre elas. É amplamente aceite que a abordagem participativa da intervenção para o desenvolvimento num determinado contexto, ultrapassou a mera concetualização para se tornar um discurso crucial e um processo prático na agenda do desenvolvimento comunitário em todo o mundo. Para além disso, Boltvinik (2006:4) afirma que quando as pessoas participam na solução dos seus problemas, o sucesso é mais fácil de alcançar. O sucesso aqui pode referir-se à satisfação final das necessidades. A relação variável entre recursos e necessidades ao longo do ciclo de vida e outros factores de risco podem fazer com que os agregados familiares ou as comunidades caiam, temporária ou permanentemente, na pobreza. A participação dos beneficiários pobres nos programas de desenvolvimento pode, por conseguinte, ser a opção preferida, em oposição ao pressuposto de que os profissionais do desenvolvimento e os prestadores de serviços sabem o que é correto para os pobres e que as pessoas pobres não têm meios para definir as suas necessidades, como Fellmann, Getis e Getis (1990:310) comentariam.

2.6.2 Importância   da participação pública nas intervenções a favor dos pobres

A importância da participação pública vai para além de dar espaço às comunidades para fazerem comentários sobre programas já planeados que as beneficiam. A participação deve incluir dar aos pobres, como Burkey (1993:56-60) vê, maior controlo sobre a sua própria situação de vida e acesso a recursos para o seu desenvolvimento, influência nas decisões que afectam esses recursos e a oportunidade de influenciar positivamente o curso dos acontecimentos. A participação da comunidade no desenvolvimento é fundamental para a capacidade da comunidade de sustentar as necessidades de desenvolvimento dos seus membros.

Os programas de desenvolvimento não dependem apenas de fundos, mas também da sustentabilidade. De acordo com Bernard Woods (in Agunga, 1990:140), "os fundos para o desenvolvimento têm sido abundantes, de tal forma que as deficiências no desenvolvimento não resultaram da falta de dinheiro. Em geral, foram utilizados os melhores conhecimentos técnicos disponíveis e foram defendidas e, sempre que possível, aplicadas as políticas económicas e fiscais mais conhecidas. No entanto, as soluções para as necessidades de desenvolvimento autossustentável da maioria das pessoas em África têm permanecido ilusórias". É possível atribuir a indefinição do desenvolvimento em África e noutros países em desenvolvimento à falta de aplicação de políticas adequadas ou ao baixo nível de participação da comunidade nos programas existentes a favor dos pobres. Argumenta-se que o envolvimento dos beneficiários do desenvolvimento previsto no planeamento dos seus próprios destinos de desenvolvimento os torna pessoas responsáveis e também determina o sucesso dos programas de desenvolvimento, particularmente a nível comunitário (Boltvinik, 2006:4).

Scott-Villiers (2004:199-209) considera que o bem-estar responsável se baseia na autoconsciência em direção a um fim desejável para o desenvolvimento, que é amplamente alcançado através da aprendizagem individual. "Trata-se de cada indivíduo, dentro da sua esfera, utilizar o espaço à sua volta para considerar tanto o exterior como o interior e, ao fazê-lo, tornar o seu trabalho e as suas relações um pouco mais agradáveis e congruentes, um pouco mais energizados e temperados com um toque de questionamento e criatividade". O bem-estar responsável é uma expressão que convida a uma maior definição. Há algumas questões que se colocam e que incluem: o que é e quem define a responsabilidade? O que é e quem define o bem-estar? Chambers (2004:33) considera que os "pobres, fracos e marginalizados devem analisar e expressar o que lhes interessa, o que para eles é mal-estar e o que é bem-estar, o que para eles faria a diferença. O desafio é criar espaço para eles fazerem isto, para amplificar as suas vozes, para ouvir, escutar, compreender e depois agir". Quando a participação da comunidade vai além do envolvimento e passa a decidir e a controlar os programas de desenvolvimento pelos próprios membros da comunidade de uma forma responsável, a participação torna-se um instrumento satisfatório para o bem-estar da comunidade.

Beierle (1998:4-5) sintetiza a importância da participação pública naquilo que descreve como "objectivos sociais". Estes objectivos incluem o seguinte:

1. educar e informar o público; de acordo com Taylor e Fransman (2003:8), "um conceito básico de participação na aprendizagem e no ensino é que os indivíduos participam na geração das suas próprias teorias pessoais que são relevantes para o seu próprio contexto". Com base nisto, Chambers (2004:32) observa como a aprendizagem e a reflexão experienciais podem levar, normal e naturalmente, a ver e, talvez, a interpretar as coisas de novas formas, evoluindo a partir da prática pessoal das pessoas envolvidas, e a construir uma confiança fundamentada sobre a qual a aprendizagem posterior pode crescer.

2 . a incorporação de valores públicos na tomada de decisões; a participação da comunidade em actividades de desenvolvimento põe em evidência a noção da relação entre o eu e a sociedade. O envolvimento voluntário em programas comunitários é uma ciência importante para as definições de autoestima e auto-identidade nas comunidades em desenvolvimento. A participação comunitária resulta em melhores decisões (Smith, 2007:2), na medida em que os membros da comunidade são mais susceptíveis de aceitar essas decisões como benéficas para eles. Para além disso, os valores públicos no desenvolvimento comunitário não se referem apenas à organização da comunidade, mas também à mudança institucional. A incorporação dos valores comunitários no processo de tomada de decisões identifica e estabelece a agenda da comunidade (Crowley, 2005:7). Os programas a favor dos pobres crescem e florescem quando as comunidades vêem mudanças para as quais contribuíram com as suas opiniões, competências e recursos de forma adequada e apropriada.

3. melhorar a qualidade substantiva das decisões; a participação da comunidade em actividades   a favor dos pobres serve para verificar e equilibrar as actividades políticas ao nível da comunidade. Os favores políticos partidários, o pork-barrelling e o nepotismo são alguns exemplos negativos que podem prejudicar a tomada de decisões a nível da

comunidade, o que pode gerar um comportamento político sem controlo. Consequentemente, a participação da comunidade no processo de tomada de decisões reduz a probabilidade de os líderes comunitários tomarem decisões em benefício próprio com os actores de desenvolvimento em nome de toda a comunidade. Por último, a participação da comunidade proporciona uma fonte de perspicácia, informação, conhecimento e experiência especiais, que contribuem para a solidez das soluções comunitárias (Christensen e Robinson, in Smith, 2007:2). O resultado final é uma ênfase na resolução de problemas para eliminar as deficiências da comunidade, para efetuar as mudanças desejadas no sentido da redução da pobreza e para minimizar a privação.

4. Aumentar a confiança nas instituições; Cahn e Camper (in Smith, 2007:2) sugerem que o simples facto de saber que se pode participar promove a dignidade e a autossuficiência do indivíduo. Além disso, aproveita as energias e os recursos dos cidadãos individuais dentro da comunidade e legitima o programa, os seus planos, acções e liderança. Os membros da comunidade mantêm a confiança em todas as instituições de apoio.

5. Reduzir o conflito; Giddens (2001:669) observa que a sociedade está essencialmente cheia de tensões e mesmo em situações consideradas estáveis manifesta "um equilíbrio fácil de agrupamentos antagónicos". Para evitar uma situação potencialmente explosiva em que o[7] esfomeado vai contra o[8] ganancioso, é necessário reduzir os conflitos no contexto institucional do desenvolvimento. Hall (2002:59) adverte que "o conflito em si será prejudicial para a organização se não for resolvido". A implicação é

que, embora os conflitos ofereçam boas oportunidades de participação genuína para a comunidade pobre capacitada, há uma necessidade urgente de os resolver imediatamente quando ocorrem ou de reduzir a sua ocorrência ao mínimo indispensável. Num caso em que os conflitos não são resolvidos ou em que se permite a sua escalada, podem potencialmente levar ao que Fakade (1994:61) descreve como "politização excessiva dos esforços de desenvolvimento". A este respeito, Scheidtweiler (in Kyessi, 2002:73)

---

[7] Neste contexto, os famintos referem-se às pessoas pobres e marginalizadas da comunidade.

[8] A ganância, neste contexto, descreve o comportamento dos actores do desenvolvimento e a sua exclusão tática dos pobres na participação em actividades a favor dos pobres.

defende que através do diálogo e da cooperação entre os grupos a nível da comunidade e os profissionais do desenvolvimento, pode ser alcançado um desenvolvimento genuíno.

6. alcançar a relação custo-eficácia; O Banco Mundial argumenta que a luta contra a pobreza envolve muito mais do que a promoção de um crescimento sólido orientado para o mercado, "envolve - Reforçar as capacidades, em especial nos domínios da educação e da saúde, que são fundamentais para o bem-estar e que, além disso, tornam possível a participação das pessoas,

- Promover a capacitação das pessoas; a sua influência sobre o seu ambiente político, social e económico é de importância fundamental e direta para o bem-estar e para o processo de participação,
- Proporcionar proteção contra vulnerabilidades económicas, políticas, sociais e naturais, incluindo as que resultam de reformas do mercado" (Collier et al, 2000:36).

Quando as estratégias de redução da pobreza são totalmente adaptadas de modo a incluir todos os parâmetros propostos pelo Banco Mundial, tal como referido em Collier et al, então, a redução da pobreza iria para além do custo, em termos de custo económico, para a maximização dos recursos financeiros e humanos que promoverão uma gestão eficaz e uma redução da pobreza em maior escala. Nesta perspetiva, Chambers (1997:1,14) continua a defender que "existem enormes oportunidades para fazer a diferença para melhor". O desafio consiste em saber como aproveitar as influências pessoais, profissionais e institucionais para enquadrar o que ele descreve como um "paradigma prático para conhecer e agir e mudar a forma como conhecemos e agimos, num fluxo de incerteza e mudança". E acrescenta: "O potencial para uma mudança deliberada e escolhida existe". O que é necessário é saber como tirar o máximo partido daquilo que podemos ter e podemos fazer.

De acordo com Saxena (1998:111), "a essência da participação é o exercício da voz e da escolha e o desenvolvimento da capacidade humana, organizacional e de gestão para resolver os problemas à medida que eles surgem, a fim de sustentar as suas melhorias". Por "voz e escolha", Saxena entende a oportunidade de falar e ser ouvido por outros num processo de desenvolvimento participativo. Deste modo, a participação torna-se, por si só, uma atividade de reforço das capacidades que pode melhorar as competências e o sentido de propriedade e responsabilidade da comunidade. Nesta perspetiva, Hall (1993: xvii) observa que "a investigação participativa

63

tem fundamentalmente a ver com o direito de falar" e de ser ouvido como outro elemento crucial do desenvolvimento participativo. A oportunidade de falar e ser ouvido transforma o mundo em que as pessoas pobres se encontram. Freire (1997:70) argumenta que "a palavra não é um privilégio de alguns, mas um direito de todos". Ou seja, a oportunidade de falar torna-se uma tarefa de todas as pessoas e dá sentido ao diálogo, que é um elemento necessário para capacitar as partes interessadas através de "mudanças significativas e sustentáveis" (Mefalopulos, 2008:55) para uma sociedade melhor e justa.

A participação é um meio que se centra na sua capacidade de estimular as pessoas a obterem um desenvolvimento mais eficaz. De acordo com Chambers (1994:961) e Cooke (2001:103), a participação conduz a um melhor planeamento, implementação, monitorização, investigação, formação e ação, enquanto Acharya et al (in Cooke 2001:103) acrescentam a "avaliação" à lista. Um desenvolvimento participativo coloca as pessoas e as comunidades humanas como parte do seu mundo. Por outras palavras, uma perspetiva participativa incita os membros da comunidade a situarem-se e a serem reflexivos, criando uma investigação sobre o conhecimento e o reforço das capacidades, que é culturalmente enquadrada e alimentada (Reason e Bradbury, 2001:6).

Além disso, as decisões participativas nos programas de desenvolvimento são consideradas mais informativas, porque as ideias e a energia em que se baseiam são o resultado de uma atividade colectiva entre os intervenientes e os participantes. A ação participativa cria um sentimento de empenhamento e integra os conhecimentos locais, especialmente durante a execução dos programas planeados.

Noutro sentido, a orientação participativa dá um novo impulso ao desenvolvimento do engenho local, especialmente quando as pessoas locais desempenham um papel significativo na "interpretação, aplicação e, por vezes, na invenção de métodos" que, de outra forma, teriam sido arquivados se não lhes fosse dada a oportunidade de o fazer (Chambers, 2005:131).

2.7A realidade da participação comunitária

Argumenta-se (Hall e Midgely, 2004:45) que a diferença entre um sistema dominado e, de facto, dependente do governo central e local e um sistema baseado no pequeno agricultor individual e no pequeno empresário de um determinado país, é a consideração do interesse comum na aplicação do princípio do desenvolvimento participativo. As pessoas pobres precisam de "parcerias com os governos para resolver muitos problemas de subsistência e comunitários... em parceria igualitária. A igualdade, no entanto, não se traduz em fazer metade do trabalho, mas sim numa parceria de respeito mútuo, em que cada parceiro contribui com recursos adequados a problemas e contextos específicos" (Narayan, Chambers, Shah e Petesh 2000:212).

Na procura de desenvolvimento socioeconómico com vista a reduzir a pobreza nas zonas desfavorecidas do país, as propostas rápidas e criativas às agências doadoras são implementadas logo após a receção dos fundos, a fim de cumprir os prazos. Por exemplo, de 1994 a 1999, o governo do Gana, sob a presidência de J.J. Rawlings, executou projectos rurais no âmbito do programa nacional de renovação institucional (NIRP) com fundos do governo japonês (Aryeetey, 2006). Este projeto foi realizado apressadamente em várias comunidades do norte do Gana sem um planeamento consensual com os funcionários do governo local (conhecimento pessoal do caso em análise). O consentimento das comunidades beneficiárias também não foi solicitado, a sua participação em tais decisões não foi provavelmente considerada ou as suas opiniões não tiveram grande importância para os responsáveis pela execução. Quando chegou a altura de avaliar os progressos feitos até à data na implementação do programa em 1999, o governo apercebeu-se então que o programa não tinha atingido os objectivos estabelecidos, e por isso tinha falhado em todos os aspectos para satisfazer as necessidades dos membros da comunidade. Durante as sessões de informação para preparar os entrevistados e os coordenadores do inquérito sobre questões chave antes do início do inquérito, os facilitadores disseram aos entrevistados que lhes era exigido por ordem superior (isto é, do governo) que documentassem apenas os aspectos positivos do inquérito de avaliação e nada mais ou menos. Era uma diretiva e, portanto, não negociável. O mais provável é que tivessem medo do risco de tornar públicos os aspectos negativos do processo de implementação. Embora tenha havido uma forma de participação, o que se discute é se houve ou não uma parceria. Os participantes na fase inicial eram agentes governamentais responsáveis pela administração das instituições destinadas ao processo de renovação. Por conseguinte, a forma de participação nesse domínio foi não-comunitária. Parecia que o objetivo remoto do governo na altura era esconder-se sob a

NIRP para obter dinheiro para outros motivos ulteriores que provavelmente não poderiam ser apoiados pelo financiamento, uma situação de roubar a Pedro para pagar a Paulo, dir-se-ia. Segundo Kothari (2001:142), "tornam-se agentes e actores sociais ao subverterem o poder do desenvolvimento e ao perturbarem os discursos participativos". Todo o processo foi "altamente ritualizado e repleto de significado político em torno do que os estrangeiros podem e não podem ver" (Irvine, Chambers e Eyben, 2004:5). O argumento é que o governo teve de criar um ambiente político constrangedor e um comportamento concebido para agradar aos parceiros de financiamento ou talvez até para obter mais financiamento da parte deles, tendo menos em conta o efeito que tinha nos beneficiários.

Sugere-se, portanto, (Aryeetey, 2006) que a ação do governo foi equivalente à opinião de que a privação da maioria é necessária para que a riqueza de alguns seja possível. É provavelmente numa consideração semelhante que Galeano (1997:215) argumenta que "para que alguns possam consumir ainda mais, muitos devem continuar a consumir ainda menos". O fracasso do sistema em atacar as causas manipuladoras da pobreza, como se vê na narração acima, leva a que se lute contra os pobres, "enquanto a cultura dominante, uma cultura militarizada ... venera a violência do poder", como argumenta (Galeano, 1997:216), à medida que o sistema é manipulado através de práticas corruptas e da pilhagem dos recursos dos pobres. Os pobres das zonas rurais esperam que o governo forneça serviços fundamentais para o seu bem-estar (Narayan, et al, 2000:266); em vez disso, as acções do governo não dão poder às pessoas que o esperam. O empoderamento não é compatível com um governo opressivo e enganador. Não implica um exercício opressivo do poder, mas mobiliza uma maquinaria governamental produtiva que produz o máximo de oportunidades para um auto-governo moral, como referem Quaghebeur e Masschelein (2003:7). A impressão dada sublinha o desejo fumegante de dinheiro para outras actividades e não importa como é adquirido.

É indiscutivelmente claro que o dinheiro se tornou a única medida de valor e que a sua aquisição está a fazer avançar políticas que estão a aprofundar a desintegração social e ambiental em todo o lado. Argumenta-se que o dinheiro "defende os valores que rebaixam o espírito humano, assume um mundo imaginário divorciado da realidade e está a reestruturar as nossas instituições de governação de formas que tornam os problemas mais fundamentais mais difíceis de resolver. No entanto, questionar a sua doutrina tornou-se uma heresia virtual, invocando o risco de censura profissional e de prejudicar a carreira na maioria das instituições empresariais, governamentais e académicas" (Korten, 1995:69). É, portanto, sugestivo que as práticas corruptas não pudessem, naturalmente, ser discutidas com terceiros, como a massa do povo, com vista a reunir a opinião pública sobre assuntos que não seriam o objetivo primordial, mesmo que os doadores dessem financiamento para o fim que não era para ser. Nesta consideração, White (in Cooke e Kothari, 2001:132) comenta, "o que começou como uma questão política é traduzido num problema técnico que a empresa de desenvolvimento pode acomodar com apenas um vacilo no seu passo". Por "*vacilar*", White entende o enfraquecimento do ritmo e das acções do governo em relação aos pobres, devido a uma subversão contínua dos fundos públicos destinados ao desenvolvimento das populações rurais pobres em projectos não planeados, baseados em interesses políticos.

Sugere-se (Korten, 1995:68) que o modelo de desenvolvimento socioeconómico apresentado pelo governo e por outros actores do desenvolvimento nos países em desenvolvimento é concebido para além das aspirações dos pobres. Von Lieres (1999:140) argumenta que a política de base deve ir "para além da conceção liberal ocidental dominante como um indivíduo portador de direitos e incluir uma vasta gama de conteúdos mais substantivos" que abrangeriam as realidades dos pobres. Korten (1995:250) observa que "o desenvolvimento de estilo ocidental criou um vazio nas suas auto-percepções e uma ganância pela riqueza material. Quanto mais o governo se envolve nas actividades da aldeia em prol do desenvolvimento, menos os aldeões se sentem inclinados a ajudar-se a si próprios". Isto significa que é mais provável que os membros da comunidade não considerem qualquer iniciativa de desenvolvimento plantada ou que lhes seja dada como suficientemente digna de ser sua e, por isso, não se preocuparão em cuidar dela tanto como fariam se tivessem estado envolvidos no processo desde o início.

Isto não significa, de modo algum, que os pobres das zonas rurais não aceitem a mudança. Pelo contrário, os pobres da comunidade que são beneficiários de programas de desenvolvimento não se recusam a aceitar a mudança. A mudança que eles querem é aquela que os pode ajudar a melhorar as suas capacidades inatas e culturais: uma mudança que "poderia deixá-los livres para mudar as regras e os conteúdos da mudança, de acordo

67

com a sua própria ética e aspirações culturalmente definidas" (Rahnema, 1997:384). Neste contexto, concorda-se com Hall e Midgley (2004:5) quando referem Murray, que a assistência pública (neste caso, o apoio governamental) agrava os problemas que esse apoio pretende resolver e, subsequentemente, leva à criação de uma "subclasse pobre permanente". Por outras palavras, os pobres continuam a ser pobres porque procuram receber apoio a todo o momento em vez de se esforçarem por si próprios da forma mais adequada às suas necessidades.

É nesta consideração que Neubert (2000:10) conclui: "Se a população pudesse decidir sobre as actividades de desenvolvimento por si própria, evitaria as falhas cometidas pelos planeadores de desenvolvimento". Com a participação, as decisões mal adaptadas são impedidas e abre-se a possibilidade de aumentar as soluções corretas. O âmbito da partilha de experiências e a possibilidade de adotar más decisões no interesse da redução da pobreza serão minimizados com a participação das pessoas-alvo, a comunidade. Como Narayan, et al (2000:212) observam corretamente, "As pessoas pobres conhecem as suas necessidades, problemas e prioridades". O que os pobres precisam é de parceria e inclusão, e não de obstáculos ao desenvolvimento.

A sustentabilidade colectiva dos programas de redução da pobreza nas comunidades rurais não é apenas para as comunidades pobres e excluídas, mas também para as comunidades em desenvolvimento relativamente rápido e ainda não excluídas. Este processo depende da criação de um quadro institucional e de valores que favoreça a restauração da inclusão e do engenho comunitário em todos os aspectos da fase de programação, ou seja, identificação, implementação e avaliação.

A pobreza rural não é superada apenas pelos donativos a favor dos pobres que os membros da comunidade recebem, mas inclui o envolvimento concertado do grupo-alvo na participação nas decisões que mais os afectam. O antigo Presidente da Tanzânia, Julius Nyerere, afirma: "Para que as pessoas se possam desenvolver, têm de ter poder. Têm de ser capazes de controlar as suas próprias actividades no âmbito das comunidades da sua aldeia.... e participar não só no trabalho físico envolvido no desenvolvimento económico, mas também no seu planeamento e na determinação de prioridades" (Hope, 1996:104). É mais provável que sejam identificados, planeados e desenvolvidos projectos de verdadeiro valor social e económico se for dada à população rural a oportunidade de desempenhar um papel decisivo na sua escolha. Numa perspetiva semelhante, Korten (1995:262) argumenta que "as sociedades saudáveis dependem de comunidades locais saudáveis e com poder de decisão que criem relações de solidariedade entre as pessoas e nos ajudem a ligarmo-nos a uma parte específica da terra viva com a qual as nossas vidas estão interligadas. Essas sociedades devem ser construídas através de acções a nível local, família a família e comunidade a comunidade. No entanto, criámos um contexto institucional e cultural que desempodera o local e torna a ação difícil, se não impossível". Rahnema (1993:128) considera que, numa situação em que a mudança é "ignorada ou artificialmente servida a partir dela, as formas organizadas de participação ou mobilização ou servem objectivos ilusórios, ou conduzem a realizações superficiais e fragmentadas ou não têm impacto duradouro na vida das pessoas". Estas preocupações implicam que, nos casos em que o envolvimento das pessoas nos programas de redução da pobreza é entendido como falso, a fim de obter apoio financeiro ou satisfazer as condições dos doadores, pode ter um impacto distorcido, não propositado e negativo na mente dos membros da comunidade.

De acordo com o Banco Mundial (2001:108-112), o fracasso da programação do desenvolvimento é claramente atribuído à falta de vontade política e/ou de competências para promover coligações políticas a favor dos pobres. A questão é: porque é que o governo não está disposto a cumprir as suas promessas políticas às pessoas que o levaram ao poder? De acordo com Korten (1995:266), "as instituições de caridade profissionais chegaram mesmo a fazer do dinheiro a medida da nossa compaixão". Ao definirem a pobreza em termos de criação de riqueza, as organizações de desenvolvimento ficam presas numa espiral descendente que aumenta a alienação dos pobres em relação à vida e à criação de uma consciência de desenvolvimento nos mesmos. Como observa Heller (2001:152-158), nem o Estado nem qualquer agente de desenvolvimento podem ser actores de "projectos transformadores sustentados", sendo antes necessária uma "ecologia de agentes" que combine "as capacidades institucionais do Estado e os recursos associativos da sociedade civil".

Ao dar formação aos pobres sobre a inclusão em programas de desenvolvimento para melhorar os seus meios de subsistência, os actores do desenvolvimento tendem a fazer com que os pobres pareçam que o seu objetivo é consumir em vez de contribuir para ou criar os bens para consumo (Rahman, 1993:213). Por conseguinte, é necessário aderir ao aviso de Hope de que "a menos que sejam feitos esforços para alargar a participação, o desenvolvimento interferirá com a procura de estima e de liberdade de manipulação por parte do homem" (1996:104). Hope defende afirmativamente a participação óptima dos membros da comunidade nos programas de desenvolvimento e a sua transformação numa estratégia fundamental no processo de planeamento. Isto evitará os sentimentos egoístas e as actividades manipuladoras do fenómeno "pessoas que podem" (McKay e Aryeetey, 2004:44).

Os implementadores de políticas e os actores do desenvolvimento são os produtores de conhecimento (Calas e Smircich, 1999:649). Enquanto produtores de conhecimento, questiona-se (Hall, Gillette e Tandon, in Reason e Bradbury, 2001:6; Ansa, 2006:7) se os intervenientes no desenvolvimento podem ser neutros e desinteressados em questões de participação comunitária e seguir um processo político específico institucionalizado a favor dos privilegiados. Por outras palavras, os privilegiados referem-se aos poderes ou patrocinadores por detrás das iniciativas das actividades de desenvolvimento. Segundo Rappaport (1985:20-1), "o governo não precisa de ser nem o inimigo (como argumentam os conservadores) nem a solução (como argumentam os liberais). Em vez disso, o governo pode fornecer recursos, ouvir e monitorizar a equidade". A noção de igualdade não implica consenso, mas uma reflexão em termos de igualdade dos valores e aspirações das pessoas, que sustentam a interação democrática (Hickey e Mohan, 2003:40) entre os beneficiários da comunidade e os iniciadores a favor dos pobres.

Cooke (2001:107) argumenta que os valores culturais, a propensão individual para assumir riscos e a difusão de responsabilidades são responsáveis pela mudança arriscada e imaginária na dinâmica de atitudes da participação dos membros da comunidade no desenvolvimento. A afirmação de Cooke sugere que, embora os indivíduos aumentem o seu nível de prestígio e identidade cultural no grupo mais alargado, assumindo o risco de aceitar ou não e influenciando o grupo mais alargado a seguir o exemplo, a partilha efectiva de responsabilidade no seio da comunidade mais alargada significa que a responsabilidade individual por uma determinada decisão é pouco clara. De certa forma, o fenómeno da participação comunitária tende a confundir as pessoas, em vez de as capacitar para definirem as suas necessidades e fazerem parte da solução. Numa perspetiva semelhante, Cooke e Kothari (2001:1) questionam se o fenómeno do desenvolvimento participativo em programas e projectos orientados pelos doadores pode ser considerado participativo. Para eles, o desenvolvimento participativo facilita a tirania, uma vez que "emprega o exercício ilegítimo e/ou injusto do poder" em vez de aumentar o "envolvimento das pessoas social e economicamente marginalizadas na tomada de decisões sobre as suas vidas" (Guijt, 1998:1). No entanto, este reconhecimento e apoio de que o desenvolvimento participativo foi e tem sido destinado a um maior envolvimento das perspectivas, conhecimentos, prioridades e competências das populações locais, como alternativa ao desenvolvimento orientado pelos doadores e por pessoas de fora, pode estar longe de ser uma realidade. As pessoas pobres da comunidade encontram-se apenas como trabalhadores num projeto comunitário em vez de proprietários dessa suposta intervenção a favor dos pobres. Cooke e Kothari descrevem este cenário como uma forma de "promover e perpetuar a sabedoria recebida" (2001:1).

No entanto, Cooke (2001:108) argumenta que a mudança imaginada e arriscada são probabilidades e têm de ser confrontadas com as reivindicações feitas para a participação como um meio, possivelmente por ser eficaz na análise, planeamento e ação, e como capacitação, no sentido de dar às pessoas o controlo sobre as suas próprias necessidades de desenvolvimento. O autor questiona se "o controlo dos participantes aumenta quando são colocados numa situação que os leva a tomar decisões mais arriscadas do que de outra forma?" É sugestivo que o controlo dos participantes não aumente ou diminua necessariamente, mas numa participação baseada na comunidade, argumenta-se que os participantes podem não querer perder os recursos que supõem que os intervencionistas têm sob o seu controlo, ou não querem incorrer no desagrado dos mais velhos, membros da família ou vizinhos que têm o poder de lhes causar consequências reais ou imaginárias. Neste contexto, Chambers (1997:89) argumenta que, na participação baseada na comunidade, existe um potencial para que o profissional e o beneficiário se envolvam naquilo que ele descreve como "engano mútuo". É possível que nos sintamos tentados a aludir ao paradoxo de Abilene (Cooke, 2001:108-112) que sugere que a participação da comunidade em programas de intervenção a favor dos pobres não constitui necessariamente um remédio; na verdade, sugere que a interação cara a cara entre profissionais e beneficiários pode piorar as coisas. O paradoxo de Abilene sugere que aqueles que consideram a atribuição de poderes e o controlo como uma forma de aumentar a consciência, implica que isso pode levar um "grupo a dizer o que pensa que você e todos os outros querem ouvir, em vez de dizer aquilo em que realmente acredita" (Cooke, 2001:111).

Assim, a implicação é que os membros da comunidade que são os beneficiários diretos dos programas de intervenção a favor dos pobres podem ficar aquém do seu nível de análise, planeamento e avaliação, ou mesmo do seu compromisso, se conspirarem para tomar decisões que sabem serem erradas e perigosas para a realização do interesse comum.

Uma das premissas ideológicas da comunidade nos programas de intervenção a favor dos pobres é que a participação da comunidade é um investimento nas pessoas (Chambers, 2005), o que em si mesmo é produtivo por natureza. Isto porque aumenta a dimensão dos pontos de vista divergentes, enriquece o conjunto de decisões comuns, contribui para o bem-estar líquido da sociedade e, por conseguinte, é potencialmente benéfico para todos os envolvidos. Num quadro político de desenvolvimento saudável, o investimento em seres humanos é produtivo. No entanto, nos casos em que a participação da comunidade está apenas no papel, torna-se contraproducente. A participação dos membros da comunidade contribui para aumentar a eficiência e a eficácia do investimento e promove os processos de democratização e capacitação (Clever, 2001:36).

Por conseguinte, argumenta-se que o entendimento do desenvolvimento participativo não significa uma "existência reificada lá fora, mas é construído por um quadro de profissionais do desenvolvimento, sejam eles académicos, profissionais ou decisores políticos, cuja capacidade de criar e sustentar este discurso é indicativa do poder que possuem" (Cooke e Kothari, 2001:15). Isto remete para questões como a de Chambers "cuja realidade conta?" (1997), que sugerem que existem versões contrastantes da realidade que efetivamente definem as aplicações das ideias de desenvolvimento participativo e que ainda estão empenhadas na construção de uma determinada realidade. Stirrat (1997) descreve esta forma de participação como "neo-colonialista". Os receios de Stirrat derivam do facto expresso em "whose reality counts" de Chamber, onde se sugere que os profissionais do desenvolvimento tentam justificar a sua existência e as razões subjacentes às suas intervenções através da construção de uma forma particular de realidade. Presume-se que esta realidade sugere que os membros das comunidades pobres do mundo são vítimas de um preconceito disciplinar quando se envolvem no processo participativo.

2. 8Participação e desenvolvimento da comunidade

Os debates teóricos da década de 1970 levaram a uma preocupação crescente entre alguns teóricos do desenvolvimento alternativo, como Paulo Freire. Esta preocupação foi plenamente adoptada pela OIT em 1976, durante a formulação da sua abordagem das necessidades básicas (Burkey, 1993:30-31). De acordo com este grupo de teóricos, o desenvolvimento é identificado em grande parte em relação aos bens físicos e ao fluxo contínuo de bens e serviços económicos e sociais, incluindo padrões de vida saudáveis, desenvolvimento humano e criação de emprego (Catholic Relief services, 2005:6), e inclui um sistema de crenças saudável, taxa de alfabetização, a disponibilidade de escolha e a capacidade de fazer escolhas informadas (Wombeogo, 2005:117). No entanto, as manobras dos membros da comunidade, através da sua auto-identidade colectiva, reflectem conceptualizações profundas das aspirações populares, tais como assumir o controlo do que precisam, serem executores activos e não apenas participantes na sua própria procura de vida e na construção de uma comunidade pacífica e mútua, são também vistas como autênticos processos de desenvolvimento. Rahman (1993:134) questiona se "as pessoas que se mobilizam a si próprias, que perguntam, que decidem e que tomam iniciativas próprias para satisfazer as suas necessidades sentidas, devem ser consideradas apenas como uma questão de meios de desenvolvimento e não como um fim em si mesmo". Por outras palavras, Rahman considera a pequena contribuição dos membros da comunidade no processo de desenvolvimento como fins concretos e não apenas como meios ou instrumentos para alcançar resultados. Por outras palavras, o processo de participação e os níveis de capacitação daí resultantes são considerados mais importantes do que o produto efetivo.

Nos parágrafos que se seguem, discute-se a necessidade de participação da comunidade nos programas de intervenção a favor dos pobres, em geral, e no sector norte do Gana, em particular.

2.9 A necessidade de participação comunitária nos programas de intervenção a favor dos pobres

A participação da comunidade nos programas de redução da pobreza leva-a a construir o significado dos seus próprios mundos de vida. De acordo com Romm (1996:162), "o enfoque sociológico sobre a forma como os seres humanos constroem o significado não implica a dissolução da estrutura social nos chamados microprocessos de interação social entre pessoas. Pelo contrário, implica a insistência de que tudo na sociedade - desde o desenvolvimento de computadores até à adaptação à seca - está enraizado no facto de as pessoas construírem os seus mundos de vida atribuindo significado ao seu mundo". Por outras palavras, ao contrário dos animais, cujo mundo está pronto e as suas respostas ao ambiente mundial são instintivas, "não existe um mundo pronto para os seres humanos" (Coetzee & Graaff, 1996:162).

A forma e a maneira como o ambiente mundial deve ser e o que um determinado espaço comunitário pode proporcionar aos seus habitantes, surge através de uma criação ao longo da vida pelas pessoas com uma firme determinação de fazer parte da sua história. Os processos de desenvolvimento comunitário devem manter um carácter de inclusão, tendo em consideração a realidade sociocultural das pessoas (Thirlwall, 2002:43; Ayaga, 2000:28). A necessidade de incluir os membros da comunidade na programação e implementação da redução da pobreza levanta uma questão de aceitabilidade e significado da qualidade, que tem sido objeto de opiniões divergentes. McIntyre (1995:217) defende que, para uma melhor relação qualitativa no desenvolvimento participativo, os actores do desenvolvimento devem empregar a "abordagem intervencionista dialógica", ou seja, uma abordagem que se caracteriza pelo processo de diálogo. McIntyre vê o encontro dialógico como um apoio à justiça social que criaria o que ele descreve como uma via "mais justa" para o desenvolvimento das relações humanas e sociais.

A propósito do diálogo, Holscher e Romm (in Coetzee & Graaff, 1996:162) sugerem que a caraterística fundamental da consciência do "*Homo Dialogicus*" é a capacidade de aceitar e aceitar pontos de vista construtivos opostos. A incapacidade de aceitar a oposição, opinam Holscher e Romm (in Coetzee & Graaff, 1996:162), "conduz à rigidez da existência humana". Por outras palavras, a não aceitação da oposição faz com que os seres humanos pareçam animais ou mesmo objectos inanimados cujo mundo é criado para eles sem a sua participação ativa. Por conseguinte, a menos que a ajuda ao desenvolvimento e as reformas políticas sejam informadas pelas realidades locais e pelas pessoas que as vivem diariamente nos seus esforços para aliviar a pobreza, a tendência é que não sejam bem sucedidas ou sustentáveis (Middlemiss, 2009:56, La Voy, 2006:1). Por conseguinte, a participação da comunidade nos programas de luta contra a pobreza descreve tanto o fim como os meios; tanto o tipo de resultados pretendidos como a forma como os prestadores de ajuda ao desenvolvimento e de ajuda humanitária devem cultivar para criar uma impressão positiva na vida dos beneficiários da comunidade.

Nas palavras de Yunus (1996:104), "todas as pessoas são dotadas de um potencial incrível. Mas para os pobres e os pequenos produtores, este potencial permanece inexplorado". O ponto de vista de Yunus procura ampliar o desafio de que a participação das pessoas pobres locais nas intervenções de desenvolvimento é frequentemente ignorada, particularmente em programas destinados a elas. Por conseguinte, os talentos locais que poderiam ter sido aproveitados para dar ao programa um acabamento bom e aceitável perdem-se por negligência. Castells (2000:17) vê a negligência dos membros da comunidade nas actividades de desenvolvimento como uma negação de informação. Assim, Castells afirma que "a informação e o conhecimento sempre foram componentes críticos do crescimento económico, e a evolução da tecnologia determinou, de facto, em grande medida, a capacidade produtiva da sociedade e os padrões de vida, bem como as formas sociais das organizações económicas". Partindo da afirmação de Castells, isso significa que a fraca participação da comunidade nos programas de redução da pobreza pode ser o resultado de um fluxo de informação deficiente dos profissionais do desenvolvimento para os membros da comunidade.

Na sua opinião, Yunus defende que a pobreza não surgiu por causa dos pobres. Pelo contrário, foi criada pelas instituições e políticas que os líderes de opinião, como os governos e as organizações não governamentais, construíram em torno da humanidade. Por conseguinte, Yunus (1996:104) adverte que "a menos que estas [políticas] sejam reformuladas e sejam criadas instituições e políticas alternativas, a pobreza continuará a florescer".

Uma análise atenta do conteúdo das políticas macroeconómicas e de ajustamento estrutural dos documentos de estratégia para a redução da pobreza (DERP) do Gana, de 1996 a 2009, mostra que não há um afastamento fundamental de um tipo de quadro político que se pode descrever como um talk show de consenso sobre a pobreza. No sentido em que os conselhos políticos actuais continuam a conter elementos de opções estratégicas para a redução da pobreza e reformas económicas destinadas a colmatar o fosso entre ricos e pobres, mas todos estes conselhos não compensaram as deficiências das políticas socioeconómicas para a redução da pobreza (PNUD, 2003), antes a promoção da pobreza ou a pobreza que floresce Yunus (1996:104).

Há limites claros para as aspirações políticas dos pobres que podem contribuir diretamente para a formulação de uma estratégia eficaz de redução da pobreza. Os pobres tendem a compreender o seu próprio contexto e tomam frequentemente opções para satisfazer as suas necessidades alternativas. Quando os pobres têm alternativas e encontros positivos com as autoridades responsáveis pelo desenvolvimento, consideram que a sua participação é bem reconhecida. Nesta perspetiva, a CNUCED (2002:15) recomenda que "as aspirações dos pobres devem ser traduzidas na formulação efectiva de políticas económicas através de um sistema viável de democracia representativa" em todos os programas de desenvolvimento. Por sistema viável de democracia representativa, somos tentados a pensar na direção de uma forma de liderança funcional em que as vozes e opiniões de todas as camadas da população contam. Este é o ideal. No entanto, a informação no terreno a nível comunitário, e talvez a nível nacional, não parece sugerir que esta forma de idealismo exista. São as opiniões daqueles que detêm o poder e a responsabilidade na comunidade que mais importam e parecem ter muito pouco a ver com a democracia.

Assim, a abordagem atual que enfatiza a redução da pobreza parece basear-se na premissa de que documentos de redução da pobreza bons e bem desenvolvidos e a sua rápida integração na economia global através das agências doadoras são a chave para uma redução rápida e sustentada da pobreza e do crescimento económico. As políticas internas não são apenas factores determinantes da geração de recursos necessários para a rápida acumulação de riqueza e a erradicação da pobreza. Dependem também dos condicionalismos e das restrições impostas pelos doadores externos. A dificuldade de conciliar a apropriação pelo país e a participação da comunidade é crucial para a abordagem governamental da redução da pobreza nas comunidades rurais do norte do Gana. Por outras palavras, quando os projectos são iniciados pelo governo central ou através da filial do governo local, parece haver uma tendência para reivindicar a propriedade de tal projeto de acordo com a fonte doadora, onde foram adquiridos os fundos necessários para realizar o estabelecimento e a conclusão do projeto. Um exemplo claro é uma casa de banho pública em Nadowli, uma das áreas de estudo, onde a agência governamental apõe nas paredes o rótulo "GoG HIPC benefit", sem qualquer recurso ao trabalho e suor dos membros da comunidade. A comunidade esperava que o projeto se chamasse "Projeto de benefício PPME de Nadowli". Isto é particularmente importante quando a ajuda e a redução da dívida no Gana estão sujeitas a condições. Algumas destas condições associadas à ajuda incluem a iniciativa dos países pobres altamente endividados (HIPC) e os programas de ajustamento estrutural (SAP) do Banco Mundial e do Fundo Monetário Internacional (FMI). De acordo com o Banco Mundial (2001:82), "os países altamente endividados de África gastam mais de um terço dos seus orçamentos nacionais no serviço da dívida e menos de um décimo em serviços sociais básicos". Para inverter este cenário, a CNUCED (2002:26) sugere que a despesa atual com programas de redução da pobreza deve ser aumentada sem incorrer em aumentos da dívida. Por outras palavras, o governo tem de gerar mais recursos internamente para aumentar a despesa e reduzir o endividamento junto dos países doadores, a fim de minimizar os níveis de pobreza. Isto reduzirá subsequentemente o peso da dívida acumulada.

A este respeito, a Conferência das Nações Unidas sobre Comércio e Desenvolvimento (CNUCED, 2002:9) argumenta ainda que os progressos nos esforços internacionais para aliviar a pobreza dependerão da forma como a cooperação internacional for capaz de resolver os problemas associados ao protecionismo, à ajuda e à dívida, bem como de melhorar as políticas internas, as instituições e a governação nas zonas em desenvolvimento. As razões subjacentes são o facto de estas questões não terem sido devidamente abordadas.

Os pobres não estão necessariamente a pedir esmolas ou esmolas. Estão a pedir oportunidades semelhantes, tais como água potável, serviços de saúde e de educação a preços acessíveis, esquemas de crédito e empregos, que prevalecem nas cidades e que são usufruídos por outros segmentos da sociedade. Para tornar este pedido realista, os países doadores e outros benevolentes perdoaram, em junho de 2005, 100% da dívida do Gana, juntamente com outros dezassete países africanos mais pobres (Daily Graphic, junho de 2005). O dinheiro que teria ido para o serviço da dívida deveria agora ser utilizado para melhorar as condições de vida e de trabalho dos pobres nas comunidades rurais desfavorecidas e deveria ser feito com a participação dos membros da comunidade e de acordo com as suas necessidades actuais. Todas as políticas aprovadas a nível local, nacional e internacional para os pobres devem dar-lhes poder e não ignorá-los. Os pobres e os habitantes das zonas rurais são muitas vezes considerados como as pessoas de baixo, mas estas pessoas rurais são potencialmente os motores do progresso económico e político sustentável e as partes interessadas na sociedade civil.

Escobar (1995:6) vê o desenvolvimento como um espaço cultural. Por outras palavras, "o desenvolvimento é um espaço para a interação de culturas, práticas e valores. Através desta interação, os significados do desenvolvimento emergem e moldam aqueles que estão localizados neste espaço" (Leroke, 1996:237). O que dificilmente se nota é o poder da cultura (ou o modo de vida das pessoas) (Akerkar, 2001:5-6; Jolly, 2002:7) quando os agentes de desenvolvimento e de ajuda humanitária olham para os pobres. A maior parte das pessoas de fora que trabalham nas comunidades consideram frequentemente as tradições e a cultura dos membros das comunidades rurais, em particular no norte do Gana, como remotas e improdutivas (Wombeogo, 2005:125). Alguns dos actores do desenvolvimento só se apercebem de como teria sido importante procurar conhecer a cultura e as opiniões das pessoas, quando o programa já falhou e possivelmente criou um espaço desconfortável para os participantes (Kelly, 2003:2). Por conseguinte, é muito importante que os administradores do desenvolvimento e os agentes de ajuda humanitária tenham fé nas capacidades de cada membro individual das comunidades em que trabalham. Yunus (1996:104) conclui, "aceitemos o facto de que cada ser humano é capaz de assegurar a sua dignidade humana se apenas criarmos um ambiente de apoio" ou "espaços seguros", como Kelly (2003:2) o vê, para permitir que esses talentos sejam utilizados. Isto é uma indicação de que as pessoas devem ter a oportunidade de participar na tomada de decisões que as afectam.

2. 10Conhecimento e prática indígenas de participação no desenvolvimento comunitário no norte do Gana

O conhecimento indígena, de acordo com Millar, Apusigah e Boonzaaijer (2008), refere-se ao conhecimento e às práticas locais ou caseiras que evoluíram ao longo dos anos e foram transmitidos de geração em geração através da aprendizagem e da tradição oral. Por outras palavras, trata-se de conhecimentos e práticas provenientes das próprias pessoas. Os conhecimentos e práticas autóctones (CIP) procuram abranger os esforços de desenvolvimento das próprias populações rurais, reconhecidos e integrados com conhecimentos e recursos externos.

No Gana, a população rural participa na empresa de desenvolvimento das suas comunidades em vários aspectos. Alguns destes aspectos incluem a educação sobre questões de saúde, a boa governação, o trabalho durante as actividades de desenvolvimento de infra-estruturas, a segurança alimentar e a socialização da família e da sociedade, entre outros (Bruce, 2009). A produção agrícola é a principal ocupação da população rural do norte do Gana; são postas em prática algumas estratégias destinadas a aumentar a produção e os rendimentos, a fim de contribuir para a redução da pobreza e a segurança alimentar sustentável das famílias rurais. Neste sentido, as populações rurais participam em acções de formação e em actividades que visam sensibilizá-las para as novas técnicas de produção agrícola.

A participação das populações rurais nas actividades de desenvolvimento das suas comunidades significa o envolvimento de todas as pessoas (Chambers, 2006, Mefalopulos, 2008,). Millar, Apusigah e Boonzaaijer (2008) vêem-na como aqueles cujas necessidades e aspirações básicas dependem das decisões sobre a disponibilidade de recursos e o direito a essas necessidades. O desenvolvimento participativo inclui a partilha e o controlo equitativos, a divisão do trabalho, a partilha comum dos recursos de desenvolvimento, uma plataforma comum para a tomada de decisões, a assunção de responsabilidades e a prestação de contas a todas as necessidades da comunidade.

Além disso, o envolvimento dos membros da comunidade na boa governação é muito acentuado no Gana (Gbedemah, Jones e Pereznieto, 2010) em geral e no norte do Gana em particular. Embora o Gana seja um Estado-nação e seja governado por um presidente e um parlamento estatal, a organização tradicional do seu povo baseia-se em linhas étnicas e de parentesco e em relações sociais que continuam a desenvolver-se contra as formas modernas de governação (Nugunya, 2009). Estas relações sociais definem os padrões instintivos de gestão comunitária dos recursos e os processos de tomada de decisões em grupo (Millar, et al, 2008) das populações. Em todas as comunidades rurais do Gana, o sistema tradicional funciona lado a lado com os sistemas democráticos formais de governação (Aryeetey, 2006). Por exemplo, os conselhos de zona e as assembleias distritais, por um lado, e o sistema tradicional de governo, por outro, trabalham lado a lado ao serviço da população nas suas respectivas áreas de influência. Embora as pessoas prestem fidelidade ao governo central e aos seus ramos de base, as pessoas prestam mais atenção aos governos tradicionais, uma vez que estes estão mais próximos das pessoas do que os sistemas democráticos formais.

Além disso, o sistema tradicional de prestação de cuidados de saúde tem uma abordagem holística (Emeagwali, 2003) que é largamente explorada pela clientela da comunidade para descobrir algumas razões místicas por detrás do contínuo saúde-doença e dos sucessos de algumas pessoas e não de todas. Por outras palavras, a medicina tradicional ultrapassa os limites do corpo físico e entra no espiritual. Isto implica que a medicina tradicional está em contraste com a biomedicina, que vê o corpo nas suas partes individuais e em termos de saúde e doença contínuas. Ao contrário da biomedicina, a medicina tradicional africana encara o corpo num continuum mente-corpo-espírito, em que os sistemas de saúde e doença são tratados através de estratégias holísticas que oferecem, em grande medida, tratamentos múltiplos (Assimeng, 2010). Várias técnicas utilizadas pela população rural do Gana incluem todas as manobras culturalmente específicas e psicologicamente importantes, como a hidroterapia, a terapia do calor, a manipulação da coluna vertebral, a quarentena, a fixação de ossos e pequenos procedimentos cirúrgicos. São frequentemente aplicados encantamentos e outros dispositivos de dimensão psicoterapêutica (Boonzaaijer e Apusigah, 2008:49). Estas formas de participação das populações tradicionais no processo de prestação de cuidados de saúde contribuem significativamente para a agenda de desenvolvimento do norte do Gana, em particular, e de outras partes do Gana, em geral.

A esperança de gerar dinamismo de desenvolvimento no Gana é, portanto, através do estímulo da população local para mobilizar energia social e recursos que atrairão a iniciativa comunitária e fornecerão competências complementares no planeamento e execução de programas de desenvolvimento. Os pontos seguintes debruçam-se sobre a mobilização e o desenvolvimento da comunidade.

2.11 Síntese do quadro teórico revisto

Esta secção é um resumo do quadro teórico revisto neste estudo no capítulo dois. Como pano de fundo, a literatura capta as perspectivas históricas da participação que remontam aos anos 50 (Chowdhury, in Middlemiss, 2009) até aos anos 70 (McNamara, 1973:26), no ponto 2.2. "A participação foi vista como uma ferramenta para o "empoderamento" (Narayan, 2002:14), "boa governação" (Laderchi, 2001:3) e "consciencialização" (Freire, 1997:70). A participação como conceito tem uma compreensão variada por parte de diferentes académicos na matéria. A teoria adopta duas explicações principais. Estas incluem (Tufte e Mcfapulos, 2009:4), que definem a participação como a mobilização de pessoas para eliminar hierarquias injustas de conhecimento, poder e distribuição económica, enquanto Mefalopulos, (2008:54) a define como o alcance e a inclusão de contributos de grupos relevantes na conceção e implementação de um projeto de desenvolvimento. Estes exemplos revelam duas abordagens principais à participação: *uma perspetiva de movimento social* e *uma perspetiva institucional ou baseada em projectos*. Estas perspectivas entendem a participação como o envolvimento das pessoas comuns num processo de desenvolvimento com vista à mudança. No entanto, não existe consenso sobre uma definição comum de participação, uma vez que esta varia consoante a perspetiva aplicada.

As críticas à participação têm-se centrado no facto de não se poder assumir uma abordagem consistente em todos os aspectos do processo participativo em termos de iniciação de ideias, planeamento, implementação e avaliação, mascarando assim a heterogeneidade evidente na sua realização na prática (Amanda, 2000:1). Isto deve-se ao facto de o controlo da tomada de decisões ser mais teórico do que prático, com a crença comum dos intervencionistas no desenvolvimento de que este pode chegar aos níveis de base através da participação.

Para além dos parágrafos anteriores, existem objectivos de participação. Estes objectivos são o empowerment, os objectivos políticos e os objectivos de voz (Narayan, 2006, ponto 2.4.1). A literatura discute o processo de participação e os vários tipos de participação, como a participação passiva, ativa e consultiva, entre outros. Para além disso, são discutidas as fases do desenvolvimento participativo. Estas fases são as fases de investigação, conceção, implementação e avaliação (Tufte e Mefapulos, 2009) e são descritas no ponto 2.4.2.

A literatura discute as ferramentas participativas no processo de participação comunitária. Quatro ferramentas principais, nomeadamente PRA, PPA, PLA e PAR, foram explicadas em pormenor no ponto 2.5.3. A aplicação e a utilização destas ferramentas no discurso participativo para a participação efectiva da comunidade nas intervenções de desenvolvimento são igualmente explicadas em pormenor em cada ferramenta. As metodologias participativas, tais como os teatros populares, as dramatizações, o REFLECT, a planificação para o real, os trampolins, a investigação apreciativa e a formação para a transformação são bem explicadas na teoria. Significativamente, a teoria analisa a necessidade de participação pública em intervenções a favor dos pobres a nível comunitário. Exemplos disso são o facto de a participação ser um meio que se centra na sua capacidade de estimular as pessoas a realizarem um desenvolvimento mais eficaz e de a participação conduzir a um melhor planeamento, implementação, monitorização, investigação, formação e ação.

A realidade da participação da comunidade é, como Neubert (2000:10) coloca, "Se a população pudesse decidir sobre as actividades de desenvolvimento por si própria, evitaria as falhas cometidas pelos planeadores de desenvolvimento". As decisões dos próprios membros da comunidade sobre o que querem e como querem que seja feito ou alcançado podem desempenhar um papel significativo na satisfação das necessidades da comunidade de forma mais efectiva e eficiente.

Além disso, é necessária a participação da comunidade nos programas de intervenção a favor dos pobres. Rahman (1993:134) vê a contribuição dos membros da comunidade no processo de desenvolvimento como fins concretos e não apenas como meios ou instrumentos para alcançar resultados. Deste modo, os membros da comunidade constroem o significado dos seus próprios mundos de vida e melhoram a relação qualitativa no desenvolvimento participativo, o que melhora o diálogo e a aprendizagem em conjunto. Estes princípios, quando não são explorados pelos actores do desenvolvimento, podem levar à perda de talentos locais que teriam sido aproveitados para dar ao programa um acabamento bom e aceitável. Esta forma de negligência é vista como uma negação de informação aos membros da comunidade que participam nas actividades de desenvolvimento (Castells, 2000:17).

Por último, os membros da comunidade utilizam conhecimentos e práticas indígenas de participação no desenvolvimento da comunidade no norte do Gana (pormenores no ponto 2.10).

O parágrafo seguinte é uma conclusão do segundo capítulo.

2. 12Conclusão

Quer seja considerada selectiva ou coletivamente, a análise deste capítulo sugere que existem limitações ao zelo da comunidade em estar totalmente envolvida nas actividades de desenvolvimento nas suas comunidades locais, por um lado, e ao que pode ser alcançado através do desenvolvimento participativo, por outro. O capítulo argumenta que a participação da comunidade nos programas de desenvolvimento aumenta o controlo das populações locais e reforça a apropriação. Além disso, a participação promove um sentido de dignidade e realização no indivíduo e legitima os planos, as acções e a liderança do programa entre os participantes. Tendo isto como pano de fundo, este capítulo sugere igualmente que não é totalmente verdade que a participação com base na comunidade possa alcançar tanto. De facto, a participação pode ser tirânica e não produtiva.

Até agora, as discussões nas linhas gerais do desenvolvimento participativo, levando em consideração os argumentos a favor e os temores descendentes da participação, exigem uma análise da situação local da pobreza rural e das várias tentativas feitas para enfrentá-la no Gana. Assim, o capítulo 3 discute o contexto situacional dos problemas de pobreza do Gana e as intervenções de desenvolvimento criadas e implementadas com o objetivo de enfrentar esses desafios.

CAPÍTULO 3

3. 1Introdução

Este capítulo traça as tendências do Gana em matéria de pobreza, com especial incidência na transição económica e no bem-estar social a partir da década de 1990. O capítulo fornece uma plataforma para uma discussão mais aprofundada sobre as caraterísticas gerais da pobreza no Gana e uma análise aprofundada da situação da pobreza em cada região. É sugestivo que a pobreza rural continue a ser um fenómeno generalizado, sobretudo na faixa de savana do Gana. A razão para a incidência da pobreza ao longo da cintura de savana do Gana é que as três regiões envolvidas (Alto Oriente, Alto Ocidente e Norte) estão a beneficiar pouco do crescimento económico do Gana e da experiência de redução da pobreza da década de 1990 (Nkum, in Wombeogo, 2005). Este capítulo utiliza os agregados familiares[9] em vez da população para descrever as complexidades da pobreza. Parte-se geralmente do princípio de que o chefe de família é o gestor do agregado familiar, que assegura que as necessidades e o bem-estar dos membros são tratados de forma satisfatória. É com base neste pressuposto que os chefes de família são considerados fundamentais quando se analisam questões a nível micro (Mote, 2005:29). Geralmente, as famílias rurais tendem a ser maiores do que as urbanas e as famílias chefiadas por homens são maiores do que as chefiadas por mulheres. À medida que nos aprofundamos nos vários parágrafos e secções do capítulo, a relevância do agregado familiar e das famílias chefiadas por agregados familiares é discutida em relação à distribuição da pobreza no Gana. Para começar, o capítulo analisa as tendências económicas no Gana e a forma como estas se traduzem na distribuição da pobreza e no seu impacto nas pessoas. Segue-se uma panorâmica geral da pobreza no Gana e as perspectivas da natureza da pobreza e do sofrimento no Gana, tal como indicado nos parágrafos seguintes.

---

[9]Neste contexto, entende-se por agregado familiar uma pessoa ou um grupo de pessoas que vivem juntas na mesma casa ou complexo, partilham a mesma organização doméstica e são tratadas como uma unidade.

3. 2Desenvolvimento económico   desde a independência

Aquando da independência, o Gana dispunha de infra-estruturas físicas e sociais substanciais e de 481 milhões de dólares em reservas estrangeiras. O governo de Nkrumah continuou a desenvolver as infra-estruturas e realizou importantes investimentos públicos no sector industrial. Com a ajuda dos Estados Unidos, do Banco Mundial e do Reino Unido, foi concluída a construção da barragem de Akosombo, no rio Volta, em 1966. Duas empresas americanas construíram a VALCO, a maior fundição de alumínio de África, para utilizar a energia gerada pela barragem (Governo do Gana, 1995). As exportações de alumínio da VALCO costumavam ser uma importante fonte de divisas para o Gana. A fábrica, que encerrou a produção em maio de 2003, foi vendida ao Governo do Gana em outubro de 2004 e, posteriormente, reabriu a uma escala reduzida em setembro de

2005. Isto deveu-se ao facto de o governo da altura não ter conseguido obter o apoio financeiro necessário para se dedicar à produção em grande escala (SEND-Gana, 2010).

Se se tirar conclusões do trabalho realizado desde a independência sobre a agenda de desenvolvimento do Gana pelos governos de então, não se sabe se o Gana, enquanto país, retirou algum benefício económico de empresas como a VALCO para melhorar o desenvolvimento rural e urbano em benefício da população em geral. A empresa Volta Aluminium só foi vendida ao Gana em 2004, desde a sua criação. Isto aconteceu quando os proprietários iniciais pensaram que já não estavam a obter lucros, possivelmente devido ao aumento do custo da eletricidade, ao fornecimento irregular de eletricidade e a interferências governamentais. A fábrica foi inicialmente encerrada, tal como indicado anteriormente, e mais tarde foi revertida e vendida ao governo do Gana. A queda dos preços do cacau e o rápido esgotamento das reservas de divisas do país levaram o governo a recorrer a créditos de fornecedores para financiar muitos projectos. Em meados da década de 1960, as reservas do Gana tinham desaparecido e o país não conseguia cumprir os prazos de reembolso. O Conselho de Libertação Nacional reagiu abandonando projectos não rentáveis e vendendo algumas empresas públicas ineficientes a investidores privados (SEND-Gana, 2010). Em três ocasiões, os credores do Gana concordaram em reescalonar os reembolsos devidos pelos créditos a fornecedores da era Nkrumah. Liderados pelos Estados Unidos, os doadores estrangeiros concederam empréstimos à importação para permitir que o governo, com falta de divisas, importasse bens essenciais (SEND-Gana, 2007). Parece que o governo dos Estados Unidos na época de Nkrumah, embora tenha desempenhado um papel significativo na atenuação da economia do Gana, teve uma marca profunda nas dificuldades de meados da década de 1960. Além disso, o Governo dos EUA parece ter ajudado ao derrube subsequente de Osaegyafo Dr. Kwame Nkrumah, o primeiro Presidente do Gana, em 1966, através de um golpe de Estado militar (Gabinete de Assuntos Africanos, Embaixada dos EUA, Gana, 2006).

Aryeetey e Fosu (2003) documentaram que, entre 1969 e 1972, o governo do Primeiro-Ministro Busia liberalizou os controlos para atrair o investimento estrangeiro e incentivar o empreendedorismo nacional. No entanto, os investidores mostraram-se cautelosos e os preços do cacau voltaram a cair, enquanto as importações aumentaram, precipitando um grave défice comercial. Apesar da considerável ajuda externa e de algum alívio da dívida, o regime de Busia também não foi capaz de ultrapassar as restrições herdadas ao crescimento colocadas pelo peso da dívida, os desequilíbrios da balança de pagamentos, a escassez de divisas e a má gestão (Aryeetey, 2006).

Embora a ajuda externa tenha ajudado a evitar o colapso económico e as melhorias subsequentes em muitos sectores da economia, não se traduziu imediatamente em crescimento (CDD-Gana, 2008). A economia estagnou no período de 10 anos que precedeu a tomada do poder pelo Conselho Nacional Revolucionário (CNR) em 1972. O crescimento da população inverteu os modestos aumentos do produto interno bruto. Consequentemente, os rendimentos reais diminuíram para muitos ganeses durante esse período, em resultado dos golpes de Estado e da agitação que se seguiu (SEND-Gana, 2007). Para reestruturar a economia, o NRC, sob a direção do General Acheampong (1972-78), empreendeu um programa de austeridade que privilegiava a autossuficiência, sobretudo na produção alimentar. No entanto, estes planos não foram concretizados, principalmente devido ao aumento do preço do petróleo após 1973 e a uma seca em 1975-77 que afectou particularmente o norte do Gana. O NRC, que tinha herdado dívidas externas de quase mil milhões de dólares, revogou os acordos de reescalonamento existentes para algumas dívidas e rejeitou outros reembolsos. Depois de os credores terem levantado objecções a esta ação unilateral, um acordo de 1974 reescalonou a dívida a médio prazo em termos liberais. O NRC impôs também o Decreto sobre a Política de Investimento de 1975, em vigor desde janeiro de 1977, que exigia uma participação de 51% de ganeses na maioria das empresas estrangeiras, mas o Governo ficou com 40% em determinados sectores, enquanto muitas acções eram vendidas diretamente ao público (Aryeetey e Fosu, 2003).

A má gestão contínua da economia, a inflação recorde (mais de 100% em 1977) e o aumento da corrupção, nomeadamente aos mais altos níveis políticos, levaram a uma insatisfação crescente entre o povo do Gana. O regime militar pós-julho de 1978, liderado pelo General Akuffo, tentou resolver os problemas económicos do Gana introduzindo pequenas alterações no Cedi sobrevalorizado e restringindo as despesas públicas e o crescimento monetário. Ao abrigo de um acordo de standby de um ano com o Fundo Monetário Internacional (FMI), em janeiro de 1979, o governo prometeu levar a cabo reformas económicas, incluindo uma redução do défice orçamental, em troca de um programa de apoio do FMI no valor de 68 milhões de dólares e de 27 milhões de dólares em empréstimos do Fundo Fiduciário do FMI. O acordo tornou-se inoperante até ao golpe de Estado de 4 de junho, que levou o Tenente Rawlings e o Conselho Revolucionário das Forças Armadas (AFRC) ao poder durante 4 meses (DASF, 2005).

Em setembro de 1979, o governo civil de Hilla Limann herdou um rendimento per capita em declínio, uma produção industrial e agrícola estagnada devido à inadequação dos fornecimentos importados, a escassez de bens importados e produzidos localmente, um défice orçamental considerável (quase 40% das despesas em 1979), uma inflação elevada (Ayemadu, 2010), que "moderou" para 54% em 1979, um Cedi cada vez mais sobrevalorizado, o florescimento do contrabando e de outras actividades do mercado negro, uma elevada taxa de desemprego, sobretudo entre os jovens urbanos, a deterioração da rede de transportes e a persistência de restrições cambiais (Bureau of African Affairs, Embaixada dos EUA, Gana, 2006).

O governo do Partido Nacional do Povo (PNP) de Limann anunciou mais um programa de reconstrução (de dois anos), com ênfase no aumento da produção alimentar, nas exportações e na melhoria dos transportes (Aryeetey e Fosu, 2003). Foi imposta austeridade nas importações e os pagamentos externos em atraso foram reduzidos. No entanto, a produção e os preços do cacau caíram, enquanto os preços do petróleo dispararam. Segundo Aryeetey (2006), na altura não foram tomadas medidas eficazes para reduzir a corrupção desenfreada e o marketing negro. Esta ideia de marketing negro era uma forma de compra e venda clandestina que atraía preços muito acima das taxas governamentais estipuladas, daí os negócios efectuados em segredo.

Quando Rawlings voltou a tomar o poder no final de 1981, a produção de cacau tinha caído para metade do nível de 1970/71 e o seu preço mundial para um terço do nível de 1975. Em 1982, o petróleo constituía metade das importações do Gana, enquanto o comércio em geral registava uma grande contração. Os transportes internos tinham abrandado e a inflação permanecia elevada. Durante o primeiro ano de Rawlings como chefe de Estado, a economia manteve-se estagnada (Aryeetey, 2006). A indústria funcionava a cerca de 10% da sua capacidade devido à escassez crónica de divisas para cobrir a importação das matérias-primas e peças de substituição necessárias. As condições económicas deterioraram-se ainda mais no início de 1983, quando a Nigéria expulsou cerca de um milhão de ganeses, que tiveram de ser absorvidos pela economia em dificuldades do Gana (Hutchful, 2002). Todos estes desafios económicos se deveram, em parte, à má gestão dos recursos económicos, aos baixos salários dos funcionários públicos, que provocaram uma fuga maciça de recursos humanos qualificados para a Europa e os EUA, entre outros.

Em abril de 1983, em coordenação com o FMI, o PNDC lançou um programa de recuperação económica, talvez o mais rigoroso e consistente do seu tempo em África, destinado a reabrir os estrangulamentos das infra-estruturas e a reanimar sectores produtivos moribundos, como a agricultura, a exploração mineira e a madeira. A taxa de câmbio e os preços, largamente distorcidos, foram realinhados para incentivar a produção e as exportações. O governo impôs uma disciplina fiscal e monetária para conter a inflação. Até novembro de 1987, o Cedi foi desvalorizado em mais de 6.300% e os controlos diretos generalizados dos preços foram substancialmente reduzidos (Manuh, Gariba e Budu, 2007:20-21).

A resposta da economia a estas reformas foi inicialmente dificultada pela absorção de um milhão de retornados da Nigéria, agravada pelo declínio da ajuda externa e pelo início da pior seca desde a independência, que provocou incêndios florestais generalizados e obrigou ao encerramento da fundição de alumínio e a graves cortes de energia. Em 1985, o país absorveu mais cem mil (100.000) expulsos da Nigéria. Em 1987, os preços do cacau voltaram a descer; no entanto, as reparações das infra-estruturas, a melhoria das condições climatéricas, os incentivos aos produtores e o apoio externo relançaram a produção. Durante 1984-88, a economia registou um crescimento sólido pela primeira vez desde 1978. As exportações renovadas, os fluxos de ajuda e um leilão de divisas aliviaram as restrições em moeda forte (Hutchful, 2002).

Desde um acordo inicial de standby com o FMI, em agosto de 1983, o programa de recuperação económica, apoiado por três standbys do FMI e dois outros créditos num total de 611 milhões de dólares, bem como por 1,1 mil milhões de dólares do Banco Mundial e centenas de milhões de dólares de outros doadores, trouxe alívio à economia do Gana (Banco Mundial, 2000). Em novembro de 1987, o FMI aprovou uma facilidade de financiamento alargada de 318 milhões de dólares, por um período de 3 anos. A segunda fase (1987-90) do programa de recuperação concentrou-se na reestruturação económica e na revitalização dos serviços sociais. A terceira fase (que começou em março de 1998) centrou-se na transparência financeira e na estabilidade macroeconómica. Apesar de todo este apoio financeiro externo, a economia do Gana registou um crescimento muito reduzido (Manuh, et al, 2007:20).

O Gana optou por procurar uma redução da dívida ao abrigo do programa dos Países Pobres Altamente Endividados (PPAE) em março de 2001 e chegou a um ponto de decisão em fevereiro de 2002. O Gana, o Fundo Monetário Internacional (FMI) e a Associação Internacional de Desenvolvimento (AID) do Grupo do Banco Mundial acordaram, em fevereiro de 2002, em apoiar um pacote global de redução da dívida do Gana ao abrigo da Iniciativa PPAE reforçada (AID, 2002). O Gana atingiu o ponto de conclusão da iniciativa PPAE em julho de 2004 e o alívio total de todos os credores do Gana será de aproximadamente 3,5 mil milhões de dólares num período de 20 anos (SEND-Gana, 2010). O Governo do Gana, em colaboração com as instituições multilaterais de crédito, elaborou um plano pormenorizado para utilizar os fundos disponibilizados pelo alívio da dívida ao abrigo da Iniciativa PPAE reforçada para aumentar as despesas com programas de educação e saúde, melhorar os serviços e as infra-estruturas no sector rural e melhorar a governação. Este plano registou um aumento de 20% nas "matrículas dos alunos dos 6 aos 11 anos entre 2004 e 2006" e uma redução das disparidades nas taxas de matrícula no ensino primário entre os "distritos mais carenciados e os outros", por um lado, e "entre as matrículas dos alunos do sexo masculino e feminino", por outro lado, sendo uma componente do programa de apoio orçamental multi-doadores (MDBS) (CDD/ODI Briefing Paper, 2007). Uma parte do alívio será utilizada para reduzir ainda mais o pesado fardo da dívida pública interna. No âmbito do plano acordado, em 2002 e 2003, o Gana aumentou as tarifas da eletricidade, dos combustíveis e da água municipal para os preços de mercado e tomou medidas adicionais de aumento das receitas (por exemplo, mais impostos) para estabilizar a sua situação orçamental. Além disso, o Gana aumentou os preços de bomba da gasolina, do querosene e do gasóleo em fevereiro de 2005. De acordo com Darlan e Anani (2005), um dos principais objectivos do governo continua a ser a desregulamentação do sector petrolífero.

Em agosto de 2006, o Diretor Executivo da Millennium Challenge Corporation (MCC), Embaixador John Danilovich, e o então Ministro da Reforma do Setor Público do Gana, Papa Kwesi Nduom, assinaram um pacto, ou acordo, de 547 milhões de dólares entre a MCC e a República do Gana. A subvenção quinquenal de 547 milhões de dólares a favor dos pobres, a maior concedida até à data pela agência, deverá beneficiar mais de um milhão de ganeses e tem por objetivo melhorar a vida das populações rurais pobres, aumentando os rendimentos dos agricultores através do desenvolvimento da agroindústria liderado pelo sector privado (Grupo do Banco Mundial, 2004, PNUD, 2005).

Os objectivos declarados do Gana (GoG, 2012; GPRS II, 2005:x) consistem em acelerar o crescimento económico, melhorar a qualidade de vida de todos os ganeses e reduzir a pobreza através da estabilidade macroeconómica, de um maior investimento privado, de um desenvolvimento social e rural de base alargada, bem como de esforços diretos de redução da pobreza. Estes planos têm o apoio total da comunidade internacional de doadores (CDD-Gana, 2009). A privatização das empresas públicas prossegue, tendo mais de 300 das cerca de 350 empresas para-estatais sido vendidas a proprietários privados. Outras reformas adoptadas no âmbito do programa de ajustamento estrutural do Governo incluem a eliminação do controlo das taxas de câmbio e o levantamento de praticamente todas as restrições às importações. A criação de um mercado cambial interbancário alargou consideravelmente o acesso às divisas.

O governo repeliu (ou abandonou por via legislativa) um imposto sobre o valor acrescentado (IVA) de 17% pouco depois da sua introdução em 1995, devido a protestos públicos generalizados. O governo voltou a aplicar vários impostos anteriormente impostos, incluindo um imposto sobre as vendas, e reintroduziu um IVA de 10% em 1998, após uma extensa campanha de educação pública (GPRS II, 2005). O IVA foi aumentado para 12,5 por cento em 2000. O governo acrescentou uma taxa de 2,5% do Sistema Nacional de Seguro de Saúde (NHIS) ao IVA em agosto de 2004 (SEND-Gana, 2009). A expetativa de muitos ganeses relativamente à introdução do NHIS era a de um serviço de saúde mais justo e mais rápido. No entanto, o NHIS enfrenta alguns desafios, como a limitação das drogas e medicamentos que podem ser absorvidos por ele, formas lentas e complicadas de aceder aos dados das pessoas nas unidades de saúde antes de receberem cuidados médicos, a limitação do regime aos distritos e regiões de origem ou de registo e o fraco processo de descentralização dos gabinetes do NHIS nos distritos do Gana. Não obstante, o regime é uma das políticas mais acolhedoras que o Gana tem tido nos últimos anos. Neste sentido, poder-se-ia argumentar que a população do Gana não protestou contra a introdução de mais 2,5% de imposto para além dos 12,5% de IVA já suportados pelos trabalhadores, devido à sua compreensão dos benefícios do SNS.

O Gana registou uma taxa de crescimento económico lenta mas constante, apesar do declínio dos dois principais produtos de exportação, o ouro e o cacau, no mercado mundial, desde o início da década de 1990. A pobreza passou de 52% em 1991/1992 para menos de 40% em 1998/99 (Canagarajah e Portner, 2003). Apesar desta modesta descida dos indicadores gerais de pobreza, a pobreza continua a ser mais generalizada nas zonas rurais do que nas zonas urbanas: a pobreza rural baixou de 63,6% para 49,4% e a pobreza urbana de 27,7% para 19,4% entre 1991 e 1999 (GPRS II, 2005). Embora o Gana permaneça perto dos 3rd últimos lugares dos países mais pobres do mundo no Relatório sobre o Desenvolvimento Humano do Programa das Nações Unidas para o Desenvolvimento (62/103 em 2005 e 58/102 em 2006 (PNUD, 2007), os resultados preliminares da ronda 5th do Inquérito sobre o Nível de Vida no Gana (GLSS5, 2006) indicam que a pobreza no Gana desceu de 51,7% em 1991 para 28,6% em 2006. Durante este período, a incidência da pobreza diminuiu em oito das dez regiões e aumentou em duas. As regiões de Acra e do Alto Oeste registaram uma incidência de pobreza de 5% e 84%, respetivamente, em 1999, tendo esta subido para 12% e 88%, respetivamente, em 2006 (GLSS, 2006).

De acordo com o CDD-Gana (2009), o Gana está a caminho de atingir os Objectivos de Desenvolvimento do Milénio (ODM), que consistem em reduzir a pobreza para metade até 2015. Apesar das melhorias aparentemente progressivas na redução da pobreza, esta não foi distribuída uniformemente por todo o país. As três regiões setentrionais, a saber, o Norte, o Alto Oriente e o Alto Ocidente (como indicado no mapa administrativo regional do Gana abaixo) não registaram praticamente quaisquer melhorias visíveis na criação de riqueza, tendo antes registado um aumento da pobreza em comparação com as restantes sete regiões do Gana (Wombeogo, 2005; GLSS5, 2006; Banco Mundial, 2010:55). Os indicadores de pobreza generalizada do Banco Mundial mostram que um terço dos ganeses é considerado pobre, com base em indicadores como padrões de despesa, padrões comerciais, tipo de habitação, acesso a água potável e saneamento, saúde, nutrição, educação e segurança alimentar (Banco Mundial, 2010:55). No Gana, a pobreza é classificada em pobreza de nível superior e de nível inferior (Canagarajah e Portner, 2003). O nível superior (os pobres) é constituído por pessoas com rendimentos até 100 dólares americanos por ano e o nível inferior (os extremamente pobres) por pessoas com rendimentos inferiores a 80 dólares americanos por ano. Desde 2005, cerca de 44% dos ganeses auferem rendimentos abaixo do limiar de pobreza e cerca de 27% da população tem rendimentos abaixo do limiar de pobreza extrema (GPRS policy, 2001:10; Nkum, in Wombeogo, 2005:21). O Banco Mundial (2009), no âmbito dos esforços para atingir o Objetivo de Desenvolvimento do Milénio (ODM 1), informou que 48% da população ativa com mais de 15 anos auferia rendimentos abaixo do limiar de pobreza extrema.

3. 3Perspectiva geral das tendências económicas no Gana

As tendências económicas gerais da década de 1990 têm sido caracterizadas por uma mistura de caraterísticas de aumento e diminuição dos níveis de pobreza no Gana. Certas zonas do Gana registaram um aumento e um aprofundamento da incidência da pobreza, com indícios de intensificação da vulnerabilidade e da exclusão[10] entre certos grupos sociais nas zonas de savana e de transição do norte do Gana e em algumas zonas costeiras da Grande Acra e das regiões centrais (GPRS II, 2005) do Gana.

A base económica do Gana é essencialmente agrícola, estando a maioria da mão de obra envolvida na agricultura de subsistência. As culturas de rendimento consistem principalmente no cacau e nos produtos derivados do cacau, que normalmente fornecem cerca de dois terços das receitas de exportação, nos produtos da madeira, nos cocos e outros produtos de palma, nos cisnes (que produzem uma gordura comestível) e no café. O Gana também estabeleceu um programa bem sucedido de produtos agrícolas não tradicionais para exportação, incluindo ananases, cajus e pimenta. A mandioca, o inhame, o plátano, o milho, o arroz, o amendoim, o painço e o sorgo são os géneros alimentícios de base. O peixe, as aves de capoeira e a carne também são importantes alimentos básicos e amplamente consumidos por todas as classes da população do Gana.

As exportações de ouro, madeira, cacau, diamantes, bauxite e manganês são as principais fontes de divisas. Em 2007, foi descoberto um campo petrolífero na região central do Gana, que se diz conter até 3 mil milhões de barris (480 000 000 m^3) de petróleo leve (Ofosu-Appiah, 2008). A exploração de petróleo está em curso e a quantidade de petróleo continua a aumentar. O governo e o povo do Gana prevêem que a descoberta de petróleo empregará mais de um milhão de pessoas após a colheita inicial do primeiro petróleo em março de 2011 (SEND-Ghana, 2010).

A economia nacional continua a girar em torno da agricultura de subsistência, que representa 50% do PIB e emprega 85% da mão de obra, principalmente pequenos proprietários de terras. Do lado negativo, os aumentos salariais do sector público e os compromissos regionais de manutenção da paz conduziram à continuação do financiamento do défice

---

[10]Definição de vulnerabilidade e exclusão (GPRS II, 2005) - **A vulnerabilidade** é um estado de privação baseado na pobreza ou na falta de usufruto de outros direitos e prerrogativas e, por conseguinte, leva à exclusão dos grupos desfavorecidos de homens, mulheres e crianças e pessoas com deficiência da participação ativa A exclusão, por outro lado, é uma palavra multidimensional cujas caraterísticas distintivas podem incluir a incapacidade de participar na tomada de decisões em assuntos políticos, socioeconómicos e culturais; e a incapacidade de competir ou participar num evento devido à discriminação.

inflacionista, à desvalorização do cedi e ao crescente descontentamento da população com as medidas de austeridade do Gana (Aryeetey, 2006).

A base industrial do Gana é relativamente avançada em comparação com muitos outros países africanos (a fotografia abaixo mostra uma cena do avanço da industrialização da capital do Gana, Accra). As indústrias incluem os têxteis, o aço (utilizando sucata), os pneus, a refinação de petróleo, a moagem de farinha, as bebidas, o tabaco, os bens de consumo simples e as fábricas de montagem de automóveis, camiões e autocarros. O turismo tornou-se um dos maiores contribuintes para o rendimento estrangeiro do Gana, ocupando o terceiro lugar em 2003, com 600 milhões de dólares (Aryeetey e Ofosu, 2003), e o Governo do Gana colocou grande ênfase no apoio e desenvolvimento do turismo (Aryeetey 2006).

Figura 3.1 Mercado de Makola em Accra

Não obstante, uma das influências mais significativas no desempenho da economia do Gana nas últimas décadas deriva da maior interação entre esta e outras economias, principalmente através do comércio e da cooperação bilateral entre o Governo do Gana e outros países como a Malásia, a China, a União Europeia e os EUA, só para mencionar alguns deles (Banco Mundial, 2000). O nível de cooperação manifesta-se na criação do centro de comércio informal (o mercado de Makola, como mostra a imagem acima), que foi apoiado por organizações multinacionais e países parceiros como a China e a Malásia. A globalização é um ator importante na economia e na sociedade do Gana. No entanto, esta influência tem sido observada não só no domínio do comércio externo, mas também nos fluxos de capital, na ajuda, na transferência de tecnologia e na migração internacional (SEND-

Gana, 2009). Embora se possa argumentar (Imoro, Ahorlu e Koka, 2009) que a globalização, neste contexto, pode ser uma fonte potencial de criação de riqueza tanto para as populações rurais como para as urbanas. Algumas das razões deduzidas incluem a difusão limitada dos benefícios acumulados da globalização a toda a população do Gana; por exemplo, os empregos criados em resultado dos ganhos da economia global eram limitados e estavam ligados ao sector da exportação da economia. Por exemplo, os postos de trabalho criados em resultado dos ganhos da economia global eram limitados e estavam ligados ao sector da exportação da economia, o que exigiu uma visão limitada dos ganhos da globalização no que respeita à transferência de tecnologia e à capacidade de absorção da população local (Imoro, Ahorlu e Koka, 2009). De certa forma, isto reduziu a interação entre o sector externo e os meios de subsistência das populações; um exemplo claro é o do sector mineiro, que atraiu a maior parte das entradas de capital estrangeiro (Aryeetey, 2006:2).

No entanto, vale a pena notar que o crescimento dos rendimentos dos sectores mineiro e extrativo não significa necessariamente uma melhoria dos meios de subsistência das comunidades mineiras rurais, na medida em que a exploração mineira de superfície exige competências altamente especializadas de que muitas comunidades rurais estão privadas. Muitas dessas competências são recrutadas fora das comunidades mineiras, beneficiando a comunidade apenas de empregos não qualificados com rendimentos relativamente baixos. Para além do processo de recrutamento, como observam Aryeetey e Fosu (2003), há ainda as externalidades negativas das actividades mineiras, como os efeitos ambientais e sociais que afectam as populações das comunidades rurais. Isto, com efeito, torna as pessoas das comunidades mais susceptíveis e vulneráveis à pobreza. Por conseguinte, não será irrazoável supor que a atividade mineira conduziu a desigualdades de rendimento, especialmente nas comunidades mineiras do Gana.

Não é claro se os processos de globalização podem conduzir ao empobrecimento rural; no entanto, há um debate considerável sobre algumas possibilidades que ligam a globalização à pobreza neste domínio. Kellick (2000:4) sugere que, embora seja difícil tirar conclusões claras, "é, no entanto, possível, em princípio, identificar uma série de canais através dos quais os vários aspectos da globalização são susceptíveis de alterar o bem-estar dos pobres rurais..." À medida que os processos de interação global entre os agentes económicos ganham ritmo, há uma interação crescente entre as instituições que facilitam a crescente interdependência da produção e os fluxos de capital ou procuram atenuar as consequências dessa atividade em várias comunidades, observou Aryeetey (2006).

De um modo geral, como observou Aryeetey (2006), o argumento de que a globalização e os seus efeitos adversos sobre os pobres se baseia no facto de estes não estarem normalmente equipados para tirar partido das oportunidades criadas pelo crescimento do comércio e dos fluxos de capitais. Considerando que a globalização cria tanto oportunidades como riscos, é evidente que, embora os riscos possam penetrar mais facilmente nas sociedades rurais, dada a escassez de infra-estruturas e de mecanismos para fazer face a esses riscos, a sua capacidade de captar os benefícios da abertura comercial pode ser novamente comprometida pela falta de preparação. Por outras palavras, podem não estar economicamente, tecnicamente competentes, tecnicamente bem informadas no domínio da dinâmica comercial e psicologicamente preparadas para se lançarem em empreendimentos de risco num determinado momento.

3. 4Pobreza rural   no Gana

A pobreza nas zonas rurais do Gana é um fenómeno grave, porque a maior parte das pessoas nas zonas rurais do Gana, como descreve Ofosu-Appiah (2008), vive numa situação de "pobreza que mata" (isto implica uma pobreza endémica em que as pessoas sofrem de falta ou escassez de bens essenciais à sobrevivência, como alimentos, água e abrigo durante todo o ano). Este cenário parece estar enraizado entre as pessoas que vivem nas zonas rurais do Gana e parece não ter qualquer esperança de ser imediatamente atenuado.

A secção 3.5.1 do capítulo 3 deste livro indica que 30% dos pobres do Gana se encontram nas três regiões do Norte, incluindo o Alto Oriente, o Alto Ocidente e o Norte. Se esta percentagem for suficiente, então as questões relativas à pobreza nas três regiões mais atingidas pela pobreza no norte do Gana necessitam de uma abordagem diferente das actuais estratégias de redução da pobreza, em que os fundos são obtidos junto de instituições financeiras locais e internacionais para apoiar alguns projectos, na esperança de que estes produzam os meios necessários para lidar com a situação de pobreza no norte do Gana. Assim, o Governo do Gana aprovou a Autoridade para o Desenvolvimento Acelerado do Savana (SADA), que tem por objetivo oferecer uma abordagem alternativa para lidar com a situação de pobreza e a natureza de subdesenvolvimento dessa parte do país (SEND-Gana, 2010). O objetivo é disponibilizar, de forma proactiva, mais recursos para acelerar a obtenção dos recursos materiais e humanos necessários para atenuar os níveis de privação.

A pobreza nas zonas rurais do norte do Gana está a consolidar a migração em massa de jovens enérgicos para as cidades e a alimentar a ilegalidade e a violência (SEND-Gana, 2010). A crise económica, a inflação elevada, o desemprego, a falta de facilidades de crédito para se dedicar a empreendimentos produtivos e um sistema educativo imprevisível e politicamente orientado que não consegue responder e satisfazer as necessidades e aspirações da economia global moderna estão a lançar milhões de pessoas na pobreza (Oxfam, GB, 2008). O sistema educativo do Gana, no seu conjunto, muda de cada vez que um partido político diferente chega ao poder. Foi o que aconteceu com o regime do NDC (1) de Jerry John Rawlings, de 1992 a 2000 (Aryeetey, 2006); com o regime do NPP de John Agyekum Kuffour, de 2001 a 2008 (SEND-Gana, 2009); e está a acontecer com o regime do NDC (2) de John Evans Atta Mills, de 2009 a 2012 (SEND-Gana, 2010). A redução da pobreza é, portanto, uma política fundamental para alcançar os objectivos de desenvolvimento sustentável.

A pobreza caracteriza-se pela falta de acesso a bens, serviços, activos, créditos e oportunidades essenciais a que todos os seres humanos têm direito. Todos devem estar livres da fome (Sen, 1999; PNUD, 2010), devem poder viver em paz e devem ter acesso à educação básica e aos cuidados de saúde primários. Os agregados familiares pobres têm de se sustentar com o seu trabalho e ser adequadamente recompensados e devem ter uma proteção razoável contra os choques externos. Além disso, os indivíduos e as sociedades que são pobres tendem a manter-se pobres se não lhes for dada a possibilidade de participar nas decisões que determinam as suas vidas. A maioria das pessoas que vivem nas zonas rurais do Gana enquadra-se na classificação de pobreza extrema do Banco Mundial (Ofosu-Apiah, 2008). A pobreza extrema, definida pelo Banco Mundial como a subsistência com um rendimento inferior a um dólar americano e vinte e cinco cêntimos (1,25 dólares) por dia, significa que as famílias não conseguem satisfazer as necessidades básicas de sobrevivência. Têm fome crónica, não têm acesso a cuidados de saúde, não dispõem de água potável e saneamento, não podem pagar a educação dos filhos e talvez não tenham um abrigo rudimentar - um teto para impedir que a chuva entre nas suas cabanas - e artigos básicos de vestuário, como sapatos. Tudo isto se reflectiu nas minhas interações diárias com muitas pessoas que vivem nas zonas rurais do norte do Gana, nomeadamente em Mankarigu, Namoaligo e Nandom, e eu vi tudo isto em primeira mão. Em nenhum outro lugar esta tendência é tão acentuada como no norte do Gana. As facilidades de crédito para as populações rurais pobres parecem estar a diminuir e muitas crianças em idade escolar não frequentam a escola (Ofosu-Appiah, 2008) porque não têm meios para lá ir, porque não têm acesso a água potável e a cuidados de saúde primários. Rahnema (1993:159) descreve esta pobreza circunstancial como pobreza destituída e imposta, que magoa, degrada e leva as pessoas ao desespero. Por outras palavras, a pobreza e os pobres estão associados a um estado de carência, de privação; "tal privação está relacionada com as necessidades da vida" (Boltnivik, 2006:2), como a alimentação, o abrigo e a segurança, para mencionar algumas delas.

Embora os indicadores económicos do Gana, como a taxa de inflação (9,5%) e a taxa de crescimento económico (2,4% do PIB), continuem a melhorar (SEND-Gana, 2010), continua a existir uma elevada percentagem da população a viver na pobreza, nas três regiões do norte do Gana. Este facto vem reforçar a ideia de que o crescimento, por si só, não é suficiente para garantir uma redução substancial e sustentável da pobreza. Verificou-se que a pobreza diminui mais rapidamente nas comunidades em que a distribuição do rendimento se torna mais equitativa do que nas comunidades em que se torna menos equitativa. Assim, se a redução da pobreza for considerada como uma medida da eficácia do desenvolvimento, então a eficácia dos esforços de crescimento varia consoante os níveis de desigualdade (Narayan, 2002:5). É bastante intrigante que o Gana, tendo sido um dos países em desenvolvimento pioneiros na adoção da política de ajustamento estrutural do Fundo Monetário Internacional (FMI) e do Banco Mundial (Aryeetey, 2006), ainda tenha a maioria da sua população a viver abaixo do limiar de pobreza. Esta política tinha como objetivo relançar a economia e reduzir a pobreza. No entanto, desde 1983, milhões de pessoas no Gana, especialmente na parte norte do país, continuam a chafurdar na pobreza abjecta, na privação e na negligência (Ofosu-Appiah, 2008).

A pobreza no Gana é predominantemente rural. Setenta por cento (70%) das pessoas pobres do país vivem em zonas rurais (Aryeetey, 2006, PNUD, 2009b), onde têm acesso limitado a serviços sociais básicos, como água potável, uma boa rede de estradas, eletricidade e serviços telefónicos. A incidência da pobreza é mais elevada na parte norte do país (Ofosu-Appiah, 2008). Esta disparidade aumentou o fosso entre os rendimentos das populações do sul, onde há duas estações de crescimento, e os das planícies do norte, propensas à seca (Aryeetey e Fosu, 2003, FIDA, 2013). A pobreza rural continua a ser generalizada na região da savana seca que cobre cerca de dois terços do território do norte do Gana. Embora a taxa de pobreza global do Gana tenha diminuído, as três regiões do norte registaram apenas reduções marginais. As taxas de pobreza no norte são duas a três vezes superiores à média nacional, e a insegurança alimentar crónica continua a ser um desafio crítico (FIDA, 2013).

A pobreza está associada a oportunidades e escolhas limitadas (Chambers, 2005) no acesso a necessidades básicas como a educação, a saúde e o alojamento. Está também associada ao género, à desigualdade, à falta de dignidade, à baixa autoestima, sobretudo das mulheres, e à má governação (Boonzaaijer e Apusigah, 2008). A erradicação da pobreza extrema e da fome tornou-se, por conseguinte, o principal objetivo de desenvolvimento da comunidade internacional (PNUD, 2009b). A meta primordial - adoptada em 1996 pelo Comité de Ajuda ao Desenvolvimento da Organização para o Desenvolvimento Económico Comunitário (OCDE) e aprovada pela comunidade internacional - consiste em reduzir a incidência da pobreza nos países em desenvolvimento de 30 para 15% até 2015 (PNUD, 2009a). Este objetivo é amplamente considerado (Grupo do Banco Mundial, 2010) como exequível e, de facto, louvável.

Na sequência da discussão desta secção, o investigador analisa o conceito de pobreza e uma definição operacional de pobreza, tal como referido no ponto 3.4.1.

3.4.1 O   conceito de pobreza e uma definição operacional da pobreza

O conceito de pobreza e as definições de "os pobres" variam de acordo com a perspetiva e o objetivo de quem os define. O reconhecimento de que a definição de pobreza em termos tradicionais de consumo e despesa é insuficiente, por si só, para responder às necessidades dos próprios pobres levou à inclusão de indicadores de bem-estar humano e social nos índices de desenvolvimento e nos programas de alívio da pobreza. Além disso, a auto-caraterização da pobreza, recolhida junto dos próprios pobres, tornou-se cada vez mais central no planeamento de sectores e programas, com o objetivo reconhecido de incluir estas 'vozes dos pobres' não só em termos de ilustração das suas necessidades, mas também num processo interativo de planeamento do desenvolvimento. Nkum & Ghartey (2000) caracterizam os pobres e a situação da pobreza no Gana do seguinte modo

□ Incapacidade de satisfazer as necessidades (alimentação, habitação, vestuário, cuidados de saúde e educação)

□ Ausência de indicadores económicos, de emprego, de mão de obra, de explorações agrícolas, de gado, de oportunidades de investimento

□ Incapacidade de satisfazer as seguintes exigências sociais: pagamento de taxas de urbanização, de taxas de funeral obrigatórias e participação em reuniões públicas

□ Ausência de serviços e infra-estruturas comunitárias básicas, tais como saúde, educação, água e saneamento, instalações sanitárias, vias de acesso, entre outros

A multidimensionalidade da pobreza, clarificada pelo estudo de Nkum e Ghartey (2000), reflecte o trabalho mais vasto realizado em várias comunidades do norte do Gana e de todo o país, onde a pobreza ou o mal-estar são identificados como sendo complexos e interligados, incluindo uma carência material e a necessidade de abrigo, bens e dinheiro. Estes são frequentemente caracterizados, como Narayan et al (2000:21), por fome, dor, desconforto, exaustão, exclusão social, vulnerabilidade, impotência e baixa autoestima. Por outras palavras, a pobreza é identificada como um conjunto de situações da vida pessoal e comunitária em que, a um nível mais pessoal, a pobreza se reflecte na incapacidade de aceder a serviços comunitários básicos.

As percepções do bem-estar e da pobreza no Gana variam entre as zonas rurais e urbanas e entre homens, mulheres e jovens. Enquanto os pobres das zonas rurais identificam questões como a insegurança alimentar, a incapacidade de ter filhos, a deficiência e a posse de bens, os habitantes das zonas urbanas sublinham a falta de emprego, a indisponibilidade e a inadequação dos serviços sociais, a formação de competências, o capital, etc., como estando ligados aos níveis de pobreza e de bem-estar (Appiah, 1999, Nkum & Ghatey, 2000). Em geral, as preocupações dos homens estão relacionadas com o estatuto social e o emprego; para as mulheres, as

o bem-estar geral dos seus filhos e da sua família, bem como dos jovens, capital para investir ou empreender actividades económicas.

O parágrafo seguinte apresenta uma definição operacional da pobreza e dos pobres no norte do Gana.

Há uma infinidade de definições e abordagens à pobreza que reflectem a enorme diversidade de abordagens ao desenvolvimento e à abordagem da questão da pobreza.

▫ 1,25 USD por dia - definição do Banco Mundial (2010)

▫ Falta de liberdade, agência, capacidade ou escolha -Sen (2000) definição Alguns dos maiores desafios na definição de pobreza são a construção de uma definição que seja comparável e mensurável, mas também multidimensional e participativa. Muitas definições típicas de pobreza carecem de uma análise da desigualdade, da vulnerabilidade e do contexto local e internacional mais alargado. Não reflectem necessariamente todos os matizes da pobreza, todos os factores que contribuem para ela e todas as suas consequências. O investigador argumenta que, muitas vezes, não fornecem muitas informações sobre as realidades da vida na pobreza ou sobre as causas da pobreza, especialmente no que se refere às zonas rurais. No norte do Gana, a pobreza é vista no contexto das seguintes caraterísticas: incapacidade de pagar uma refeição por dia, impossibilidade de pagar os serviços básicos essenciais (cuidados de saúde, educação, obrigações sociais, não participação na tomada de decisões no seio da comunidade ou decisões e opiniões que não são necessárias para o resto dos membros da comunidade, por mais brilhantes que possam parecer), privação, oportunidades reduzidas e elevado grau de vulnerabilidade. Noutro contexto, uma pessoa pobre pode não significar necessariamente uma pessoa sem dinheiro ou comida, mas uma pessoa que é incapaz de ter filhos. Um homem ou uma mulher podem ser ricos em termos de riqueza material, mas podem ser considerados pobres porque não têm filhos. Com base nestas marcas contínuas de pobreza que afectam os membros das comunidades rurais do norte do Gana, estes têm uma forte perceção de que a pobreza e o bem-estar são obra de Deus ou da natureza.

Um ponto comum a todas estas definições é o facto de se centrarem naquilo que falta às pessoas. Não naquilo que enriquece as suas vidas. Uma pessoa que pode ou não viver com menos de 2 dólares por dia é uma pessoa feliz e saudável. Para todas as pessoas que vivem com 1,25 dólares por dia, continua a haver falta de dinheiro ou de outras coisas. No Gana, o sentido de comunidade é muito essencial para ultrapassar a pobreza. Esta componente crítica da comunidade raramente é reflectida nestas definições de pobreza. Consequentemente, Satterthwaite (2004) observa que a utilização do rendimento ou da despesa como determinante do limiar de pobreza no contexto da visão amplamente aceite da pobreza como multidimensional é problemática. Isto deve-se ao facto de as medidas de rendimento não fornecerem uma imagem completa do "domínio dos recursos" que um indivíduo ou um agregado familiar possui (Boarini & d "Ercole, 2006), uma vez que as medidas de rendimento tendem a negligenciar a capacidade de os indivíduos e os agregados familiares contraírem empréstimos, recorrerem a poupanças acumuladas e beneficiarem da ajuda de familiares e amigos, bem como do consumo de serviços públicos como a educação, a saúde e a habitação. O maior fator que contribui para a pobreza não monetária no Gana é a educação e, especificamente, a privação dos agregados familiares na conclusão do ensino primário (GSS, 2013:57). Por conseguinte, à luz das críticas às medições da pobreza monetária, os indicadores não monetários, como o acesso a três refeições por dia, a saúde, a educação, a habitação, as terras agrícolas, entre outros, são cada vez mais considerados na medição da pobreza.

É com base neste facto considerável que Townsend (2010) defende que as pessoas são ricas ou pobres de acordo com a sua quota-parte dos recursos e oportunidades que estão disponíveis para todos. O autor considera ainda que os indivíduos e as famílias cujos recursos, ao longo do tempo, ficam aquém dos recursos de que dispõe o indivíduo ou a família média da comunidade em que vivem, estão em situação de pobreza, quer essa comunidade seja local, nacional ou internacional.

A pobreza caracteriza-se pela falta de acesso a bens, serviços, activos, créditos e oportunidades essenciais a que todos os seres humanos têm direito. Todas as pessoas devem estar livres da fome, devem poder viver em paz e devem ter acesso à educação básica e aos cuidados de saúde primários.

Assim, os pobres são aqueles que sofrem de fome crónica, que não têm acesso a cuidados de saúde, que não dispõem de água potável e de saneamento, que não podem pagar a educação dos seus filhos e que talvez não tenham um abrigo rudimentar - um teto que impeça a chuva de entrar na cabana - e artigos básicos de vestuário, como sapatos.

3.4.2As   populações rurais pobres do Gana

A pobreza é mais profunda entre os produtores de culturas alimentares. Os agricultores pobres que praticam culturas alimentares são principalmente pequenos produtores tradicionais. Cerca de seis em cada dez pequenos agricultores são pobres, e muitos deles são mulheres. Apesar dos esforços do governo, que trabalha com parceiros de desenvolvimento como o Fundo Internacional de Alimentação e Desenvolvimento Agrícola (FIDA) para reduzir a pobreza no país, os pequenos agricultores, os pastores e outras populações rurais do Gana continuam a ser pobres. As mulheres encontram-se entre os mais afectados (Ofosu-Appiah, 2008). Mais de metade das mulheres que são chefes de família nas zonas rurais encontram-se entre os 20% mais pobres da população - os mais pobres dos pobres. As mulheres suportam pesadas cargas de trabalho. São responsáveis por 55 a 60 por cento da produção agrícola (Benning, 2010). As mulheres trabalham pelo menos duas vezes mais horas do que os homens, passam cerca de três vezes mais horas a transportar água e mercadorias e transportam cerca de quatro vezes mais volume (Narayan e Petesch, 2002). No entanto, têm muito menos probabilidades do que os homens de receber educação ou benefícios de saúde ou de ter voz ativa nas decisões que afectam as suas vidas. Para elas, a pobreza significa um elevado número de mortes infantis, famílias subnutridas e fraco acesso das crianças à educação e seguros de saúde e de vida limitados, entre outras privações (ClayDord Consult, 2004).

Os idosos e os deficientes, bem como as pessoas com VIH/SIDA e outras pessoas com doenças crónicas, são outra face dos pobres das zonas rurais. Muitos não têm meios de subsistência ou esgotaram os seus recursos para pagar os cuidados médicos. Os migrantes também são gravemente afectados pela pobreza, particularmente aqueles que imigram das cidades e aldeias vizinhas para as comunidades de Talensi e Nabdam, onde se situam duas das áreas de estudo, para actividades de *gallamsay* (mineração em pequena escala). Durante os estudos de campo, o investigador apercebeu-se, com base na informação recolhida junto de alguns dos inquiridos, que aqueles que não conseguem algum do pó de ouro passam por momentos difíceis. Nessas alturas, algumas das mulheres de todos os estatutos envolvem-se numa forma de prostituição para ganhar a vida.

3.4.3 Onde estão as pessoas pobres das zonas rurais do Gana?

As zonas mais pobres do Gana são as regiões de savana do norte, onde muitas populações rurais pobres enfrentam uma insegurança alimentar crónica. Na parte norte do Gana, a pobreza afecta frequentemente comunidades rurais inteiras. Os meios de subsistência são mais vulneráveis nessas regiões, e todos os membros da comunidade sofrem devido à insegurança alimentar durante uma parte do ano. As três regiões mais pobres, o Norte, o Alto Oriente e o Alto Ocidente, ocupam as partes do Gana que fazem fronteira com a Costa do Marfim, o Burkina Faso e o Togo. Na região do Alto Oriente, quase nove em cada dez pessoas vivem na pobreza. Mais de oito em cada dez pessoas na região do Alto Oeste são pobres. Na região Norte, a pobreza afecta sete em cada dez pessoas, e um pouco menos de metade da população da região Centro é pobre.

As regiões do Alto Oriente e do Alto Ocidente são cobertas pela savana do Sahel, a nordeste, e pela savana de prados, a noroeste. Há uma estação chuvosa curta, seguida de um longo período de tempo seco influenciado pelo vento harmattan seco (vento seco e nebuloso do noroeste) proveniente do deserto do Sara. Os agricultores vivem geralmente ao nível da subsistência e a agricultura limita-se principalmente à curta estação das chuvas. Na estação seca, os agricultores só podem cultivar terras sob irrigação. A maioria dos agricultores está inativa durante este período, e muitos jovens fisicamente aptos migram para outras partes do país para obterem um rendimento.

Em todo o Gana, a população rural lida com a pobreza de várias formas, encontrando soluções individuais para o problema. Os homens têm empregos fora das explorações agrícolas, as mulheres praticam o comércio em pequena escala e as famílias reduzem as despesas em dinheiro, o que pode significar tirar as crianças da escola.

3.4.4 Porque é que   as populações rurais são pobres no Gana?

A economia do Gana, que se baseia em grande medida na agricultura, caracterizou-se no passado por taxas de inflação elevadas, uma desvalorização contínua do cedi, reservas estrangeiras cada vez mais reduzidas, um peso excessivo da dívida pública e um crescimento flutuante (SEND-Gana, 2010). A aplicação extensiva de políticas de liberalização e ajustamento na década de 1980 produziu algum crescimento nos serviços e no sector mineiro, mas pouco fez para induzir e sustentar o crescimento na agricultura e na indústria transformadora (PNUD, 2010). Tanto o crescimento como os rendimentos permaneceram estagnados, resultando num agravamento da pobreza (Bruce, 2009).

Nas zonas rurais do Gana, a economia é 97% agrária e de subsistência (consumo familiar imediato e actividades de sobrevivência) por natureza (Aryeetey, 2006, SEND-Ghana, 2010). Os pequenos agricultores baseiam-se em métodos e tecnologias rudimentares e não dispõem de competências nem de factores de produção, como fertilizantes e sementes melhoradas, que permitam aumentar os rendimentos. Devido à erosão e a períodos de pousio mais curtos, o solo perde a sua fertilidade, o que constitui uma ameaça a longo prazo para os meios de subsistência e os rendimentos dos agricultores. A pressão crescente da população leva ao cultivo contínuo na região do Alto Oriente, densamente habitada, e a um período de pousio mais curto na região do Alto Oeste, causando uma maior deterioração da terra.

Os serviços de estatística do Gana (GSS 2010:89) indicam que um número insignificante de explorações agrícolas (apenas cerca de 6.000 num universo de vários milhões) tem acesso à irrigação. A propriedade da terra e a segurança fundiária são reguladas por sistemas complexos que variam muito. Os agricultores pobres não dispõem de infra-estruturas de mercado e rurais de que necessitam desesperadamente para armazenar, transformar e comercializar os seus produtos.

Existem barreiras significativas à utilização dos serviços de saúde na Região Norte. Ocupando cerca de 30% da área terrestre do país, possui mais de 5000 povoações (GHS, 2007:5). Estas povoações estão simplesmente demasiado longe das instalações de referência de saúde (policlínicas e hospitais). Esta situação é exacerbada pela má rede de estradas na região. A estratégia de planeamento e serviços de saúde de base comunitária (CHPS) é uma estratégia que o sector da saúde nas três regiões do norte do Gana está a promover para resolver a questão do acesso geográfico inadequado. No entanto, o conceito de CHPS continua a suscitar problemas, uma vez que o número de profissionais de saúde que aceitam ser destacados para estes centros situados no interior do país é inferior. A utilização e o acesso ao Regime Nacional de Seguro de Saúde continuam a ser reduzidos no sector setentrional em comparação com o sector meridional do Gana (GHS, 2009:7). Estes desafios aumentam o fardo da pobreza entre as pessoas das três regiões do norte do Gana, particularmente nas zonas rurais das regiões

105

onde o acesso aos serviços essenciais é muito difícil. A experiência pessoal do investigador em algumas destas zonas (porque o investigador vive lá) mostra que alguns destes serviços essenciais não estão facilmente disponíveis para quem deles necessita.

Quadro 3.1 Indicadores demográficos do Gana e estatísticas sobre a pobreza rural

Population indicators of Ghana and rural poverty statistics	
Total population (million), 2003:	20.7
Rural population density (people per km2), 2003:	307.1
Number of rural poor (million) (approximate):	6.5
Poor as % of total rural population, 2000-01:	49.9
GNI per capita (US$), 2003:	320.0
Population living below US$1 a day (%), 1998-99:	44.8
Population living below US$2 a day (%), 1998-99:	78.5
Population living below the national poverty line (%), 1998-99:	39.5
Share of poorest 20% in national income or consumption (%), 1999:	5.6
Source: World Bank (2004)	

Estes indicadores no quadro 3.1 evidenciam o facto de que, embora a população do Gana tenha aumentado de 20,7 em 2003 para 24,6 em 2010 (GSS, 2010), a população que vive abaixo do limiar de pobreza nacional de 1,25 dólares não registou uma melhoria significativa desde 1999. Em 2009, 35,6% da população do Gana vivia abaixo do limiar de pobreza (PNUD, 2010).

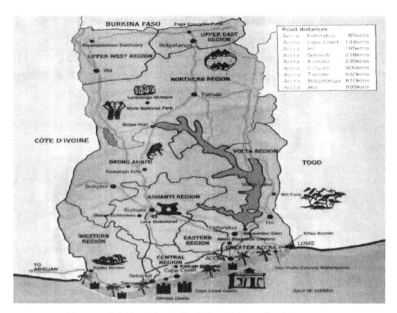

Figura 3.2 Regiões administrativas do Gana

Para além disso, a distância entre cada uma das regiões é outra fonte de preocupação. Os produtos alimentares e as experiências agrícolas e socioeconómicas não são facilmente partilhados entre as regiões devido à má rede rodoviária existente e ao custo dos transportes. Estes factores tendem a contribuir para os níveis de pobreza das populações dos sectores mais pobres do país, em especial nas três regiões do norte do Gana. O mapa administrativo regional do Gana acima ilustrado mostra claramente as distâncias quilométricas entre as regiões.

Para além da informação acima sobre os desequilíbrios e desafios regionais, o quadro 3.1 mostra que o Gana está classificado em 130º lugar entre 180 países no que respeita ao seu índice de desenvolvimento humano (IDH), com um valor de 0,47 (PNUD, 2010). A taxa de alfabetização da população do Gana com 15 anos ou mais é de 66% da população total. No domínio da saúde, a taxa de mortalidade de menores de cinco anos é de 76/1000 nados-vivos e a taxa de mortalidade materna é de 560/100000 nados-vivos (Global Footprint Network, 2008).

Além disso, o Banco Mundial (2010:87) refere que o Gana gasta 50 por cento do produto interno bruto (PIB) para exportar bens e serviços para o mercado internacional e importa 75 por cento do PIB da comunidade internacional. Isto implica que o Gana tem um défice comercial de 25 por cento do seu PIB. Por outro lado, o índice de perceção da corrupção da Transparency International (2010:23) coloca o Gana na posição 62nd entre 180 países, com um valor de CPI de 4,1. Por conseguinte, o Gana encontra-se certamente entre os países aparentemente corruptos, até certo ponto, em África e no mundo em geral.

Estes factos colocam o Gana numa posição difícil em geral e as partes do país já em dificuldades, nomeadamente o sector norte do Gana, numa posição ainda mais desfavorável.

3.5As perspectivas da natureza da pobreza e do sofrimento no Gana

A título de introdução, esta secção aborda diretamente as necessidades básicas fundamentais das questões de base que ajudam a melhorar a vida e a promover a saúde. Os exemplos incluem a alimentação, a água, o abrigo, o saneamento e os direitos (incluindo o direito à segurança alimentar e ao rendimento, o emprego, o direito à educação, o direito à saúde, o direito à vida e à segurança pessoal e a resolução de conflitos). Os restantes são o direito a ser ouvido, o direito à equidade: género e diversidade, e outros actores como o governo e as políticas das ONG para o desenvolvimento e o emprego. De um modo geral, a falta ou a insuficiência destes factores explica em grande parte a forma como as pessoas descrevem e medem a pobreza no Gana.

3.5.1 A face da alimentação, a insegurança do rendimento e a distribuição da pobreza no Gana Os benefícios da redução da pobreza não se distribuem uniformemente por todo o país. Por exemplo, diz-se que a pobreza na região da Grande Acra duplicou de 5,2% em 1999 para 11,8% em 2006 (GLSS, 2006). De acordo com o relatório GLSS 5, os pobres continuam a estar concentrados nos sectores rurais do país, especialmente nas áreas das três regiões do Norte. Diz-se que as três regiões setentrionais - Norte, Alto Leste e Alto Oeste - albergam os 30% mais pobres da população do Gana (relatório GLSS 5, 2006). Harold (2002) indica que "quase 90 por cento das pessoas na região do Alto Oriente são pobres. A situação mantém-se inalterada, exceto 10% da população da região do Alto Oeste. Os relatórios GLSS 5 (2006) indicam que as regiões do Alto Oriente e do Alto Oeste "... registaram um pequeno declínio da pobreza e continuam a ser, de longe, as regiões mais pobres do país."

A pobreza nestas três regiões do Norte é caracterizada por uma insegurança alimentar crónica e pela incapacidade de muitos agregados familiares acederem a serviços sociais que melhoram a vida, como os cuidados de saúde e a educação. A pobreza nas três regiões do Norte significa que as pessoas não têm comida suficiente para comer. A pobreza nesta categoria refere-se à fraca segurança do rendimento e à insegurança alimentar das pessoas em causa. Para a maioria dos agregados familiares nas regiões do Alto Oriente e do Alto Ocidente, esta pobreza significa, na realidade, que não têm comida suficiente para comer três vezes por dia durante 6-7 meses por ano, nos anos bons, quando os celeiros de alimentos ficam vazios de fevereiro a agosto - um período que se tornou conhecido como "a época da fome".

De facto, o relatório GLSS 5, que refere uma mudança no sentido do agravamento da pobreza urbana em locais como Accra, não é totalmente alheio à estagnação e/ou agravamento dos níveis de pobreza nestas regiões. Poderá, de facto, ser o fator que impulsiona a pobreza urbana em Acra e nas outras zonas urbanas. De facto, a pobreza urbana é um fenómeno de exportação resultante da intensificação da migração rural-urbana, especialmente dos jovens que procuram saídas da pobreza rural em contextos urbanos. As três regiões do Norte registam as estatísticas mais elevadas de emigração das suas populações. Por exemplo, o Censo da População e da Habitação de 2000 indica que 49,8% de todos os nativos da Região do Alto Oeste vivem fora da região (GSS, 2002). Também é observável que a maior parte dos pobres nas áreas urbanas do sul do Gana está predominantemente localizada em comunidades de migrantes de favelas popularmente conhecidas como "zongos", que abrigam predominantemente pessoas de descendência do norte, bem como imigrantes de outros países ao norte do Gana. As estatísticas disponíveis (Twum-Baah, 2002) indicam que estes zongos, em todas as grandes cidades, são as zonas mais carenciadas do país em termos económicos (em termos de emprego e de infra-estruturas) e sociais. As instituições educativas formais geralmente não as servem, e as crianças destas zonas têm um acesso muito limitado à educação secular. O acesso às necessidades da vida, tais como habitação condigna, cuidados de saúde, água e instalações sanitárias, estradas, eletricidade fiável, entre outros, é inexistente ou geralmente mal fornecido. Por conseguinte, a incidência da pobreza nas zonas urbanas não se limita a reproduzir a pobreza rural, mas assume sobretudo um carácter étnico.

A complexidade dos aglomerados humanos no Gana, tanto nas zonas urbanas como nas rurais, parece dar à pobreza uma outra dimensão, uma face religiosa. Observa-se que a incidência e a persistência da pobreza são crónicas e mais endémicas nas regiões e/ou comunidades predominantemente islâmicas do Gana. A nível regional, "as regiões do Norte, Centro, Alto Este e Alto Oeste foram identificadas como pobres no relatório GLSS de 1999 (Twum-Baah, 2002:3). A propósito, "...42,7% da população das três regiões do Norte professam a filiação ao Islão como religião" (Pul, 2003:94), sendo que 56,1% da população da região do Norte, 32,2% da região do Alto Oeste e 22,5% da região do Alto Este professam a fé islâmica (Twum-Baah, 2002:95). A região central, que ocupa o quarto lugar na distribuição regional da pobreza, alberga também uma grande população que professa a fé islâmica. Por outras palavras, tanto a pobreza rural como a urbana tendem a concentrar-se nas comunidades predominantemente muçulmanas.

Mas a incidência da pobreza tem também uma tendência etária e de género, devido em grande parte a uma combinação de factores culturais e socioeconómicos (Twum-Baah, 2002). Por idade, os jovens com menos de 30 anos e os idosos com mais de 60 anos são mais susceptíveis de suportar o peso da pobreza, em grande parte devido ao seu acesso limitado a um emprego remunerado. Condicionada pela falta de preparação dos jovens para o mercado de trabalho devido ao tipo de habilitações literárias adquiridas (por exemplo, artes em vez de técnico ou profissional), a maioria dos jovens rurais que consideram o emprego na agricultura pouco atrativo dirigiram-se para as zonas urbanas em busca de empregos inexistentes. Muitos acharam que a vida nas ruas, vendendo qualquer coisa ou fazendo trabalhos braçais para sobreviver, era uma alternativa melhor do que trabalhar na quinta. Os migrantes rurais que abandonam as zonas urbanas encontram geralmente o seu caminho nas comunidades mineiras, onde a exploração mineira em pequena escala, arriscada mas potencialmente lucrativa, prossegue desenfreadamente (Pul, 2003).

As mulheres têm também mais probabilidades de serem pobres do que os homens. Embora constituam cerca de 52% da força de trabalho agrícola e produzam cerca de 70% da produção agrícola total, têm uma propriedade e um controlo limitados sobre os recursos produtivos, como a terra (Aryeetey, 2006). De acordo com o Censo da População e Habitação de 2000, apenas 26% das mulheres são proprietárias ou gestoras de explorações agrícolas. As mulheres também enfrentam obstáculos institucionais consideráveis no acesso ao crédito e a outros serviços de apoio para os seus empreendimentos agrícolas e de geração de rendimentos fora das explorações agrícolas.

Apesar destes desafios, o engenho das mulheres é frequentemente a única fonte de consolo e de subsistência para muitos agregados familiares quando as reservas alimentares estão vazias durante grande parte do ano. No norte do Gana, o número de agregados familiares temporários chefiados por mulheres aumenta acentuadamente durante as longas estações secas e/ou em alturas de grave escassez de alimentos, uma vez que os seus parceiros masculinos tendem a emigrar para o sul, ostensivamente em busca de dinheiro e alimentos para as famílias. Isto acontece porque, culturalmente, os parceiros masculinos são os principais ganhadores de pão e chefes de família. Numa procura desesperada de recursos para manter as suas famílias, estes parceiros masculinos fazem um esforço suplementar para garantir que isso aconteça.

3.5.2 Principais factores de insegurança alimentar, de rendimento e de desigualdade no Gana

Os fracassos do sector agrícola são os principais factores de pobreza no Gana. A agricultura é o sector que mais contribui para o PIB do Gana (GPRS II, 2005). O sector agrícola do Gana é dominado pelos cereais, que contribuem com 20% da contribuição global para o PIB. O milho, o arroz, o painço e o milho-da-índia contribuem com mais de 60% e os restantes cereais com o restante. Outras culturas incluem a mandioca, o inhame, a castanha de caju, o girassol e o ananás, entre outras. Para além das culturas estáveis, o cacau (que contribui com 3 por cento do valor acrescentado e é uma das principais áreas de

O sector agrícola é o principal produtor de divisas do Gana). No seu conjunto, o sector agrícola dá emprego a mais de 60% da população (GPRS II, 2005: x). Mais de 75% das pessoas empregadas com idade igual ou superior a 15 anos nas três regiões do Norte estão envolvidas em actividades

111

agrícolas, o que faz com que o sector represente mais de 95% dos rendimentos das famílias. Reconhecendo isto, o GPRS II vê a agricultura como o motor do crescimento, pois o governo espera que ela "forneça os insumos necessários para um sector industrial de agro-processamento vibrante a médio prazo até 2010" (Oxfam GB, 2008)

Apesar da esperança e da confiança neste sector para impulsionar a estratégia de redução da pobreza do Gana, a agricultura continua a ser, em grande medida, uma atividade subsistente de cultivo de alimentos alimentados pela chuva, que continua a depender principalmente da enxada e do cutelo como principal tecnologia de produção agrícola. A Política de Desenvolvimento do Setor Alimentar e Agrícola (FASDEP, 2002), que constitui o quadro principal dos esforços do Governo do Gana para fazer face à insegurança alimentar, especialmente no que se refere ao desenvolvimento da produção agrícola nas zonas mais pobres do país, nomeadamente nas três regiões do Norte e na região Central.

Os sistemas de posse de terra desfavoráveis, especialmente os que se destinam a fins agrícolas, continuam a ser os principais obstáculos ao aumento da produção de alimentos e de culturas de rendimento em muitas áreas, especialmente no sector norte do país. Miller, Apusigah e Boonzaaijer (2008) argumentam que, de um modo geral, os regimes de posse de terras agrícolas ainda se baseiam em leis e práticas consuetudinárias não codificadas e incongruentes, que tornam "impossível aos agricultores empreendedores adquirir terras" (Pul, 2003) para a) produção comercial e/ou b) planeamento e gestão de investimentos a longo prazo. Por exemplo, os sistemas de cultivo partilhado praticados na Região Norte, que tem a maior massa de terra do país, são um grande desincentivo ao cultivo em grande escala. A ausência de qualquer quadro jurídico que regule os acordos de arrendamento de terras agrícolas também desencoraja os investimentos a longo prazo no desenvolvimento das terras, especialmente os que se destinam a culturas de rendimento perenes em plantações. Consequentemente, a agricultura continua a ser uma atividade subsistente, extractiva e pouco respeitadora do ambiente. Além disso, a posse da terra tornou-se uma fonte de conflitos, especialmente no norte do Gana. No norte do Gana, a terra é considerada um bem essencial, não só por razões produtivas e económicas, mas também porque é a encarnação dos deuses e dos antepassados e deve ser protegida e mantida para a posteridade. Quando a terra é usurpada, tem o potencial de gerar conflitos e confrontos entre as pessoas.

As infra-estruturas limitadas para a produção e comercialização de alimentos também aumentam a vulnerabilidade dos empresários agrícolas nas regiões do Alto Oriente, Norte e Alto Ocidente do Gana, as regiões específicas em que este estudo está a ser realizado. Quando os agricultores conseguem produzir apesar das limitações de terra e de factores de produção, o subdesenvolvimento do mercado agrícola, devido ao desenvolvimento limitado das redes de transporte e de comercialização da exploração agrícola para o mercado e à disponibilidade limitada de pontos de venda de produtos agro-processados (SEND-Ghana, 2008), contribui para taxas elevadas de perdas pós-colheita, o que reduz qualquer necessidade de aumentar os investimentos para melhorar a produção e a produtividade no sector agrícola.

Nalguns casos, poder-se-ia argumentar que as políticas governamentais de duplo sentido, como a liberalização dos mercados, negaram aos agricultores locais o acesso a factores de produção a preços acessíveis, ao mesmo tempo que aumentaram a falta de competitividade dos agricultores locais através da admissão nos mercados locais de produtos agrícolas importados fortemente subsidiados (Grupo do Banco Mundial, 2010). As indústrias avícola e do arroz são exemplos importantes, mas também é preciso notar que é provavelmente mais fácil comprar uma maçã não cultivada no Gana nas ruas das principais cidades do sector norte do Gana, em particular, do que uma laranja ou uma banana ao mesmo preço produzida pela própria população local (Aryeetey, 2006)

A política governamental em relação às culturas de rendimento autóctones parece, no mínimo, ambivalente. Embora tenham sido feitos investimentos consideráveis no apoio à produção de cacau e de outros produtos não tradicionais, poucos esforços foram feitos para o desenvolvimento de outras culturas comerciais autóctones igualmente viáveis, como o *amendoim* e *a dawadawa* (ou alfarroba).

A insegurança alimentar e de rendimento é estrutural e psicologicamente criada em muitos casos (Bening, 2010), uma vez que a má utilização dos recursos alimentares disponíveis constitui um dos principais factores de insegurança alimentar, de rendimento e de saúde para muitos agregados familiares no país. Em geral, os agregados familiares rurais pobres são condicionados a aspirar a um pequeno-almoço de chá, ovos, pão e manteiga em vez de uma papa de culturas locais como o painço e o fonio, apesar de este último ser um cereal rico em fibras que também "contém 8-11 por cento de proteínas com elevados níveis de metionina e cistina, servindo assim como um excelente complemento para as leguminosas" (Gopalan, 2001). Uma refeição ligeira de feijão bambara, amplamente disponível, constituiria uma refeição de "elevado valor biológico, uma vez que contém... cerca de 18% de proteínas [com] níveis relativamente elevados de leucina, lisina e teonina" (Gopalan, 2001). As maçãs importadas estão mais facilmente disponíveis e são utilizadas como aperitivos do que as laranjas e as bananas cultivadas localmente.

Entre os jovens, comer batatas fritas e hambúrgueres é mais desejável do que inhame frito e *kosi*, o bolo de feijão local.

3.6 A face do emprego no Gana

De acordo com o Censo da População e Habitação de 2000 (GSS, 2000), 80,4 por cento da população trabalha apenas no sector informal privado. Desta percentagem, o sector agrícola, incluindo a pesca, representa 52,3 por cento. Menos de 10 por cento trabalham no sector privado (7,8 por cento) e no sector público (5,9 por cento). Por local de residência, cerca de 90% de todos os habitantes das zonas rurais do Gana trabalham, em certa medida, no sector agrícola, estimando-se que 60-70% dos habitantes das zonas rurais dependem exclusivamente da agricultura como fonte de subsistência. Isto significa que apenas um terço dos habitantes das zonas rurais se dedica simultaneamente a actividades agrícolas e não agrícolas para garantir a sua subsistência. As actividades do sector informal privado não-agrícola situam-se principalmente nos sectores da construção, da transformação de alimentos, da produção em pequena escala e do comércio artesanal.

Aryeetey (2006) identificou que o emprego no sector informal privado tem muitas faces. Por género, 75,60 por cento da população masculina e 85,10 por cento da população feminina trabalhadora no país está empregada neste sector. No geral, 90,2% das mulheres trabalhadoras nas três regiões do norte estão envolvidas no sector informal privado, em comparação com os 84,8% dos homens nestas regiões que se encontram neste sector.

Desagregadas por região, as três regiões do Norte têm percentagens mais elevadas do que a média das suas populações activas envolvidas no sector informal privado, com uma média de 87,4% das populações do Norte, do Alto Leste e do Alto Oeste a ganharem a vida neste sector.

Por sector de emprego, enquanto os homens dominam a construção e as actividades de fabrico à beira da estrada, as mulheres tendem a migrar para a transformação de alimentos, o pequeno comércio e os comerciantes de mercado itinerantes, prestando serviços essenciais no subsector da distribuição de alimentos da exploração agrícola para o mercado. De facto, a tendência é para uma participação crescente das mulheres no sector do comércio informal. Em 1988, 9% das mulheres ganesas declararam que o comércio era o seu principal sector de atividade, e 34% declararam-no como sector secundário. Em 1992, porém, "... estas percentagens aumentaram para 12 (indústria principal) e 41% (indústria secundária), respetivamente." (Newman e Canagarajah, 2000:13)

A situação de emprego e o sector de emprego são ambos determinantes importantes da pobreza no Gana, especialmente porque também tendem a ser condicionados pela localização geográfica. Estudos recentes no Gana e no Uganda estabeleceram que o envolvimento em "sectores não agrícolas, como o pequeno comércio, o trabalho assalariado, os transportes e a construção, [quer a tempo inteiro, quer a tempo parcial] têm sido associados a níveis de pobreza mais baixos em trabalhos recentes". De facto, o envolvimento em "... sectores não agrícolas isolados ou não agrícolas como ocupação principal apresenta os níveis mais baixos de pobreza em geral" (Newman e Canagarajah, 2000:2).

Além disso, "... a importância da participação não agrícola nas diferenças de redução da pobreza está associada ao género. Verificamos que as mulheres estão cada vez mais activas nas economias não agrícolas do Gana e que esta participação está associada a maiores reduções da pobreza para as mulheres do que para os homens." (Newman e Canagarajah, 2000:2) A taxa de redução da pobreza está também correlacionada com o género, uma vez que "as taxas de pobreza caíram mais rapidamente entre as mulheres chefes de família envolvidas em actividades não agrícolas" no Gana (Pul, 2003). No Gana, as mulheres chefes de família registaram maiores reduções da pobreza do que os homens em todas as categorias e maiores reduções dos níveis de pobreza para as mulheres chefes de família com alguma ligação a actividades não agrícolas do que para as que não têm essa ligação. O estudo mostrou que, no norte do Gana, os níveis de pobreza das mulheres chefes de família que trabalhavam na agricultura entre 1990 e 2009 diminuíram 31% e os dos homens 18%. Em 1990, 35,3% das mulheres que trabalhavam em actividades não agrícolas, 37,6% em 2000 e 39,1% em 2009 estavam empregadas apenas no sector não agrícola. Subsequentemente, a pobreza diminuiu 37% e, para os homens, 32%. Na combinação da agricultura e do sector não agrícola, a pobreza das mulheres diminuiu 35% e a dos homens apenas 14%. (Grupo do Banco Mundial, 2010).

Apesar das provas irrefutáveis de que o sector informal privado é a chave para muitos agregados familiares saírem da pobreza, o sector recebe pouca atenção na formulação e implementação de políticas públicas por uma série de razões. Em primeiro lugar, o sector não está bem organizado e, por conseguinte, não tem sindicatos que lutem pela sua inclusão no quadro geral da política laboral; em segundo lugar, não existe uma agência governamental identificável para os trabalhadores do sector informal e, por último, as diferentes categorias de trabalho do sector informal não estão seccionadas para efeitos de identificação e mobilização de apoio para questões políticas.

3.6.1Principais   factores de emprego no norte do Gana
A agricultura, a principal fonte de emprego no norte do Gana, continua a ser uma atividade sazonal, dependente do ciclo das chuvas. Este facto gera uma pobreza cíclica, uma vez que os longos períodos de fome se sucedem rapidamente aos curtos períodos de abundância no curto período após as colheitas. As deficientes redes de distribuição entre a exploração agrícola e o mercado, devido à falta de infra-estruturas, criam muitas vezes o paradoxo da abundância, quando os alimentos apodrecem frequentemente nas explorações agrícolas sem acesso ao mar, especialmente nas faixas central e meridional, enquanto as famílias do norte e dos centros urbanos do sul passam fome.

O sector informal privado detém a chave para a saída acelerada do escalão de pobreza, como demonstrado acima. Infelizmente, os operadores do sector informal privado continuam a ser marginalizados da economia e da política dominantes. No plano económico, têm um acesso muito limitado aos serviços financeiros dos bancos do sector formal. Apesar de os bancos competirem agora para lançar produtos de microfinanças como parte das suas carteiras, não há praticamente nenhuma mudança nas condições rigorosas que ainda mantêm os pobres fora das suas portas (DASF, 2007:20)[11] . Por outras palavras, apesar da resiliência demonstrada por este sector em manter a economia da maioria dos países africanos à tona quando o sector público falha, eles ainda são considerados não bancáveis. Consequentemente, quase todos os operadores deste sector têm de contar com as suas poupanças pessoais, empréstimos ou subsídios de familiares e amigos para iniciar o seu negócio .[12]

A maioria dos trabalhadores do sector informal trabalha em ambientes deploráveis, devido às limitadas infra-estruturas de apoio a este sector. A criação e a transmissão de conhecimentos no sector não estão estruturadas e não são coordenadas, uma vez que a maioria das pessoas aprende os seus ofícios através de estágios não moderados. Por conseguinte, o profissionalismo limitado no desenvolvimento e na prestação de produtos e serviços limita as potencialidades de crescimento. As ligações horizontais e verticais entre o sector e o sector formal são igualmente limitadas.

3.7 Saúde e saneamento ambiental
3.7.1 Acesso , qualidade e distribuição da prestação de cuidados de saúde no Gana
A saúde e o saneamento ambiental da população estão ligados ao estado geral de desenvolvimento do Gana. O governo procura melhorar (Bening, 2010) o desempenho do sistema de saúde e, através de ligações com outros sectores da economia, como a agricultura, a habitação e a educação, reduzir a taxa de crescimento da população, reduzir os níveis de subnutrição, aumentar a educação das mulheres, aumentar o acesso à água e ao saneamento e reduzir a pobreza. O sector da saúde tem sido objeto de várias iniciativas políticas

---

[11] Num estudo com mais de 300 empresários do sector privado no norte do Gana, a DASF concluiu que os empréstimos bancários representavam apenas 1,6% do financiamento do capital de arranque das organizações do sector informal privado (DASF e Tools for Self Reliance, Baseline Study on Capacity Development for Private Informal Setor Businesses in Northern Ghana, 2007, p.20 e seguintes).

[12] As remessas diretas dos familiares e amigos para o estrangeiro são uma das principais fontes de financiamento dos operadores deste sector. Estima-se, por exemplo, que a maior parte dos 467,7 milhões de dólares de ganeses não residentes que entraram no país em 2004 - (Daily Graphic "Foreign Remittances Rake in $1bn.... In 5 Months" publicado na Internet em www.ghanaweb.com: Notícias Gerais de sexta-feira, 13 de agosto de 2004).

nos últimos 10 anos. Verificou-se uma estagnação ou uma diminuição dos principais indicadores do sector da saúde, tais como as taxas de mortalidade infantil e de menores de cinco anos. Desde 1998, a taxa de mortalidade das crianças com menos de cinco anos manteve-se em 110 por 1000 nados-vivos, enquanto a taxa de mortalidade infantil aumentou de 61 por 1000 nados-vivos em 1998 para 65/1000 em 2003, 71/1000 em 2006 e 30/1000 em 2009 (Banco Mundial, 2010). As doenças preventivas e facilmente tratáveis continuam a ser responsáveis pelas mortes infantis: malária (26%), pneumonia (18%) e diarreia (18%), e factores neonatais (38%) (Oxfam, 2008)

Alguns profissionais de saúde também reconhecem que a maioria das mortes nos hospitais e nas unidades de saúde pode ser evitada através de cuidados médicos adequados (Relatório Anual do Hospital Universitário de Tamale, 2010). No entanto, o excesso de trabalho do pessoal existente, as frequentes acções de greve do pessoal médico e, por vezes, a pura negligência do dever têm contribuído para as elevadas taxas de mortalidade nos hospitais. Infelizmente, como observam Imoro, Ahorlu e Koka (2009), o quadro jurídico existente e as mentalidades culturais não incentivam a aplicação da ética profissional e das responsabilidades em matéria de cuidados e diligência devidos entre os profissionais de saúde.

Os investimentos na prevenção das infecções pelo VIH produziram, no entanto, alguns resultados positivos ao longo dos anos. A Comissão de Luta contra a SIDA do Gana refere que os dados dos inquéritos sentinela sobre a prevalência do VIH a partir de 1998 indicaram uma redução gradual das taxas de prevalência de um pico de 3,6% em 2003 para 2,7% em 2005, depois de ter aumentado de 2,4% em 1994 para 4% em 1998 e para 3% em 2000. Apesar da tendência decrescente, é de salientar que 20 dos 40 locais sentinela das clínicas pré-natais registaram taxas de prevalência superiores à média nacional de 2,7%, tendo dois deles registado taxas superiores a 5% no inquérito de 2005 (relatórios da Comissão da SIDA do Gana, 2006).

As diferenças entre as zonas rurais e urbanas têm sido mínimas, uma vez que os dados dos últimos três anos indicam poucas diferenças entre as zonas rurais e urbanas. Por localização, a região oriental regista a taxa de prevalência mais elevada, de 4,7% (contra 5,3% em 2002), seguida da região de Ashanti. A Região Norte regista a taxa mais baixa, de 1,2%. Por idade, o grupo etário dos 45-49 anos registou a maior prevalência média de VIH, de 5,0% (GLSS, 2005, Ghana AIDS Commission, 2002).

A pobreza é um dos principais factores de prevalência da infeção pelo VIH nas zonas rurais, especialmente no norte, onde a infeção pelo VIH está associada aos jovens migrantes, que se deslocam para fora das suas zonas de origem em busca de actividades económicas durante as épocas não agrícolas.

O acesso a serviços de água e de saneamento é fundamental para a promoção de uma boa saúde e para o apoio às actividades produtivas, especialmente das mulheres. No entanto, embora uma combinação de programas tenha aumentado a disponibilidade de água para uso doméstico em muitas comunidades, o acesso a instalações de água e saneamento ainda é muito baixo no Gana, especialmente nas zonas rurais do norte do Gana (Pul, 2003, Oxfam, GB, 2008). No geral, apenas 50% da população tem acesso regular a água potável no Gana. Isto traduz-se em 75% dos habitantes urbanos terem acesso a água potável (mesmo que não seja regular) em comparação com apenas 12% dos habitantes rurais que têm acesso a água de fontes autónomas, incluindo furos e poços escavados à mão. No que respeita ao saneamento, apenas 42% dos habitantes urbanos têm acesso a instalações sanitárias, em comparação com apenas 11% dos residentes nas zonas rurais que têm acesso a instalações sanitárias (Oxfam, GB, 2008).

Na maioria das culturas, a recolha de água, a limpeza do ambiente à volta das casas e a eliminação do lixo doméstico são definidas como responsabilidades das mulheres e das crianças. Consequentemente, nos segmentos mais pobres das cidades e nas zonas rurais, as mulheres suportam o peso do abastecimento de água para uso doméstico e da recolha e eliminação do lixo. No norte do Gana, por exemplo, calcula-se que "as mulheres passam 70 minutos por dia a recolher água, em comparação com 50 minutos dos seus colegas do sexo masculino" [13]

3.7.2Estrutura   do sistema de saúde no Gana

O Ministério da Saúde e o Serviço de Saúde do Gana são considerados as instituições responsáveis pela saúde da população do Gana. A Lei 525 de 1996 relativa ao Serviço de Saúde e aos Hospitais de Ensino do Gana criou

---

[13]Notícias do Parlamento do Gana em http://www.parliament.gh/newsdetails.php?id=0204

o Serviço de Saúde do Gana (SSG) no âmbito das reformas do sector da saúde e, consequentemente, encarregou as duas instituições da formulação de políticas e da implementação de serviços nas unidades de saúde públicas a nível regional, distrital e subdistrital, respetivamente (GSS, 2005:7174). As operações do GHS são monitorizadas pelo Conselho de Saúde que reporta diretamente ao Ministro da Saúde.

3.7.3 Principais factores de saúde precária e desigualdade nos serviços

Vários factores explicam a deterioração do desempenho do sector da saúde, apesar do aumento dos investimentos do governo. Em primeiro lugar, o sector regista uma fuga maciça de cérebros, uma vez que os profissionais de saúde de todas as categorias, especialmente médicos e enfermeiros, abandonam o país (Bening, 2010) em busca de pastos mais verdes na Europa e na América do Norte. Em segundo lugar, um número desproporcionadamente elevado do pessoal restante está concentrado em Acra e noutras zonas urbanas. Consequentemente, existe uma escassez extrema de pessoal de todas as categorias profissionais para assegurar a prestação de cuidados de saúde de qualidade, especialmente nas zonas rurais. Em terceiro lugar, as frequentes e prolongadas acções de greve dos restantes profissionais de saúde de todas as categorias encerram regularmente os pontos de prestação de serviços de saúde em todo o país. Estas paralisações não só impedem o acesso das pessoas aos cuidados de saúde de que necessitam, como também geraram gradualmente uma perda de confiança entre a população em geral na capacidade dos hospitais, clínicas e centros de cuidados conexos para satisfazerem as suas necessidades de cuidados de saúde. Consequentemente, tal como refere o GLSS 5 (GLSS, 2000), registou-se um aumento significativo do número de pessoas que recorrem às farmácias privadas e aos vendedores de produtos químicos à beira da estrada para obterem consultas e receitas médicas, em vez de se dirigirem aos hospitais e clínicas. Nas zonas rurais, onde não existem farmácias nem lojas de produtos químicos, os principais pontos de prestação de cuidados de saúde à população são os ervanários tradicionais não certificados, os espiritualistas e os vendedores ambulantes de preparações à base de plantas, tanto ocidentais como tradicionais.

Em quarto lugar, a implementação do sistema nacional de seguro de saúde está a sofrer de ineficiências burocráticas. Desde o seu lançamento, em 2005, apenas 34% da população nacional foi registada no regime, sendo que, em fevereiro de 2007, apenas 18% possuíam cartões que lhes davam direito a cuidados médicos gratuitos.[14] Isto significa que o acesso aos serviços de saúde continua a ser deficiente para a maioria das zonas rurais. Parte dos desafios que se colocam à implementação do NHIS, especialmente nas zonas rurais, é a excessiva politização do regime de seguro de saúde, que o rotulou como um instrumento de propaganda do governo do NPP, para o qual os membros de outras convicções políticas foram desencorajados de aderir.

Em quinto lugar, a prevalência de doenças evitáveis, como a malária, a diarreia, a pneumonia e a desnutrição, entre outras, é a prova de que houve poucas mudanças nas atitudes, comportamentos e gostos do público em relação à higiene pessoal, ao saneamento ambiental e a hábitos alimentares saudáveis. O aumento da desnutrição e de outras doenças relacionadas com a alimentação, por exemplo, deve-se à má educação do público sobre boas práticas nutricionais, que fomentou hábitos alimentares inadequados que favorecem a ingestão de hidratos de carbono elevados e de alimentos estrangeiros, em detrimento de alternativas locais saudáveis. Por exemplo, o fónio, que é "um dos cereais mais nutritivos e de maturação mais rápida do mundo" (Pul, 2003), e capaz de crescer em qualquer lugar nas duras condições climáticas do norte, é cultivado apenas marginalmente. O amendoim de Bambara, que também pode ser amplamente cultivado no norte e é rico em proteínas (24%), com níveis mais elevados de aminoácido essencial metionina do que a maioria das outras leguminosas de grão, continua subdesenvolvido e subutilizado como cultura alimentar (Pul, 2003). Os programas de educação sanitária e de extensão promovem a produção e o consumo de couve, alface e outros vegetais exóticos em detrimento dos indígenas, como o *nkontomire, a moringa,* as folhas *de abóbora*, entre outros, criando o paradoxo da abundância, em que as culturas alimentares bem adaptadas ao ambiente local continuam a ser negligenciadas, enquanto as famílias ficam subnutridas.

3.8A face das oportunidades e desigualdades educativas

O governo do Gana subscreve a iniciativa Educação para Todos (EPT), (MOEYS, 2005:10) que visa acelerar a realização da paridade de género no acesso à educação até ao final de 2005 e alcançar a igualdade de género até

---

[14]Notícias do Parlamento do Gana em http://www.parliament.gh/newsdetails.php?id=0204

2015. Em conformidade com este objetivo, o governo do Gana, as ONG e outros doadores tentaram várias estratégias (SEND Ghana, 2009) para apoiar o programa de Ensino Básico Universal Obrigatório e Gratuito (FCUBE) no âmbito do Plano Estratégico da Educação (PEE) do governo.

Embora as taxas de matrícula nas escolas tenham aumentado em todo o país, persiste a disparidade entre os sexos, com as raparigas a registarem, em geral, taxas brutas de matrícula inferiores às dos rapazes. Por exemplo, as "... taxas nacionais brutas de matrícula (GER) das raparigas no ensino primário e no ensino secundário para o ano 2002/03 foram de 72,5% e 59,3%. A indicação é que cerca de 27% das raparigas não têm direito ao ensino primário. A situação no JSS é pior; mais de 40 por cento das raparigas não têm este direito satisfeito" (UNICEF, 2004:1). Em geral, não foi possível atingir o índice de paridade de género de 1,00 até 2005, uma vez que o índice de paridade de género para o ano letivo de 2004-05 se manteve em 0,93 (MOEYS, 2005:16). Desagregada por região, a Região Norte apresenta a paridade mais baixa em termos de GER, registando um GER no ensino primário para as raparigas de 57,2% no ano letivo de 2002/03, em comparação com o GER nacional de 72,5% para as raparigas no mesmo período. Isto também se compara com a GER de 32,9% para as raparigas ao nível do JSS no mesmo ano letivo, contra a média nacional de 59,3% para o período.

O acesso e a participação nas escolas também têm uma vertente de género, uma vez que as raparigas têm obstáculos adicionais ao acesso e à participação quando o ambiente escolar não é propício às suas necessidades, que podem ser classificados da seguinte forma

- *Interrupção da participação das raparigas*: As raparigas na idade da puberdade têm tendência a faltar à escola durante os seus ciclos menstruais quando o ambiente escolar não dispõe de casas de banho e outras instalações de privacidade. A FAWE constatou que, numa escola do Gana, as raparigas que precisavam de mudar os pensos higiénicos enquanto estavam na escola tinham de utilizar a única casa de banho existente no gabinete do diretor. Nos casos em que estas instalações inconvenientes nem sequer estão disponíveis, a opção para as raparigas nos seus ciclos menstruais é não ir à escola. Nestes casos, a FAWE calcula que uma semana perdida na escola por mês se traduz em 25% de perda de tempo total no ano letivo para as raparigas (FAWE, 2001).

- *Taxas de retenção mais baixas para as raparigas*: Para além da perda de tempo escolar, a interrupção da participação contribui para taxas de abandono escolar mais elevadas para as raparigas, especialmente à medida que avançam para os níveis mais elevados do ensino básico. A UNICEF (2005) registou uma taxa de retenção no ensino primário de 62,4% para as crianças matriculadas na 1ª classe no ano letivo de 1997/1998 e acompanhadas até ao ano letivo de 2002/2003, quando estavam na 6ª classe. Mais uma vez, a Região Norte fica atrás do grupo, com uma taxa de retenção de 51,3% para as raparigas que passaram do P1 em 1997/98 para o P 6 no ano letivo de 2002/2003.

- *Taxas de transição mais baixas para as raparigas:* Do mesmo modo, a região Norte registou uma taxa de transição de 77,2% para as raparigas que passaram do P6 para o JSS1 no ano letivo de 2002/03, em comparação com a taxa de transição nacional de 91,6% para as raparigas no mesmo ano.

3.9 Principais factores de problemas de educação e desigualdade

Embora confirmando as taxas de matrícula, retenção e transição do estudo nacional, um estudo limitado sobre a paridade de género em três distritos do norte isolou vários factores que explicam as causas da disparidade de género nos indicadores acima referidos em relação às raparigas[15] . Embora o estudo tenha concluído que os desafios logísticos, como a distância entre a comunidade e a escola e a existência de barreiras físicas, como rios e colinas que atravessam os caminhos da escola, eram barreiras importantes, os imperativos económicos das famílias e os factores socioculturais constituíam as principais barreiras à educação das mulheres. No plano económico, as famílias rurais pobres consideram a educação como um investimento familiar que, a longo prazo, deve produzir retornos líquidos positivos para a família. Assim, em contextos culturais em que as raparigas casam fora das

---

[15] O estudo foi realizado pela Development Alternatives Services Foundation (DASF) sob contrato e patrocínio da Northern Network for Education and Development (NNED), da Netherlands Development Cooperation (SNV) e do Commonwealth Education Fund no distrito de Savelugu-Nanton na Região Norte, Bongo na Região do Alto Oriente e Lawra na Região do Alto Oeste.

suas famílias biológicas, os investimentos na educação das raparigas são muitas vezes considerados um desperdício, devido à crença de que "... *educar uma rapariga é como regar o jardim de outro homem. "(FAWE, 2001:9[16]*) Vários inquiridos do distrito de Bongo ecoaram os sentimentos quando argumentaram que existe uma "atitude negativa dos pais em relação à educação das raparigas", pois "a maioria dos pais não valoriza a educação das raparigas", uma vez que "alguns pais concluem que não há benefício na educação das raparigas". Consequentemente, "a maioria dos pais retira as raparigas da escola para dar assistência às suas mães", para usar as palavras de um entrevistado do distrito de Lawra (DASF, 2005:56).

As respostas dos entrevistados da comunidade no mesmo estudo também sustentam que as pressões socioeconómicas sobre as raparigas também as predispõem a abandonar precocemente a escola. De acordo com os entrevistados no distrito de Savelugu-Nanton, por exemplo, o fator *"Kayayo"* tem sido associado ao facto de que "as raparigas querem ir para *"Kayayo"* por causa do "amor por coisas vistosas [que] torna as mulheres mais vulneráveis a acabar com a escola", para usar as palavras dos entrevistados neste distrito. Na mesma linha, as raparigas do distrito de Bongo foram consideradas susceptíveis de parar "... a escola devido à gravidez na adolescência, quando os pais não conseguem satisfazer as suas necessidades". No distrito de Lawra, uma visão semelhante de culpabilização da rapariga foi expressa quando um entrevistado observou que: "as raparigas gostam de dinheiro rápido"

Aliás, em todos os casos, os pais afirmaram acreditar e apoiar a educação das raparigas, mas culparam as próprias raparigas pelas suas elevadas taxas de abandono escolar. Muito poucos mencionaram os factores socioculturais, como a pressão exercida sobre as raparigas para que casem cedo, como um dos principais factores da baixa taxa de participação e de conclusão das raparigas em comparação com os rapazes, especialmente nos níveis superiores do ensino primário. Do mesmo modo, a pressão para que as raparigas sejam empregadas domésticas, enfermeiras dos irmãos mais novos e/ou participem em actividades económicas adultas ao lado das suas mães e

---

[16] Forum for African Women Educationalists (FAWE) "Girls' Education And Poverty Eradication: FAWE's Response" Apresentado na Terceira Conferência das Nações Unidas sobre os Países Menos Desenvolvidos 10-20 de maio de 2001 Bruxelas, Bélgica, p.9

tias não foi mencionada como um dos principais desafios à educação das raparigas.

Uma investigação conduzida pelo DASF (2005) identificou que outro fator importante para os índices de paridade mais baixos do que o esperado para as taxas de matrícula, frequência, transição e conclusão das raparigas está relacionado com a qualidade da educação que as crianças recebem, especialmente nas zonas rurais, onde as escolas têm poucos recursos em termos de pessoal, equipamento, infra-estruturas e mobiliário. Neste contexto em que a educação é considerada um investimento, os benefícios laborais a curto prazo da contribuição das raparigas para a subsistência do agregado familiar, como ajudar nas tarefas domésticas, tomar conta dos irmãos ou trabalhar com as mães em estágios, ultrapassam frequentemente os retornos a longo prazo do investimento na educação das raparigas (Pul, 2003).

3.10Direito à vida e à segurança
3.10.1Principais factores de vulnerabilidade e risco da segurança alimentar (natural)
Como indicado acima, a agricultura de sequeiro continua a ser a principal fonte de alimentação e de rendimentos para a maioria das famílias, especialmente nas zonas rurais. Por conseguinte, a falta de fiabilidade dos padrões de precipitação em todo o país, e muito especialmente nas regiões setentrionais, conduziu muitas vezes a enormes quebras de colheitas, uma vez que as inundações incontroláveis se seguem frequentemente a longos períodos de seca. Ironicamente, a política governamental para o desenvolvimento agrícola do Norte continua a centrar-se, em grande medida, na promoção da agricultura de sequeiro, apesar das mudanças nas condições climáticas que tornam esta opção inviável. Como resultado, a nível nacional, menos de 10% da produção agrícola provém de fontes comerciais de grande escala irrigadas (Pul, 2003).

Nas zonas urbanas, especialmente em Acra, os bairros de lata habitados pelos pobres são frequentemente palco das maiores vítimas quando as inundações inundam as empresas e as casas dos habitantes dos bairros de lata. Nas zonas florestais e de savana das regiões de Ashanti, Brong Ahafo e das três regiões do Norte, os incêndios florestais anuais durante a estação seca do harmatão constituem uma grande ameaça para os meios de subsistência das famílias de agricultores, uma vez que destroem frequentemente as casas, as colheitas e o gado dos agricultores. Num relatório de investigação, o Programa Alimentar Mundial (PAM, 2011) identificou a insegurança alimentar entre cerca de 1,2 milhões e outros 2 milhões de pessoas com padrões de consumo inadequados em toda a população do Gana. O estudo revelou uma tendência preocupante de 34%, 15% e 10% da população das regiões do Alto Oeste, Alto Este e Norte com padrões de consumo inadequados, respetivamente.

Numa situação em que as apólices de seguro para os pobres são limitadas, as intervenções esporádicas do Governo, das organizações religiosas e da comunidade das ONG constituem frequentemente o único meio de garantir alguma forma de segurança alimentar e de subsistência às vítimas de catástrofes naturais. Em muitos casos, as famílias que estão à beira de sair do ciclo da pobreza são rapidamente reduzidas à pobreza absoluta. A capacidade limitada de gerar rendimentos alternativos durante a época não agrícola restringe a capacidade das famílias de acederem a alimentos dos mercados quando os seus bams ficam vazios.

Outra causa da vulnerabilidade à insegurança alimentar é a tradição e a cultura. Bening (2010) observou que algumas crenças tradicionais e práticas culturais constituem obstáculos ao desenvolvimento no norte do Gana, mais do que a inadequação ou a má gestão dos factores físicos e económicos. Por exemplo, entre o povo de Namoaligo, na zona tradicional de Talensi, na região do Alto Oriente do Gana, é proibido discutir durante o cultivo e a monda do *feijão-frade*, uma leguminosa rica em proteínas da família das ervilhas, porque aqueles que o contrariam são amaldiçoados pelos deuses. Esta tradição restringiu significativamente o cultivo desta cultura.

3.10.2 Principais factores de vulnerabilidade e risco do emprego (natural)
Devido ao investimento limitado no desenvolvimento de instalações de irrigação, mais de 90 por cento dos agricultores (Pul, 2003) estão sazonalmente desempregados durante as longas estações secas.

Em caso de catástrofes naturais, os desempregados urbanos e os agentes do sector informal estão mais expostos ao risco de colapso dos meios de subsistência, devido ao enfraquecimento das redes de segurança social, caraterísticas do meio rural, que têm servido para proteger muitas pessoas necessitadas da miséria total. A redução do fornecimento de eletricidade devido à descida dos níveis de água na barragem de Akosombo, por exemplo, está a ter um forte impacto nas actividades produtivas das pequenas e microempresas do sector informal privado que dependem do acesso à energia para os seus negócios.

3.10.3 Principais factores de vulnerabilidade e risco para a saúde (natural)

Os problemas de saúde causados por catástrofes são relativamente pequenos no país no seu conjunto. Mesmo nos casos de cheias, os riscos associados à contaminação das fontes de água são rapidamente contidos, uma vez que as cheias tendem a diminuir rapidamente. Consequentemente, os surtos de cólera e disenteria resultantes de fontes de água contaminadas pelas cheias têm sido mínimos.

Por conseguinte, os comportamentos recalcitrantes continuam a ser a principal causa de vulnerabilidade em termos de saúde, especialmente entre os pobres, uma vez que as doenças evitáveis, como o VIH, a malária e a pneumonia, constituem os principais problemas de saúde dos pobres.

3.10.4 Principais factores de vulnerabilidade e risco no sector da educação

Num ambiente pobre em recursos, a educação é a chave para a mobilidade social para fora da pobreza. Ribes (1981:10) afirmou que o objetivo da educação e da formação para indivíduos, comunidades e nações é o mesmo. É, como ele diz, "permitir que cada indivíduo satisfaça as suas necessidades básicas e se torne autossuficiente, aproveitando a experiência das gerações mais velhas; facilitar e aprofundar a sua adaptação social e as suas relações sociais numa base de reciprocidade; permitir-lhe encontrar métodos de auto-expressão de acordo com a sua personalidade, assumir a sua responsabilidade de desenvolver as suas qualidades inatas e, na medida do possível, tornar-se dono do seu próprio destino". A educação é, de facto, uma chave que abre oportunidades de desenvolvimento a todos os níveis. Por exemplo, "cada ano de escolaridade para homens e mulheres aumenta os salários em 10-20% e a produção agrícola em até 5%" (USAID, 2002). Além disso, sabe-se que a educação contribui diretamente para aumentar a produtividade das famílias, uma vez que um agricultor com quatro anos de escolaridade é 9% mais produtivo do que um agricultor sem escolaridade (Pul, 2003, Banco Mundial, 2002). Um ano adicional de escolaridade aumenta a produção de um indivíduo em 4 a 7 por cento (Banco Mundial, 2002).

Uma vez que a agricultura é a principal fonte de rendimento da maioria das famílias de agricultores, o acesso limitado a uma educação de qualidade aumenta a sua vulnerabilidade aos choques externos. Segundo Bening (2010), o clamor geral no norte do Gana, em particular no que se refere à queda dos níveis de educação, pode ser uma indicação de que o sistema educativo está a fornecer informações, mas não a transmitir conhecimentos. Para as mulheres, seis anos de ensino primário têm o benefício adicional de reduzir as taxas de fertilidade, de mortalidade infantil e de morbilidade, bem como as taxas de mortalidade materna.

Infelizmente, o acesso a uma educação de boa qualidade nas zonas rurais pobres do norte do Gana é muito limitado, apesar dos esforços do governo e das ONG, devido a factores associados à escassez de recursos básicos para as escolas rurais, bem como para as escolas situadas nas zonas de influência dos bairros de lata urbanos. Consequentemente, os pobres estão geralmente mal equipados para enfrentar os efeitos das catástrofes naturais (Pul, 2003). Já em 2000, foi referido (GLSS, 2000) que a região do Alto Oeste era a região mais pobre do Gana. Fica atrás de outras regiões nos seus progressos em matéria de educação, saúde e infra-estruturas, o que resulta em elevados níveis de pobreza (Imoro, Ahorlu e Koka, 2009)

3.10.5 Principais factores de vulnerabilidade e risco baseados no género
Geograficamente, as comunidades rurais, especialmente as da cintura florestal e das zonas do norte do país, estão mais expostas aos riscos associados às catástrofes naturais do que as suas congéneres urbanas. Sendo as populações predominantemente agrícolas, a imprevisibilidade dos padrões de precipitação põe em risco os seus meios de subsistência.

3.   11 Redução de conflitos
3.11.1 Principais factores de motivação
Esta secção discute a natureza e a contribuição dos conflitos para o subdesenvolvimento do norte do Gana e quem pode ou pode ser ouvido em questões relacionadas com conflitos e transformação de conflitos.

128

3.11.1.1Natureza e distribuição dos conflitos

No meio de conflitos violentos enraizados e prolongados na África Ocidental, o Gana tem sido apresentado como um país pacífico que não assistiu a nenhuma guerra civil em grande escala, apesar da pletora de golpes de estado e de desgovernos militares desde a independência. No entanto, no país, existem incidentes recorrentes de conflitos violentos localizados, resultantes de disputas de terras e de chefias. Das 10 regiões, a Região Norte, em particular, é a que regista a maioria e os piores conflitos no país. Desde 1986, por exemplo, a região assistiu a nada menos do que dez conflitos violentos intra e inter-étnicos que resultaram na perda de vidas e de bens e no agravamento da desarticulação social e da pobreza. O pior destes conflitos foi o conflito interétnico de 1994/95, que opôs diferentes coligações dos 17 grupos étnicos da Região Norte, culminando em pelo menos 2000 mortes registadas e na deslocação de mais de 200.000 pessoas para o interior do país e para o vizinho Togo (Oxfam, 2009). A guerra intra-étnica de 2001 entre os Dagombas resultou no assassínio do chefe supremo dos Dagombas e de 40 outras pessoas, segundo as contagens oficiais, e teve efeitos desestabilizadores semelhantes nos meios de subsistência das populações desta região e não só (Aryeetey, 2006).

A região do Volta ocupa o segundo lugar no que respeita à recorrência de conflitos intercomunitários violentos. Entre estes, destacam-se os conflitos com mais de 80 anos entre os Pekis e os Tsitos, os Nkonyas e os Alavanyos. Conflitos semelhantes e prolongados entre os Ningos e os Shais, na região da Grande Acra, e as populações de Tuobodom e Techiman, em Brong Ahafo, continuam a ter brasas que podem reacender-se à mínima provocação (Oxfam, G.B., 2008).

No centro das causas destes conflitos estão questões de segurança política e económica. Embora o reconhecimento político e as reivindicações de direitos de auto-governo no âmbito dos sistemas de autoridade tradicional se manifestem como as causas imediatas dos conflitos inter-étnicos, sob a superfície estão as queixas relacionadas com os direitos de propriedade e utilização da terra. Na região norte, por exemplo, dos 17 grupos indígenas da região norte, cinco (Dagombas, Gonjas, Nanumbas, Mamprusis e, mais recentemente, os Mos) afirmaram o seu direito de governar todos os outros grupos étnicos. Este facto traduziu-se na reivindicação dos seus títulos em todas as terras sobre as quais declararam a sua suserania. O efeito concomitante é que todos os outros grupos étnicos que vivem nestas áreas são considerados colonos ou estrangeiros, que têm de pagar taxas anuais de cultivo aos seus senhores, que muitas vezes ascendem a um terço de qualquer produto agrícola que os agricultores colonos consigam produzir num ano (Ayaga, 2003)

Os ressentimentos dos colonos em relação a estas disposições de utilização da terra constituem frequentemente a plataforma ou a fusão de sentimentos étnicos que alimentaram e sustentaram divisões interétnicas e/ou se transformaram em conflitos abertos no seio das comunidades, resultando na frequente desintegração e deslocação das comunidades no país (Asenso-Okyere, Twum-Baah e Kasanga, 2000:7-9)

A luta pelo poder que tem caracterizado as disputas intra-étnicas de sucessão de chefias também encontra os seus espaços na economia do poder. No Norte, o direito de governar confere ao governante o direito de se apropriar e vender terras para fins habitacionais e comerciais, ou o direito de exigir tributos aos agricultores colonos através de uma intrincada rede de chefes subordinados. Assim, os interesses económicos, mais do que a cultura e a tradição, ditam a vontade de lutar para ser chefe (MOFA/IFAD, 2001).

Embora os homens constituam as forças de combate, as mulheres e as crianças suportam o peso dos conflitos mais do que os homens. São elas as vítimas imediatas das deslocações das suas comunidades, pois muitas vezes têm de fugir para locais mais seguros. O risco de violação das mulheres é mais elevado em tempos de conflito (Kambonga, 2004). Elas tornam-se chefes de família de facto enquanto os seus homens estão na frente de guerra e, quando não regressam vivos, este papel torna-se permanente. A perda de apoio para prover às necessidades do agregado familiar cria encargos adicionais para as mulheres viúvas, que frequentemente têm de se confrontar com práticas consuetudinárias discriminatórias que efetivamente agravam a sua situação de pobreza (Ofosu-Appiah, 2008).

3.11.1. 2Principais factores de conflito no Gana

A dimensão da pobreza dos conflitos étnicos manifesta-se de várias formas. Em todos os conflitos, os jovens desempregados constituem as forças de combate, enquanto as mulheres e as crianças suportam o peso dos custos sociais e económicos das guerras. Muitos deles foram mal preparados para o mercado de trabalho, que é ainda mais reduzido pelo frequente recrudescimento da violência, que aumenta consideravelmente a insegurança para os investidores e outras empresas (Asare, 2003).

As relações de reforço mútuo entre pobreza e conflito na Região do Norte manifestam-se ainda no facto de que, apesar da dotação relativa e da centralidade geográfica da região, que a tornam um ponto de crescimento económico perfeito (Aryeetey, 2006), muito poucos investidores a consideraram um destino para as suas empresas. Em consequência, os cidadãos da região norte continuam presos à pobreza e às guerras (Pul, 2003), uma vez que os seus recursos naturais são subexplorados para reduzir a pobreza.

Na região norte do Gana, a maior parte dos conflitos tem estado direta ou remotamente relacionada com a competição intra e interétnica pelo controlo dos recursos naturais, como a terra e os direitos agrícolas associados, os recursos hídricos e os direitos à água, o poder político nacional e local e o reconhecimento que criam o acesso e o controlo de enclaves de recursos naturais (Kambonga, 2004).

3.12 Direito de ser ouvido

A cultura e as normas tradicionais prevalecentes no Norte do Gana mostram que, em matéria de tomada de decisões que implicam questões concretas que envolvem os mais velhos (em especial os mais velhos do sexo masculino), não se espera que as mulheres e os jovens exprimam as suas opiniões claramente e em voz alta, a não ser que lhes seja pedido que o façam. Mesmo assim, as suas decisões e opiniões têm mais probabilidades de serem suprimidas e não serem ouvidas, por muito boas que possam parecer. Esta é uma peculiaridade da população do norte do Gana, mas parece ser transversal a todo o espetro do Gana. No norte do Gana, o poder tradicional está consagrado na norma de que os homens detêm a chave da autoridade. Esta autoridade assenta num poder que é entendido como uma relação de 'A sobre B', em que o poder é a capacidade de A (a pessoa ou agência relativamente poderosa) conseguir que B (a pessoa ou agência relativamente impotente) faça o que B não poderia fazer de outra forma (Dahl, in Reason e Bradbury, 2001:70). No norte do Gana, como um todo, há questões claramente reconhecidas num sistema relativamente aberto em que existem arenas de tomada de decisões estabelecidas. Se certas vozes (mulheres e jovens) estiverem presentes num fórum específico da comunidade onde as decisões devem ser tomadas, a sua participação é interpretada como a sua própria teimosia e um sinal de desrespeito.

3.12.1Quem *pode ou não ser ouvido*

O direito de ser ouvido nos processos de tomada de decisões públicas é condicionado pelo género, idade e, em alguns casos, pela etnia e estatuto social, como se indica a seguir.

3.12.1.1Direito das mulheres a serem ouvidas - Embora as mulheres constituam a espinha dorsal da economia a todos os níveis, no que diz respeito às comunidades e distritos visados, elas estão grosseiramente sub-representadas nas mesas de tomada de decisões a nível familiar, comunitário, distrital e nacional (Wombeogo, 2005, Kunfaa, Dogbe, MacKay e Marshall, 2001)

Fora do domínio da política, as mulheres continuam a estar sub-representadas na liderança dos grupos da sociedade civil do sector formal e informal do Gana (Kunfaa, et al, 2001). Por exemplo, nos sindicatos, "as mulheres estão sub-representadas nos sindicatos, com uma quota estimada de 9 a 10% do total de membros. Este valor é substancialmente inferior à percentagem de mulheres no emprego do sector formal, que é de cerca de 25%" (Anyemedu, 2010).

3.12.1.2 Direito dos jovens a serem ouvidos - Do mesmo modo, os jovens da zona rural do norte do Gana não são normalmente convidados (ou seja, não são formalmente solicitados a fazer sentir as suas ideias nas discussões ou decisões sobre os planos de implementação do desenvolvimento para as suas comunidades) para os fóruns de tomada de decisões a nível nacional e continental (Kunfaa, et al, 2001). Isto refere-se particularmente a decisões sobre assuntos relativos a qualquer atividade de desenvolvimento planeada para ser implementada nos seus arredores imediatos.

3.12.1.3Direitos das crianças a serem ouvidas - elas são vistas, não ouvidas. Por conseguinte, as crianças, mesmo em ambientes familiares, raramente têm uma palavra a dizer nas decisões que afectam as suas vidas. Consequentemente, os pais decidem muitas vezes arbitrariamente se devem ou não enviar os seus filhos para a escola; o tipo de escola que devem frequentar, ou os tipos de vocações que os seus filhos devem seguir (SEND-Ghana, 2010), independentemente dos interesses expressos ou tácitos das crianças. Entre os Dagombas, por exemplo, a prática de enviar as raparigas para as suas tias paternas para receberem formação fomentou, em parte, as elevadas taxas de trabalho infantil virtual nestas comunidades, onde as raparigas são frequentemente obrigadas a trabalhar com as suas tias nos ofícios destas últimas (UNICEF Gana, 2009).

3. 13Conclusão

A pobreza no Gana sempre teve as suas diferentes faces, desde a economia à pobreza individual e familiar. A situação no Gana é um pouco complicada. A pobreza não é homogénea a nível regional e, dependendo do facto de se ter ou não um emprego, os indivíduos enfrentam a pobreza de forma diferente. Desde os tempos coloniais, o sector norte do Gana foi sempre considerado como a parte mais pobre do país. A atenção dada ao desenvolvimento é menor no norte do Gana, o que conduz a disparidades generalizadas em termos de desenvolvimento económico e social. A vontade política, a falta de educação e a falta de iniciativa da população do norte do Gana parecem desempenhar um papel crucial no nível de empobrecimento. Apesar das grandes jazidas de petróleo descobertas e em fase de perfuração no Gana, a situação de redução da pobreza ainda não se concretizou.

No capítulo seguinte, discuto os métodos e técnicas de investigação utilizados na recolha de dados, na análise dos dados e na compilação do livro.

CAPÍTULO 4

4. 1Introdução

Este capítulo descreve a conceção da investigação do livro, que é basicamente uma mistura de inquérito observacional e descritivo, qualitativo e quantitativo, transversal e longitudinal. No entanto, a conceção da investigação é essencialmente qualitativa. Além disso, é feita uma descrição da lógica da abordagem da investigação e dos pormenores da forma como essa lógica foi aplicada. Para além disso, há uma explicação da lógica de investigação que o livro utiliza, reconhecendo a influência de quatro abordagens ou estratégias de investigação: indução, investigação de avaliação, investigação de estudo de caso e investigação qualitativa. É feita uma explicação pormenorizada da utilização dos métodos, incluindo a natureza da recolha de dados e a análise da amostra final. Foi utilizado um método de amostragem conveniente no processo de seleção da comunidade e do distrito. No entanto, os inquiridos foram selecionados aleatoriamente. Este método de amostragem foi empregue para garantir que relativamente todas as comunidades com orientação e programas de desenvolvimento semelhantes, que estavam a ser implementados ou tinham sido implementados durante o período de cinco anos ou mais em 2007, fossem incluídas no estudo. Além disso, os inquiridos foram selecionados aleatoriamente para garantir que todas as pessoas que residem nas comunidades tivessem a mesma oportunidade de serem entrevistadas, sem qualquer recurso a especificações, classe, formação académica ou posição social.

Os parágrafos seguintes deste capítulo descrevem em pormenor a metodologia, a conceção do estudo, os locais de estudo e o perfil das oito comunidades selecionadas das três regiões do norte do Gana, nomeadamente, as regiões do Alto Oriente, do Alto Ocidente e do Norte. Por último, é feito um comentário sobre a base de amostragem, a técnica de amostragem, a dimensão da amostra, as limitações e as considerações éticas.

4.1. 1Metodologia

A investigação utilizou uma abordagem qualitativa e um inquérito descritivo para recolher dados. Foi selecionado um inquérito descritivo porque fornece um retrato ou relato preciso das opiniões e conhecimentos dos membros da comunidade envolvidos no estudo. Esta metodologia baseia-se numa avaliação crítica do realismo que Dean et al (2005) estratifica em camadas reais, actuais e empíricas. A estratificação é um método de amostragem que envolve a divisão de uma população em grupos mais pequenos, conhecidos como estratos. A estratificação foi formada com base nos atributos ou caraterísticas partilhados pelos membros da comunidade. Cada estrato foi selecionado num número proporcional à dimensão do estrato em comparação com a população. A principal vantagem da estratificação é a forma como capta as principais caraterísticas da população na amostra. Este método produz caraterísticas na amostra que são proporcionais à população em geral. Estes três estratos da realidade revelam a profundidade do realismo crítico. Sayer (1999:10) explica-os da seguinte forma: o 'real' é tanto o que quer que exista, independentemente de ser um objeto empírico ou não, como o real dos objectos que têm certas estruturas e poderes causais. No que diz respeito a este livro, o real é representado pelas agências governamentais e pelas ONGs, os projectos que elas dirigem, as comunidades envolvidas e o potencial de participação dos membros da comunidade na redução da pobreza (poder causal). Para Sayer, o 'real' é "o que acontece se e quando esses poderes [causais] são activados" (Sayer, 1999:12). Neste livro, o atual refere-se aos acontecimentos (ou níveis de participação) estimulados pelos diferentes estudos de caso em análise, bem como aos meios ou mecanismos através dos quais esses acontecimentos se concretizam. Finalmente, para Sayer, o 'empírico' refere-se ao domínio da experiência e, como tal, à experiência de estratos reais ou actuais (Sayer, 1999:13). Neste livro, o empírico é representado pelas experiências dos participantes em relação ao governo e às ONGs, ao projeto específico envolvido e ao processo de envolvimento participativo dos membros da comunidade que este projeto originou. O empírico é o estrato a que o investigador pode aceder diretamente através da interação com os participantes nestes projectos e o seu nível de participação na contribuição para a redução da pobreza. Este estrato empírico constitui apenas uma parte da realidade e permite apenas um acesso indireto aos estratos reais e efectivos. Isto significa que este trabalho só pode pretender fornecer uma visão mediada da realidade, que é construída através da interação com múltiplas fontes empíricas.

Vários autores assinalaram a adequação da perspetiva metodológica realista crítica para as ciências sociais (Gandy, 1996; Woodgate e Redclift, 1998;

Carolan, 2005a) e para a investigação na prática ou em temas baseados em valores (Robson, 2002). A metodologia é considerada útil principalmente porque oferece uma oportunidade de ligar os domínios dos programas de desenvolvimento e das comunidades beneficiárias na investigação.

4.1.2 Estratégia e abordagem da investigação

Aqui, no livro, é explicada a estratégia e a abordagem da investigação, incluindo a influência de quatro grandes corpos da literatura sobre métodos na direção geral da investigação. Em primeiro lugar, a investigação adopta uma abordagem indutiva da teoria, com o objetivo de criar um impacto na teoria na área da participação comunitária em projectos existentes no norte do Gana (4.1.2.1). Em segundo lugar, a avaliação é utilizada como estratégia de investigação ou "lógica de investigação" que estrutura a investigação fornecendo uma lógica de causalidade, influenciando a escolha de métodos e fornecendo um conjunto de conceitos sensibilizadores para recolha e análise (4.1.2.2).

Em terceiro e quarto lugar, o investigador utiliza neste livro o estudo de caso e abordagens qualitativas, que são explicadas, contextualizadas e justificadas sucessivamente (4.2 e 4.3).

4.1.2. 1Indução

A investigação adoptou o que é normalmente conhecido como uma abordagem indutiva. A abordagem indutiva foi escolhida porque a pesquisa foi exploratória e tentou criar um novo impacto nas teorias para explicar a influência das intervenções do governo e das ONGs a nível comunitário na participação comunitária. Note-se que nem todos os autores chamam a este processo 'indutivo' e, na caraterização bastante mais subtil de Blaikie das estratégias de investigação, esta abordagem situar-se-ia algures entre a 'retrodução' e a 'abdução' (Blaikie, 2000:101). A retrodução refere-se a uma estratégia de investigação que tenta "descobrir mecanismos subjacentes para explicar as regularidades observadas" (Blaikie, 2000:101) e que testa as provas desses mecanismos de uma forma iterativa. A abdução é uma estratégia de investigação que visa "descrever e compreender a vida social em termos dos motivos e dos relatos dos actores sociais" (Blaikie, 2000:101). Neste livro, foram utilizados dois princípios, nomeadamente, a procura de regularidades nos motivos e relatos dos actores do desenvolvimento sobre o seu envolvimento na redução da pobreza através de projectos de intervenção.

4.1.2.2A avaliação   como estratégia de investigação

Neste livro, estou a utilizar uma estratégia de investigação de avaliação. Uma vez que o livro tenta descobrir as actividades, as caraterísticas e os resultados de um tipo particular de intervenção (projectos comunitários de redução da pobreza e participação das pessoas) a fim de melhorar a compreensão de tais intervenções, a investigação de avaliação parece ser uma estratégia apropriada. Weiss (1998) considera que um dos principais objectivos da avaliação é "compreender a intervenção social", utilizando a avaliação como uma oportunidade para desenvolver a teoria sobre um tipo de intervenção que é desafiada pela natureza em constante mudança das condições. A investigação baseia-se na abordagem de 'avaliação realista' dos autores de política social Pawson e Tilley (1997). Como tal, esta secção começa com um esboço mais pormenorizado da abordagem de avaliação realista, comparando-a depois com outros modelos de avaliação e explicando como foi utilizada na investigação.

4.1.2.2. 1Avaliação realista

Pawson e Tilley partem da premissa de que uma intervenção pode ter efeitos diferentes sobre os beneficiários e de acordo com o indivíduo, as instituições e as infra-estruturas específicas, bem como com as opções disponíveis para os actores do desenvolvimento envolvidos. Esta abordagem é explicada da seguinte forma: "...os programas funcionam (têm 'resultados' bem sucedidos) apenas na medida em que introduzem as ideias e oportunidades adequadas ('mecanismos') a grupos nas condições sociais e culturais adequadas" (Pawson e Tilley, 1997:57). Na sua opinião, um resultado ocorre como resultado de uma combinação de factores contextuais existentes no caso específico da implementação de um programa e de mecanismos estimulados dentro desses contextos. Os três conceitos são definidos mais pormenorizadamente a seguir:
-O   contexto é: O contexto é: "o conjunto prévio de regras sociais, normas, valores e inter-relações... que estabelece limites à eficácia dos mecanismos do programa" (Pawson e Tilley, 1997:70)
Um   mecanismo refere-se a: Um mecanismo refere-se a: "como os resultados do programa resultam das escolhas (raciocínio) das partes interessadas e da sua capacidade (recursos) para as pôr em prática" (Pawson e Tilley, 1997:66).
-Um   resultado é: "a mudança nas taxas que a investigação de avaliação

tentará discernir e explicar" (Pawson e Tilley, 1997:74).

4.1.2.2.2Avaliação   na presente investigação

A "avaliação realista" de Pawson e Tilley orientou a estratégia deste livro de várias formas. Em primeiro lugar, a lógica do modelo de investigação de avaliação que Pawson e Tilley propõem permeia a minha investigação. Isto inclui o seu modelo de causalidade e a sua perceção de como a mudança acontece na sociedade. Finalmente, os conceitos de contexto, mecanismo e resultado são utilizados como um quadro de sensibilização para a recolha e análise de dados (Blaikie, 2000; Robson, 2002).

Na sua opinião, a investigação procura descobrir as escolhas feitas pelos participantes que conduzem a mudanças na prática e os contextos em que essas escolhas podem ocorrer. Argumentam que a divisão enraizada entre investigação qualitativa e quantitativa é inútil e que, para dar um novo enfoque à escolha dos métodos, os investigadores devem ser guiados pelas necessidades da teoria (Pawson e Tilley, 1997). Na literatura sobre ciências sociais, tem-se gasto muita energia a discutir as diferenças e os méritos relativos das estratégias qualitativas ou quantitativas. Alguns autores definem-nas como dois paradigmas opostos de como fazer investigação (Guba e Lincoln, 2005), embora se reconheça que as distinções entre os dois podem não ser tão grandes como tendemos a pensar (Denzin e Lincoln, 2005). Em vez de entrar neste debate,

Pawson e Tilley defendem que o principal fator de escolha dos métodos deve ser a forma como esses métodos contribuem para os esforços de construção de teoria em torno do domínio em questão. Na investigação, este tem sido um ponto de partida útil para a escolha dos métodos.

4. 2Abordagem do estudo de caso

Os estudos de caso são frequentemente associados a métodos qualitativos, embora muitos autores concordem que esta é uma caraterização bastante grosseira da abordagem (Hammersley, 1992; Blaikie, 2000; Yin, 2003). De facto, o que define um estudo de caso é o seu enfoque num fenómeno social específico, e não os métodos que utiliza (Blaikie, 2000).

4.2. 1Bibliografia do estudo de caso

Uma abordagem de investigação de estudo de caso é uma das muitas abordagens de investigação potenciais que podem ser adoptadas e, como tal, precisa de ser justificada aqui (Blaikie, 2000). No seu livro sobre a investigação de estudo de caso, Yin sugere que esta abordagem é particularmente adequada quando as questões de investigação perguntam "como" ou "porquê" ocorre um fenómeno (Yin, 2003). Por outras palavras, a investigação que se centra total ou parcialmente no processo adequa-se bem aos estudos de caso, uma vez que "permite aos investigadores manter as caraterísticas holísticas e significativas dos acontecimentos da vida real" (Yin, 2003, 2).

A generalização nos estudos de caso é um tipo de generalização diferente da observada na investigação experimental ou de inquérito. Como diz Yin: "ao fazer um estudo de caso, o seu objetivo será expandir e generalizar teorias (generalização analítica) e não enumerar frequências (generalização estatística)" (Yin, 2003, 10). Na prática, isto significa que os investigadores envolvidos na investigação do estudo de caso utilizam-no em particular para explorar o geral e, ao fazê-lo, questionam as teorias existentes. Este pode ser um processo revelador e representa uma contribuição importante para a teoria. Como diz Flyvberg:

"Os investigadores que efectuaram estudos de caso intensivos e aprofundados referem normalmente que os seus pontos de vista preconcebidos, pressupostos, conceitos e hipóteses estavam errados e que o material do caso os obrigou a rever as suas hipóteses em pontos essenciais" (Flyvbjerg, 2006, 235).

Assim, embora seja evidente que se pode aprender alguma coisa com a investigação de estudo de casos, é crucial que uma estratégia de estudo de casos permita um certo tipo de generalização "analítica" e não outra "estatística". Como tal, o resultado de uma investigação deste tipo não é um "conhecimento baseado em regras", como Flyvbjerg lhe chama, mas antes uma ligação de conceitos em teorias de processo baseadas nas observações feitas da realidade. É importante notar que os estudos de caso são capazes de abordar explicações causais para os fenómenos, mas essas explicações causais vão além dos modelos lineares utilizados na investigação de inquérito ou experimental (Yin, 2003). Isto enquadra-se bem no conceito de explicação causal utilizado neste livro.

4. 3Estudos de caso nesta investigação

Nesta investigação, foram seguidos três estudos de caso de projectos de sustentabilidade geridos por organizações de base comunitária das oito comunidades estudadas, com o objetivo de mudar a prática dos participantes. De acordo com a terminologia de Stake, os estudos de caso utilizados neste livro são mais instrumentais do que intrínsecos: a ideia de os estudar é sobretudo a de obter uma generalização sobre o tema comum (a influência dos pobres nas actividades a favor dos pobres no norte do Gana) "e não a de obter uma melhor compreensão de um caso específico" (Stake, 1995).

Todos os projectos estudados estavam sediados no norte do Gana. Isto deveu-se principalmente a razões de conveniência e proximidade, uma vez que o investigador está localizado nesta área. Uma vez que estes projectos são comuns no norte do Gana, não houve problemas em encontrar casos, pois foi relativamente fácil encontrar exemplos de cada tipo de projeto nas proximidades. Além disso, este facto não reduz a generalização dos casos, uma vez que se podem encontrar casos semelhantes em todo o Gana em condições semelhantes.

4. 4 Conceção do estudo

O estudo é essencialmente um inquérito longitudinal qualitativo e descritivo, mas com algumas abordagens quantitativas no processo de recolha de dados. O estudo foi realizado de 2007 a 2011 para obter resultados semelhantes de actividades diferentes. Este tipo de conceção foi escolhido porque é relativamente pouco dispendioso e pode ser realizado durante um período de tempo alargado. Os inquéritos longitudinais recolhem dados sobre a mesma comunidade individual em diferentes momentos, permitindo a oportunidade de acompanhar a mudança ao nível da comunidade individual ou do agregado familiar. Os inquéritos longitudinais desempenham um papel importante no desenvolvimento de uma compreensão da mudança social, incluindo aspectos como a participação de indivíduos em projectos comunitários, o papel da educação na mobilização da comunidade e na mobilidade social, o impacto das situações familiares no desenvolvimento infantil e a forma como os períodos de desemprego afectam o bem-estar individual e familiar (Middlemiss, 2009, 84). As áreas de investigação são bastante espaciais, embora ligadas em termos socioeconómicos e culturais. Tive de adotar este método para poder chegar a, pelo menos, todos os distritos e comunidades selecionados em cada uma das regiões em discussão e para obter resultados semelhantes, tanto quanto possível. A obtenção de resultados semelhantes era particularmente importante porque daria uma indicação de como foram feitas actividades semelhantes realizadas ou em curso noutras comunidades do norte do Gana, com ou sem grande participação de membros da comunidade de todos os sexos e idades. Isto permitiria fazer generalizações apropriadas (Stake, 1995) sobre os níveis de participação nas actividades de desenvolvimento pelos membros da comunidade no norte do Gana.

As informações resultantes destas discussões foram utilizadas para orientar a formulação das perguntas para a recolha de dados para o inquérito. O estudo adoptou o método de avaliação rural participativa (PRA) para implementar um esquema de amostragem aleatória estratificada. Foi adotado um procedimento de agrupamento em duas fases com secções comunitárias e agregados familiares dentro de cada secção como unidades de amostragem de dois níveis. A dimensão da amostra dependia do número de agregados familiares dentro de cada grupo em cada secção, uma vez que a intenção era entrevistar todos esses agregados familiares (n = 250). Foi selecionada aleatoriamente uma amostra de agregados familiares da mesma comunidade.

4.5 Métodos de recolha de dados

O estudo utilizou métodos em várias fases no processo de recolha de dados. Primeira fase: - entrevistas; foi dada preferência às secções da comunidade com projectos de desenvolvimento concluídos ou em curso nas mesmas. Antes das sessões de entrevista, foi realizado um recenseamento em todas as comunidades, registando todas as secções da comunidade com projectos concluídos ou em curso. A partir desta lista, as comunidades foram selecionadas aleatoriamente. No total, foram selecionadas oito comunidades de três distritos nas três regiões do norte do Gana para serem entrevistadas e das quais foram recolhidos dados para o estudo.

Segunda fase: - questionário; o estudo utilizou largamente um questionário semi-estruturado composto por sessenta e nove (69) perguntas abertas e fechadas. No questionário, foi pedido aos inquiridos que classificassem alguns projectos de intervenção por ordem decrescente de 9 a 1, mostrando uma inversão da direção das classificações. Com a ordem descendente, o maior valor recebe a classificação de 1, o valor seguinte recebe a classificação de 2, e assim por diante, o que significa a qualidade da sua prioridade (ver exemplo na Tabela 5.12). A classificação do questionário foi essencial para dar aos inquiridos a oportunidade de escolherem os projectos ou intervenções que melhor se enquadravam no seu esquema pessoal e coletivo de prioridades que os beneficiavam enquanto comunidade. Embora o questionário tenha sido redigido em inglês, as entrevistas e as discussões dos grupos de discussão foram conduzidas nas línguas étnicas por entrevistadores treinados e bem informados sobre as várias línguas locais, a cultura e as sensibilidades das comunidades. As línguas locais incluíam as seguintes: Talen, Dagaari, Dagbani e Manpruli, faladas nas comunidades selecionadas para o estudo. O objetivo era investigar se existia uma diferença mensurável no conhecimento, atitude e prática relativamente ao envolvimento da comunidade nas actividades de desenvolvimento que se realizam ou realizaram nas suas comunidades durante o período de estudo. Em geral, o estudo visava investigar se o envolvimento ou não envolvimento da comunidade tem algum impacto no seu comportamento e vontade de participar num programa de base comunitária para a redução da pobreza.

Terceira fase: - Discussões de grupos de foco (FGD); Antes do inquérito a toda a comunidade, foi realizada uma série de discussões de grupos de foco (FGDs) nas oito comunidades, incluindo líderes de opinião, membros da Assembleia, chefes e anciãos de cada uma das comunidades, homens e mulheres de todas as idades. Os instrumentos utilizados para realizar as discussões dos grupos de foco foram um questionário aberto e a partilha de opiniões sobre o conhecimento prévio dos projectos de intervenção em cada uma das comunidades-alvo. Os grupos envolvidos tinham uma composição homogénea e cada uma das oito comunidades teve o seu próprio FGD. A discussão em grupo de foco é um método de recolha de dados semi-estruturado de avaliação rápida, em que um conjunto de participantes selecionados propositadamente se reúne para discutir questões e preocupações com base numa lista de temas-chave elaborada pelo investigador (Kumar, 1987). Trata-se de uma técnica de investigação qualitativa, originalmente desenvolvida para dar aos investigadores de marketing uma melhor compreensão dos dados de inquéritos quantitativos aos consumidores (Krueger, 1988). A DGF é amplamente utilizada pelos profissionais do desenvolvimento para obter informações sobre as percepções e opiniões do público-alvo relativamente a projectos e actividades de desenvolvimento que estão a ser ou foram implementados nas suas localidades. Além disso, é uma técnica eficaz em termos de custos, adequada para obter pontos de vista, opiniões, necessidades, problemas e razões para determinadas práticas dos beneficiários, clientes e partes interessadas da comunidade. De acordo com Debus (1988), as discussões dos grupos de centragem constituem uma forma rápida de aprender com o público-alvo.

O investigador utilizou especificamente a técnica de DGF para compreender as razões, os valores e o impacto das actividades dos profissionais do desenvolvimento relativamente aos seguintes parâmetros do discurso do desenvolvimento na vida dos beneficiários da comunidade.

□ Processos de projeto (a gestão, a parceria e a entrega);

□ O papel e o nível de envolvimento das partes interessadas e dos utilizadores finais no processo do projeto;

□ Expectativas e objectivos das várias partes interessadas envolvidas no projeto;

□ Feedback sobre o projeto, em particular sentimentos sobre os resultados e produtos do projeto;

□ Impacto potencial do projeto nos indivíduos e na comunidade em geral;

□ O que funcionou bem e o que não funcionou e porquê;

□ Como poderiam ter sido melhorados os processos do projeto;

Os instrumentos de recolha de dados utilizados no estudo também incluíram o seguinte: referência a fontes secundárias, tais como livros didácticos, Internet, revistas e relatórios de ONGs selecionadas. Estes instrumentos foram utilizados como fontes de informação para a revisão da literatura, para recolher informações ou dados das comunidades selecionadas e para solicitar clareza sobre as actividades de desenvolvimento e os programas planeados em curso ou concluídos nas comunidades alvo, a fim de compilar este livro. As seguintes organizações foram utilizadas principalmente durante o processo de recolha de dados: PNUD, UNESCO e outras ONG que operam nas regiões, nomeadamente, Catholic Relief Services (CRS), Action Aid (uma ONG sediada no Reino Unido), que trabalha no Gana, World Vision International (WVI), Gana e Plan Ghana. Estas ONG foram selecionadas porque trabalhei com algumas delas, quer como responsável a tempo inteiro pelo programa (CRS), quer como consultor em inquéritos de base (WVI, Gana). Também se baseou na sua presença e actividades nas comunidades selecionadas para a investigação. Foram entrevistados os responsáveis de programa e os responsáveis de campo designados nas organizações internacionais listadas. Estes funcionários designados são os principais responsáveis pela implementação direta e supervisão das actividades do programa a nível comunitário. Eles têm informação em primeira mão sobre as necessidades da comunidade e os níveis de participação nas actividades de desenvolvimento comunitário. Pedi autorização verbal aos Diretores seccionais para usar os seus relatórios e documentos relacionados das suas bibliotecas para ajudar no meu processo de recolha de dados.

4. 6Área de estudo

O estudo foi realizado na parte norte do Gana. A parte norte do Gana foi propositadamente escolhida para o estudo porque os dados de inquéritos anteriores, como o GDHS (2003) e o GSS (2008), indicam que as três regiões do norte, que incluem o Alto Oriente, o Alto Ocidente e o Norte, são as mais pobres do Gana (Ofoso-Appiah, 2008). De cada uma destas três regiões, oito comunidades foram selecionadas para o estudo e incluem Nandom, Jirapa, Namoaligo, Kotintabig, Chiana, Jawani, Nalerigu e Mankarigu.

4.6.1Perfil das comunidades de investigação

4.6.1. 1Nandom

Nandom fica a 100 quilómetros da capital do Alto Oeste, Wa. Nandom tem um hospital de renome que acolhe médicos especialistas como ortopedistas e neurologistas. Tem uma escola secundária bem equipada, 15 escolas básicas e uma rica autoridade tradicional. É relativamente rica, com várias oportunidades de emprego para jovens qualificados da classe trabalhadora. Existem três grupos religiosos dominantes entre a população de Jirapa: tradicional, islâmico e cristão, o mais dominante entre a população de Nandom. Os habitantes de Nandom falam Dagaare, gostam de beber cerveja Guinness e a bebida local (Pito). A iguaria mais importante do povo de Nandom é a carne de cão.

4.6.1. 2Jirapa

Jirapa situa-se no extremo sul da capital da região do Alto Oeste, Wa. Fica a 220 quilómetros de Wa e a 406 quilómetros de Tamale, a capital da região norte. Jirapa dispõe de instituições de saúde muito importantes, como uma escola de formação de parteiras, uma escola de formação de enfermeiros e uma escola de formação de enfermeiros de saúde comunitária. Tem uma escola secundária sénior situada no centro da cidade. Uma atração turística notável é o palácio de Jirapa Naa (Chefe), que se encontra maravilhosamente situado no topo de uma colina, com vista para toda a cidade. É o lar de missionários no passado e no presente. É sugestivo, olhando para o padrão de desenvolvimento do norte do Gana, que os missionários tenham desempenhado um papel fundamental no desenvolvimento das infra-estruturas da cidade e no carácter cristão que é muito pronunciado entre a população. Existem três grupos religiosos dominantes entre a população de Jirapa: tradicional, islâmico e cristão, o mais dominante entre a população de Jirapa. A língua falada em Jirapa é o dagaare. Tal como a população de Nandom, a população de Jirapa considera a carne de cão a sua iguaria mais importante.

4.6.1. 3Namoaligo

Namoaligo remonta aos tempos pré-históricos. A idade exacta da comunidade não está documentada. É uma das maiores comunidades do leste de Talensi e tem uma população de cerca de 2000 pessoas. Fica a 30 quilómetros da capital regional de Upper East, Bolgatanga, e a 11,25 quilómetros da capital distrital, Tongo. As pessoas falam talen e são predominantemente crentes tradicionais. O cristianismo e o islamismo estão a crescer de forma constante entre a população. Algumas partes da comunidade têm eletricidade, mas não dispõem de água canalizada. Os membros da comunidade dependem de furos e poços escavados à mão como fonte de água potável. Existem cinco furos em toda a comunidade e vários poços privados escavados à mão estão espalhados pela comunidade.

A comunidade é maioritariamente tradicional e é governada por um chefe e por líderes de clãs. Na zona (popularmente designada *por gallamsay*), há actividades informais de extração de ouro que atraem muitos jovens, tanto homens como mulheres, para este sector. Para além disso, os habitantes dedicam-se basicamente à agricultura de subsistência e ao pequeno comércio de bens locais e à prestação de serviços comunitários. A comunidade não dispõe de instalações sanitárias e os excrementos humanos são eliminados através do sistema de free-range (ou no mato e nos terrenos agrícolas à volta das casas).

Os níveis de emprego e de rendimento são quase inexistentes, exceto para aqueles que se dedicam ao pequeno comércio nos mercados locais. Não existe uma rede de estradas que atravesse o centro da comunidade e as únicas vias de acesso são caminhos criados pelos membros da comunidade que os ligam a outras comunidades vizinhas. A comunidade tem uma clínica e uma igreja. A clínica comunitária está bem construída e serve a comunidade e outras comunidades vizinhas. Como não há escola na comunidade, as crianças frequentam a escola de uma comunidade próxima, a alguns quilómetros de distância.

4.6.1. 4Kotintabig

Esta é uma comunidade que se insere na secção de Nabdam do distrito de Talensi-Nabdam, na região do Alto Oriente do Gana. Trata-se de uma pequena comunidade com uma população espacial de 2350 habitantes. A comunidade fica a 75 km de Nangodi e a 25 km de Sekoti, as duas subáreas distritais dentro da secção da área de captação de Nabdam do distrito de Talensi-Nabdam. Tem uma escola, uma pequena clínica e cinco furos que fornecem água potável à população e aos seus animais. Não existe qualquer estrada de acesso a partir da estrada que liga Nangodi a Sekoti e a Kotintabig. Para além da agricultura de subsistência e de alguns professores e enfermeiros de saúde comunitária, não existem outras oportunidades para os habitantes indígenas explorarem. As pessoas falam Nabit e são predominantemente crentes tradicionais. O cristianismo e o islamismo estão a crescer de forma constante entre a população.

4.6.1. 5Chiana

Chiana está situada entre Navrongo e Builsa a sul, Tumu a oeste e Navrongo a norte. Fica a cerca de 21 quilómetros de Navrongo e a 100 quilómetros de Tumu, na região do Alto Oeste do Gana. Tem uma população de cerca de 2000 habitantes. É conhecida pela sua rica cultura e tradições. Foi uma cidade de comércio de escravos durante a época colonial e, por isso, tem alguns locais importantes de escravos como atracções turísticas. Tem um dos melhores projectos arquitectónicos locais, especialmente no que diz respeito à habitação. Existe uma escola secundária na zona, para além de 4 escolas básicas espalhadas pela cidade. Existe um centro de saúde na cidade que cuida das necessidades de saúde da população. As pessoas falam Kassem e são predominantemente crentes tradicionais. O cristianismo é muito praticado e o islamismo continua a crescer de forma constante entre a população. A principal fonte de água potável provém de furos e poços escavados à mão espalhados pela cidade.

4.6.1. 6Jawani

Jawani é uma comunidade pequena mas densamente povoada (cerca de 1500 pessoas) em relação ao tamanho da área. Situa-se no distrito de East Mamprusi, na região Norte, a cerca de 20 quilómetros de Nalerigu, a segunda maior cidade do distrito, e a 27,5 quilómetros de Gambaga, a capital do distrito. Não existe qualquer estrada de acesso a Jawani a partir de qualquer uma destas cidades e a zona está longe de qualquer fonte de serviços modernos. As pessoas falam Mampruli e são predominantemente crentes tradicionais. O cristianismo e o islamismo estão a crescer de forma constante entre a população. A grande maioria das pessoas dedica-se à agricultura de subsistência, que inclui a criação de culturas e de animais. Existe um furo que serve a comunidade com água potável e algumas famílias têm os seus próprios poços privados fora das suas casas. Uma clínica e uma escola comunitárias foram construídas com material local e são apoiadas por ONG como a CRS e a WVI. Existe um mercado comum onde as pessoas comercializam produtos alimentares e não alimentares locais, entre outros.

4.6.1. 7Nalerigu

Nalerigu é uma cidade relativamente grande e é a sede tradicional do Nayire, o rei de Mamprugu e a personificação da autoridade da chefia tradicional do norte. Faz fronteira com Gambaga a sul, Nakpanduri a norte, Jawani a leste e Garu a oeste. É muito rica em cultura e festas tradicionais, nomeadamente o festival de dança cultural da Damba, celebrado anualmente em Mamprugu. É a sede dos reis tradicionais que formam os chefes supremos e os chefes de divisão selecionados em algumas comunidades importantes das regiões do Norte e do Alto Oriente do norte do Gana. O povo fala Mampruli e pratica predominantemente a religião islâmica. Muitos praticam também as religiões tradicional e cristã. Nalerigu alberga um hospital privado de renome, fundado pelos Missionários Baptistas de Basileia, uma escola secundária, duas casas de hóspedes e outras infra-estruturas privadas espalhadas pela cidade.

A população dedica-se à agricultura de subsistência para o seu sustento. No entanto, a cidade tem um mercado antigo que atrai muitas pessoas das comunidades e cidades vizinhas. Assim, um número substancial de pessoas, particularmente mulheres e jovens, estão envolvidos em actividades do sector informal, como o pequeno comércio de vários bens e serviços, incluindo gado e vestuário importado, entre outros.

4.6.1. 8Mankarigu

Mankarigu significa literalmente quiabo demasiado maduro. A comunidade está rodeada pelo rio Daboya, que se estende de Daboya, na região norte, até Fumbisi, no distrito de Builsa, na região do Alto Oriente do Gana. Faz fronteira com Daboya a sul, Fumbisi a norte, Fufulsu a sudoeste e Tamale a leste. Fica a cerca de 150 quilómetros de Soale, passando por Daboya. O terreno é maioritariamente arenoso e fica encharcado durante a estação das chuvas. A população fala gonja e pratica predominantemente a religião islâmica. Alguns praticam também as religiões tradicional e cristã. Mankarigu tem uma clínica comunitária que satisfaz as necessidades de saúde da população. Existe uma escola comunitária construída pelo Governo do Gana. Mankarigu dispõe de um rico recurso agrícola e produz essencialmente milho e inhame.

4. 7Quadro de amostragem

A amostragem foi efectuada para este estudo pelas quatro razões principais seguintes:
Em primeiro lugar, é normalmente demasiado dispendioso testar toda a população. O Governo do Gana gasta milhões de Cedis do Gana para efetuar um Censo de dez em dez anos. Embora o governo do Gana possa ter esse dinheiro, a maioria dos investigadores não o tem, daí a necessidade de fazer uma amostragem da população para efeitos do presente estudo.
A segunda razão para se recorrer à amostragem é que pode ser impossível testar toda a população com recursos limitados para um objetivo restrito, tal como descobrir o envolvimento direto e indireto das pessoas nas actividades de desenvolvimento que se realizam ou realizaram nas suas comunidades. Daí a necessidade de o investigador proceder a uma amostragem da população para poder inferir os resultados em conformidade.

A terceira razão para se recorrer à amostragem é que testar toda a população produz frequentemente erros (Middleweis, 2009:55). Assim, a amostragem pode ser mais exacta.

Todos os membros de cada uma das oito comunidades das regiões do norte do Gana constituíram a base da amostra.

4.7. 1Tamanho da amostra

Foram selecionadas para o estudo um total de oito comunidades de três distritos das três regiões do norte. A dimensão da amostra foi de dez por cento da população total de cada uma das comunidades envolvidas. A seleção foi feita de forma aleatória e os agregados familiares envolvidos foram escolhidos por coincidência e não por uma ordem ou número definidos.

4.7. 2Processo / técnicas de amostragem

Cada região propôs três distritos cada e estes foram agrupados de acordo com a dimensão da população, conforme documentado pelos Serviços de Estatística do Gana (GSS, 2012), como se pode ver abaixo:
o 5000-15000 o 15001 -250000 o 250001 - 350000 ou mais
Foram feitos pedaços de papéis para o número total de distritos. Vinte e quatro papéis foram etiquetados com o nome das comunidades de todos os três distritos. Todos os papéis foram misturados numa tigela e os representantes da comunidade foram obrigados a escolher um em duas sessões. As comunidades escolhidas foram utilizadas para o estudo. As várias idades e o género dos inquiridos foram obtidos durante o processo de amostragem. O processo de amostragem para a seleção da comunidade foi explicado aos representantes que estavam presentes para efetuar a seleção. O investigador tinha duas razões principais para fazer com que os membros da comunidade fizessem a recolha da tigela de amostra que acabou por ser utilizada para o estudo. Em primeiro lugar, para que os membros da comunidade vissem que a seleção não era tendenciosa por parte do investigador e, em segundo lugar, para obter a sua máxima participação no processo. Foi extremamente difícil dizer aos representantes comunitários cujas comunidades não foram selecionadas que não fariam parte do estudo. O investigador dedicou algum tempo a explicar aos representantes o objetivo do processo de seleção. O investigador disse-lhes que as comunidades selecionadas seriam utilizadas para o estudo e que a investigação era para fins académicos e não atrairia qualquer forma de projectos monetários ou de desenvolvimento imediatos durante o estudo. Esta explicação foi necessária

porque alguns dos membros da comunidade pensaram que o investigador estava a trazer alguns recursos materiais para as suas respectivas comunidades. Nesse caso, as comunidades que não fossem selecionadas seriam prejudicadas em conformidade. Por isso, era necessário dissuadir as suas mentes deste pensamento percetivo. No entanto, o investigador assegurou-lhes que, embora as suas comunidades não fossem diretamente estudadas no âmbito da investigação, o relatório final também lhes seria disponibilizado. Isto apaziguou-os e aceitaram o facto de que o relatório seria lido por eles, tal como os membros da comunidade estudada.

4.7. 3Análise de dados

Os dados recolhidos foram analisados com recurso ao SPSS (Statistical Package for Social Sciences). Foram utilizados gráficos, quadros e tabelas para representar os resultados/conclusões, sempre que adequado. Durante o processo de análise, foi utilizada uma abordagem qualitativa e descritiva para dar sentido e compreender a análise quantitativa dos gráficos, quadros e tabelas apresentados.

4.7.3. 1Variáveis de estudo

Estas incluem as variáveis dependentes e independentes, como indicado abaixo.

4.7.3.1. 1Variáveis dependentes

Conhecimentos e atitudes em relação às iniciativas de desenvolvimento nas comunidades selecionadas

4.7.3.1. 2Variáveis independentes

As variáveis independentes neste livro incluíam dados pessoais, identificação de projectos/programas, participação local no planeamento e implementação; benefícios derivados de projectos de desenvolvimento comunitário e esforços comunitários na sustentabilidade do projeto.

4.8Validade   e fiabilidade

A validade da investigação refere-se à consistência e ao grau em que o instrumento de recolha de dados mede o que pretende medir. As perguntas foram cuidadosamente definidas para reflectir os objectivos do estudo. Após o exame cruzado das perguntas pelo promotor do livro, as perguntas equívocas foram reformuladas de forma clara. Foram feitas outras correcções antes de as perguntas finais serem impressas. As lições aprendidas com o pré-teste foram utilizadas para fazer as modificações/alterações necessárias para melhorar a fiabilidade e a validade dos instrumentos de recolha de dados, de modo a que os resultados da investigação pudessem ser utilizados com segurança para generalizações sobre a população-alvo.

A validade de conteúdo foi abordada explicando o questionário àqueles que não sabiam ler e compreender a língua inglesa para manter a consistência na utilização da língua. Além disso, o investigador pediu a um intervencionista de desenvolvimento experiente e a outros peritos no domínio do desenvolvimento comunitário que analisassem o questionário antes de este ser entregue aos inquiridos, a fim de garantir a validade facial. Os instrumentos foram propositadamente pré-testados num estudo-piloto que envolveu 10 inquiridos que não pertenciam à população-alvo, mas que tinham condições ambientais semelhantes às das áreas de estudo, a fim de avaliar a sua clareza, precisão e fiabilidade na recolha de informações sobre as variáveis que se pretendia investigar. Foi neste processo que foram efectuadas modificações no questionário para melhorar a sua precisão. O investigador analisou o questionário antes de o distribuir. O questionário foi tornado mais fácil de ler e de compreender. Todas estas medidas combinadas aumentaram a precisão ou fiabilidade e validade do estudo e dos dados gerados.

4.9 . Considerações éticas

Por razões éticas e formalidades, foram enviadas cartas oficiais aos Chefes Executivos Distritais ou Diretores Distritais. Além disso, antes da recolha de dados, o objetivo da investigação foi explicado aos inquiridos para obter o seu consentimento, que foi livremente concedido verbalmente. O investigador e a equipa de investigação garantiram aos inquiridos que a confidencialidade seria rigorosamente respeitada. Embora previstas, não se registaram recusas ou desistências durante o período preparatório ou durante o próprio estudo.

4. 10 Limitações

Ao longo do estudo, os investigadores tentaram aplicar factores de controlo rigorosos que pudessem validar e permitir a generalização dos resultados. No entanto, a generalização destes resultados está sujeita às seguintes limitações possíveis e não exclusivas:

1. os pontos de vista dos membros da comunidade fora das comunidades selecionadas não foram representados neste estudo porque não foram selecionados, embora possam ter tido algumas intervenções em curso a favor dos pobres. Este facto privou o investigador de algum aperfeiçoamento do estudo se as opiniões fossem captadas.

2. Teria sido mais apropriado selecionar entre todos os distritos das três regiões do norte. No entanto, devido a restrições financeiras, apenas foram utilizadas oito comunidades de três distritos nas três regiões do norte do Gana.

3. Assim, com quarenta e nove (49) distritos nas três regiões do norte, embora os distritos tenham muito em comum em termos de localização geográfica, condições socioeconómicas e orientação político-religiosa, um estudo de três dos quarenta e nove era uma limitação séria em termos de proporcionalidade. Por conseguinte, isto tornou problemática a generalização dos dados e das conclusões a todo o sector norte do Gana.

1.1. 11 Reflexões sobre os desafios encontrados durante o estudo

O estudo em si foi um grande desafio, tendo em conta o terreno das áreas de estudo, as distâncias de uma região à outra e a natureza da rede rodoviária que liga cada uma das comunidades de estudo às capitais de distrito. A rede rodoviária no norte do Gana, que liga os distritos e as fronteiras regionais, encontra-se num estado deplorável. Viajar de um sítio para o outro era extremamente difícil. Numa ocasião, de Namoaligo, no distrito de Talensi, na região do Alto Oriente, para Jawani, no distrito de East Mamprusi, na região do Norte, o veículo do investigador avariou numa aldeia chamada Dagbiriboari. Nesta aldeia, não havia mecânico de automóveis, nem fornecimento de eletricidade, nem restaurantes, nem alojamento para hóspedes. O investigador ficou no carro até ao dia seguinte. Foi mais tarde, durante o dia, que um membro da comunidade dessa aldeia ofereceu a sua mota para o investigador viajar 45 km de volta à capital do distrito em Gambaga para pedir ajuda aos mecânicos de automóveis que vieram e repararam o veículo para o investigador continuar a viagem para Jawani.

Para além disso, o estudo foi bastante dispendioso em termos monetários. O investigador subestimou os custos de deslocação e o recurso a intérpretes em alguns momentos, o alojamento, a alimentação, entre outros.

Um outro desafio significativo encontrado foi a falta de serviços de rede de comunicação em algumas das comunidades estudadas. Em Jawani, Mankarigu e algumas partes de Namoaligo, era simplesmente impossível utilizar o telemóvel para comunicar. Os serviços de rede eram basicamente inexistentes. Numa ocasião, em três dias em Jawani, não conseguimos comunicar com ninguém fora da comunidade. Foi muito frustrante, para dizer o mínimo. O desafio foi tão grande que, quando o investigador precisou que um mecânico viesse avaliar o seu carro, não conseguiu fazer uma chamada telefónica para obter apoio devido às dificuldades da rede. A deficiente rede de comunicações em algumas das comunidades em estudo constituiu um sério desafio e contribuiu para reduzir os esforços do investigador. O contacto telefónico com os inquiridos para obter mais informações para o estudo foi extremamente dificultado devido à fraca conetividade da rede.

Embora os inquiridos estivessem dispostos a participar, queriam alguma compensação monetária pelos seus esforços, em especial os líderes de opinião envolvidos. Este facto representou um encargo financeiro significativo para o investigador.

4.11 Pressupostos

O estudo assumiu que as comunidades selecionadas beneficiaram ou estão a beneficiar de alguma forma de intervenção de desenvolvimento do Governo ou ONG nos últimos cinco anos do período de recolha de dados para permitir que os inquiridos ofereçam respostas significativas ao questionário. Isto foi validado com base no processo de seleção em bruto pela liderança distrital, de acordo com o pedido do investigador para as comunidades que beneficiam ou beneficiaram de programas de intervenção a favor dos pobres.

Para além disso, o estudo pressupõe que existe ou existiu participação e comunicação bilateral entre os intervenientes e os beneficiários da comunidade. Isto permitirá uma avaliação dos níveis e da qualidade do processo de participação e comunicação, do tipo de intervenção e da lógica que lhe está subjacente.

4. 12Conclusão

O capítulo delineou a conceção da investigação do livro, que combina observação e descrição, qualitativa e quantitativa, inquérito transversal e longitudinal num todo coletivo. Foi utilizado um método de amostragem aleatória conveniente nos processos de seleção da comunidade, do distrito e dos inquiridos. Um perfil abrangente de cada uma das comunidades selecionadas é apresentado no ponto 4.6.1. Foi selecionada para o estudo uma amostra de oito comunidades de três distritos das três regiões do Norte. Foi utilizada uma abordagem qualitativa e descritiva durante a análise de dados dos gráficos, quadros e tabelas apresentados. As variáveis do estudo foram categorizadas em variáveis dependentes (conhecimento e atitude em relação às intervenções a favor dos pobres) e variáveis independentes (sexo ou género, estatuto na comunidade, nível de participação e razões para o fazer, denominação religiosa e origem étnica). O estudo partiu do princípio de que as comunidades selecionadas beneficiaram de algumas intervenções a favor das pessoas pobres, participaram nesses projectos e houve comunicação bilateral entre os intervencionistas e os membros da comunidade que beneficiaram das intervenções.

No capítulo cinco, são apresentados os resultados ou conclusões da investigação, são feitas inferências sobre as conclusões apresentadas em quadros, tal como prevalecem nas comunidades investigadas, e é apresentada uma plataforma para uma discussão mais aprofundada das conclusões no livro.

CAPÍTULO 5

5. 1Introdução

O capítulo cinco trata da apresentação dos dados e da análise feita sob a forma de respostas dos inquiridos em tabelas, resultados-chave e discussão sobre as opiniões e observações recolhidas a partir dos resultados da investigação. Oito comunidades (secção 1.1) no sector norte do Gana foram selecionadas para participar na investigação. Segue-se uma apresentação das respostas pormenorizadas em quadros e gráficos.

5.1.1Informação dos inquiridos segundo as regiões e as comunidades
Quadro 5.1 Idade dos inquiridos

Age of respondents	UWR communities		UER communities			NR communities		
Age group	Nandom	Jirapa	Namoaligo	Kotintabig	Chiana	Jawani	Nalerigu	Mankarigu
20-29	30	39	50	45	45	39	55	48
30-39	18	54	45	37	30	25	34	50
40-49	25	48	25	33	57	14	54	37
50-59	15	34	21	24	35	15	35	33
60+	12	25	9	11	33	7	22	32
Total/community	100	200	150	150	200	100	200	200
Total/Region	300		500			500		

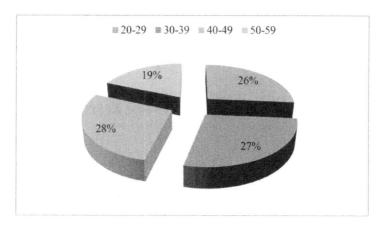

■ 20-29 ■ 30-39 ■ 40-49 ■ 50-59

19% 26% 28% 27%

Figura 5 1 DISTRIBUIÇÃO DAS IDADES DOS RESPONDENTES NA REGIÃO DO OESTE SUPERIOR (Nandom, Jirapa)

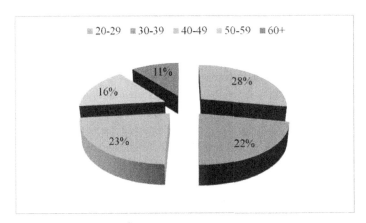

Figura 5.2 DISTRIBUIÇÃO DAS IDADES DOS INQUIRIDOS NA REGIÃO DO ORIENTE SUPERIOR (Namoaligo, Kotintabig, Chiana)

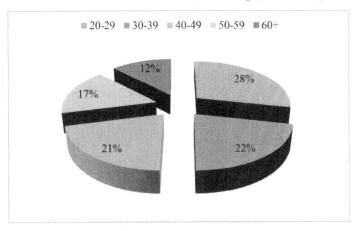

Figura 5.3 DISTRIBUIÇÃO DAS IDADES DOS RESPONDENTES NA REGIÃO NORTE (Jawani, Nalerigu, Mankarigu)

Um rápido olhar sobre os grupos etários dos inquiridos mostra uma distribuição interessante das idades que constituíam o núcleo dos inquiridos, conforme ilustrado nas figuras 5.15.3. Aproximadamente 75,7% dos inquiridos tinham idades compreendidas entre os 20 e os 49 anos em cada uma das oito comunidades das três regiões em estudo. É importante notar que os inquiridos pertenciam à classe trabalhadora dos 20-60 anos. A faixa etária foi muito significativa, uma vez que a maioria dos inquiridos pertencia à classe trabalhadora ativa e beneficiaria diretamente de qualquer atividade de desenvolvimento nas comunidades em estudo.

Quadro 5.2 Sexo dos inquiridos

Gender of responden ts	UWR communities		UER communities			NR communities		
Gender	Nando m	Jirap a	Namoalig o	Kotintabi g	Chian a	Jawan i	Nalerig u	Mankarig u
Male	65	105	65	78	123	63	150	93
Female	35	95	85	72	77	37	50	107
Total	**100**	**200**	**150**	**150**	**200**	**100**	**200**	**200**

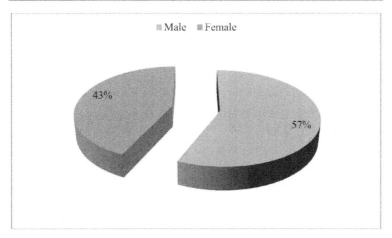

Figura 5.3.1Género   dos inquiridos nas comunidades da região do Alto Oeste (NANDOM e JIRAPA)

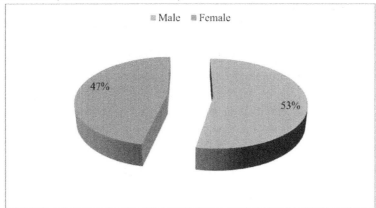

Figura 5.3.2Género   dos inquiridos nas comunidades da região do Alto Este (NAMALIGO, KOTINTABIG e CHIANA)

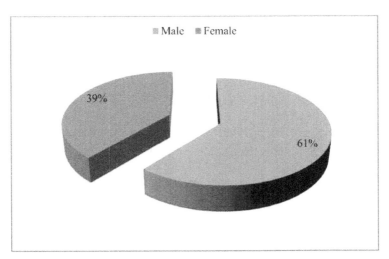

Figura 5.3.3 GÉNERO DOS RESPONDENTES NAS COMUNIDADES DA REGIÃO NORTE (JAWANI, NALERIGU E MANKARIGU)

Os números acima indicam que 57% de todos os inquiridos nas três regiões do norte do Gana eram do sexo masculino. Exceptuando Mankarigu na região Norte (NR) e Namoaligo na região do Alto Oriente (UER), onde as participantes femininas dominavam os seus homólogos masculinos (Quadro 5.2), as restantes seis comunidades nas três regiões eram maioritariamente dominadas por homens. Isto sugere que ou os homens são mais susceptíveis aos convites para reuniões ou que as mulheres não estão de alguma forma muito interessadas em participar nesses fóruns ou estão ocupadas com as suas tarefas diárias ou são desencorajadas pelos seus cônjuges masculinos a participar nesses eventos sociais. Curiosamente, uma discussão informal com mulheres no terreno indicou que o desencorajamento do cônjuge em relação a eventos comunitários desta natureza e o domínio masculino sobre todas as questões dentro da comunidade eram as principais causas da participação limitada das mulheres nos fóruns comunitários.

Quadro 5.3 Setor económico

Economic sector	UWR communities		UER communities			NR communities		
	Nandom	Jirapa	Namoaligo	Kotinta big	Chiana	Jawani	Nalerigu	Mankarigu
Farming	60	110	95	100	110	72	110	135
Teachers	9	19	6	10	30	4	56	7
Nurses	6	11	4	2	14	1	18	3
Civil servant	2	10	1	2	11	0	9	3
Agriculture extension	3	10	3	3	9	1	13	5
NGO work								
-local	4	6	8	3	8	2	9	2
-International	6	9	3	1	4	1	5	4
Petty trading	35	75	67	56	79	34	45	59
Other	8	11	7	6	13	5	10	12
	133	**261**	**194**	**183**	**278**	**120**	**285**	**230**

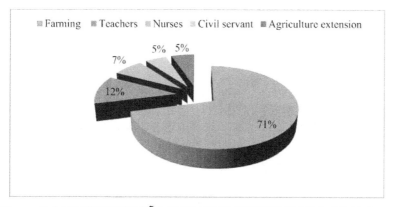

Figura 5.4.1 DISTRIBUIÇÃO DOS RESPONDENTES DO SECTOR ECONÓMICO PÚBLICO NAS COMUNIDADES REGIONAIS DO OESTE SUPERIOR (NANDOM E JIRAPA)

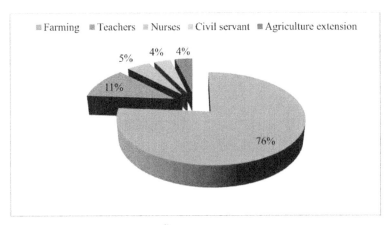

Figura 5.4. 2DISTRIBUIÇÃO DOS RESPONDENTES NO SECTOR ECONÓMICO PÚBLICO NAS COMUNIDADES DA REGIÃO DO ORIENTE SUPERIOR (NAMOALIGO, KOTINTABIG E CHIANA)

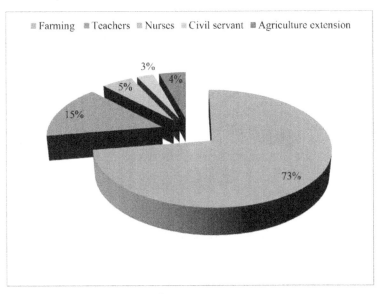

Figura 5.4. 3DISTRIBUIÇÃO DOS RESPONDENTES NO SECTOR ECONÓMICO PÚBLICO NAS COMUNIDADES REGIONAIS DO NORTE (JAWANI, NALERIGU E MANKARIGU)

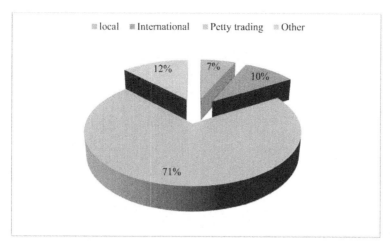

Figura 5.4.1.1 DISTRIBUIÇÃO DOS RESPONDENTES DO SECTOR ECONÓMICO DAS ONG NAS COMUNIDADES REGIONAIS DO OESTE SUPERIOR (NANDOM E JIRAPA)

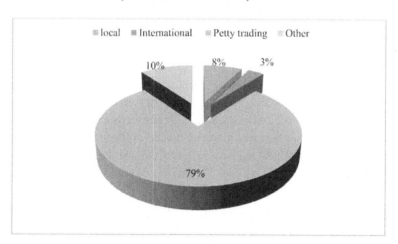

Figura 5.4.   42 DISTRIBUIÇÃO DOS RESPONDENTES NO SECTOR ECONÓMICO DAS ONG NAS COMUNIDADES DA REGIÃO DO ORIENTE SUPERIOR (NAMOALIGO, KOTINTABIG E CHIANA)

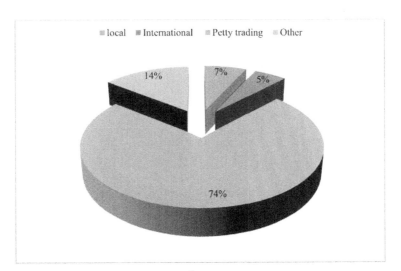

local International Petty trading Other

14% 7% 5%

74%

Figura 5.4. 53 DISTRIBUIÇÃO DOS RESPONDENTES NO SECTOR ECONÓMICO DAS ONG NA REGIÃO NORTE COMUNIDADES (JAWANI, NALERIGU E MANGARIGU)

Os números (5.4.1-5.4.3) acima indicam que 74% dos inquiridos se dedicam à agricultura como a sua principal atividade económica nas três regiões do norte do Gana. Este valor é quase igual ao do pequeno comércio, como mostram as figuras 5.4.1.1-5.4.3.3, com um pouco mais de 74%. Parece que alguns dos que se dedicavam a outros sectores económicos também se sobrepunham noutros sectores, particularmente no pequeno comércio nos mercados locais das três regiões do norte em particular e mesmo nas principais cidades de todo o Gana. Os padrões de atividade económica dos inquiridos indicam que a maioria das pessoas nas três regiões do Norte se dedica à agricultura como atividade económica dominante. O pequeno comércio é um sector económico importante para a população do norte do Gana. Talvez a influência do pequeno comércio nesta investigação possa sugerir as razões pelas quais mais de 65% das massas trabalhadoras no Gana se encontram no sector informal da economia ganesa (Wombeogo, 2005, SEND-Ghana, 2009).

Quadro 5.4 Nível de escolaridade dos inquiridos

Level of education	UWR communities		UER communities			NR communities		
Levels	Nandom	Jirapa	Namoaligo	Kotintabig	Chiana	Jawani	Nalerigu	Mankarigu
Elementary/ Junior High School	25	22	25	15	35	19	55	28
Secondary / Senior High School	22	65	40	17	43	15	24	23
Tertiary	15	43	22	12	17	0	14	0
Non-formal	25	24	41	65	45	25	55	67
Illiterate	13	46	32	61	60	4 1	32	82
	100	200	150	150	200	100	200	200

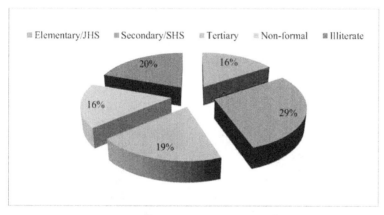

Figura 5.5.1 DISTRIBUIÇÃO DAS HABILITAÇÕES DOS INQUIRIDOS NA REGIÃO OESTE SUPERIOR (NANDOM E JIRAPA)

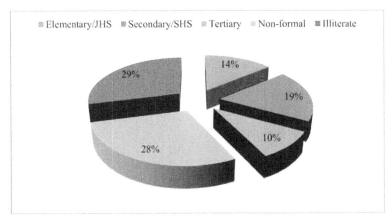

Figura 5.5.2 DISTRIBUIÇÃO DOS INQUIRIDOS NAS REGIÕES DO ORIENTE SUPERIOR (NAMOALIGO, KOTINTABIG E CHIANA)

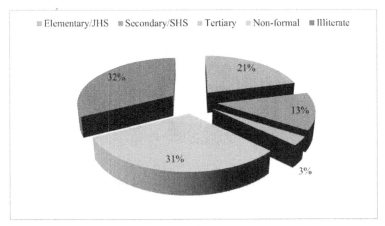

Figura 5.5.3 DISTRIBUIÇÃO EDUCACIONAL DOS RESPONDENTES NAS COMUNIDADES REGIONAIS DO NORTE (JAWANI, NALERIGU, MANKARIGU)

Os níveis de escolaridade dos inquiridos, tal como acima indicado, significam que um grande número de habitantes rurais das comunidades do norte do Gana são analfabetos, tal como evidenciado pelo número de respostas na coluna assinalada como analfabeto ou não formal (54,92%). A população instruída só ultrapassou a população analfabeta em comunidades como Nandom e Jirapa, na região do Alto Oeste, onde a escola

O nível de escolaridade parece ser mais elevado nos níveis básico e secundário (GES, relatório anual, 2009).

Quadro 5.5 Estatuto social dos inquiridos

Social status	UWR communities		UER communities			NR communities		
Status	Nando m	Jirapa	Namoaligo	Kotintab ig	Chiana	Jawani	Nalerigu	Mankarigu
Chief	1	1	1	1	1	1	1	1
Assembly Man/woman	1	1	0	1	1	1	1	1
Youth Leader [17]	5	10	4	9	15	14	12	22
Women's Leader	5	10	4	9	15	14	12	22
Clan elder	22	25	8	15	28	12	34	42
Ordinary Resident	66	163	133	115	140	58	140	112
	100	200	150	150	200	100	200	200

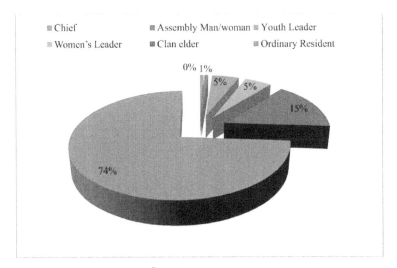

Figura 5.6.1 DISTRIBUIÇÃO POR STATUS DOS RESPONDENTES NAS COMUNIDADES REGIONAIS DO OESTE SUPERIOR (NANDOM E JIRAPA) [17]

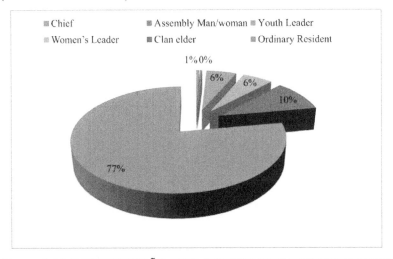

Figura 5.6.2 DISTRIBUIÇÃO POR STATUS DOS RESPONDENTES NAS COMUNIDADES REGIONAIS DO ORIENTE SUPERIOR

[17]Líder refere-se aqui a um membro-chave da opinião reconhecido por um grupo específico, como os jovens ou as mulheres

(NAMOALIGO, KOTINTABIG E CHIANA)

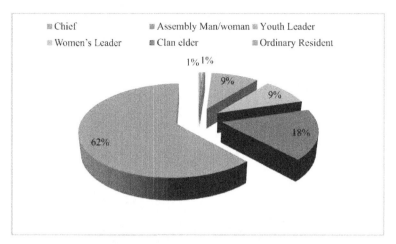

Figura 5.6.3 DISTRIBUIÇÃO POR STATUS DOS RESPONDENTES NAS COMUNIDADES REGIONAIS DO NORTE (JAWANI, NALERIGU E MANKARIGU)

Quanto ao estatuto social dos inquiridos, mais de 92% eram cidadãos comuns das várias comunidades em estudo. Ou seja, aqueles que não ocupavam quaisquer posições reconhecidas nas suas respectivas comunidades na altura da pesquisa. Durante as discussões dos grupos de foco, as contribuições dos cidadãos da comunidade para as discussões superaram a sua liderança, o que pode indicar o interesse dos membros da comunidade em participar em questões que afectam ou podem influenciar o seu bem-estar geral. No entanto, uma observação significativa da posição social dos vários inquiridos nas suas comunidades parece um pouco surpreendente, uma vez que todos os níveis de autoridade comunitária até à pessoa comum foram abrangidos, apesar de não terem sido selecionados propositadamente. A distribuição dos inquiridos nesta parte é significativa para análise mais tarde, nos capítulos seguintes do livro.

Quadro 5.6 Afiliações religiosas

Religion of responden ts	UWR Communities		UER communities			NR communities		
	Nando m	Jirap a	Namoalig o	Kotintab ig	Chian a	Jawa ni	Nalerig u	Mankarig u
Moslem	24	45	20	35	33	59	80	88
Christianit y	45	59	60	39	63	10	41	28
Traditiona l	21	56	49	62	89	36	64	67
Other	10	40	21	14	15	5	15	17
	100	200	150	150	200	100	200	200

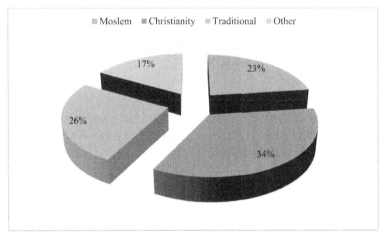

Figura 5.7.1 DISTRIBUIÇÃO RELIGIOSA DOS RESPONDENTES NA REGIÃO DO OESTE SUPERIOR (NANDOM E JIRAPA)

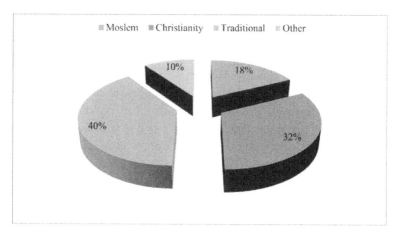

Figura 5.7.2 DISTRIBUIÇÃO RELIGIOSA DOS INQUIRIDOS NA REGIÃO DO ORIENTE SUPERIOR (NAMOALIGO, KOTINTABIG E CHIANA)

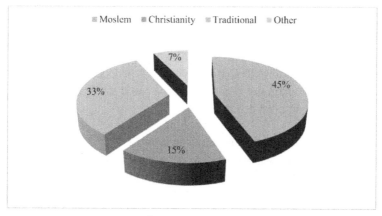

Figura 5.7.3 DISTRIBUIÇÃO RELIGIOSA DOS RESPONDENTES NA REGIÃO NORTE (JAWANI, NALERIGU E MANKARIGU)

A religião parece ser uma parte significativa da existência das pessoas. O cristianismo parece ser dominante nas regiões do Alto Oeste e do Leste e inferior nas regiões do Norte; enquanto o Islão ou religião muçulmana é altamente dominante no Norte, mais do que nas duas regiões do Alto Oeste. Além disso, a religião tradicional continua a ser altamente considerada e praticada amplamente (mas, em certa medida, não abertamente) entre a generalidade da população do norte do Gana. No entanto, alguns inquiridos não pertenciam a nenhuma das três organizações religiosas enumeradas. Não

169

ficou claro a que tipo de seita religiosa pertenciam. No entanto, o facto de não indicarem nenhum dos grupos religiosos identificáveis sugere que pode haver outras organizações religiosas que estão escondidas ou são altamente secretas e não são aclamadas como um grupo religioso reconhecível por mérito próprio. Por outras palavras, algumas pessoas consideram-se não alinhadas com nenhuma das fés enumeradas. Isto poderia sugerir que algumas pessoas (tanto muçulmanos como cristãos) poderiam envolver-se noutras formas de seitas religiosas secretas, com as quais não gostariam de ser identificadas abertamente.

A religião desempenha um papel importante na vida e nas associações da população do norte do Gana. Por exemplo, os muçulmanos pedem autorização para rezar durante as sessões de reunião, independentemente do que está a ser discutido, sempre que chega a altura de rezar. Os cristãos não participariam numa reunião convocada durante os períodos de oração ao domingo. Estes dois grupos religiosos proeminentes dominam a vida das pessoas e, por conseguinte, influenciam a forma como os membros da comunidade respondem às intervenções participativas em horas e dias selecionados. Da mesma forma, qualquer intervenção que possa ter um impacto negativo nas suas crenças religiosas atrairia muito pouca atenção ou participação dos membros da comunidade. Assim, a religião desempenha um papel significativo na forma como as pessoas participam em intervenções a favor dos pobres no norte do Gana.

Quadro 5.7 Conhecimento dos inquiridos sobre os programas/projectos existentes *e* em curso nas suas comunidades

Knowled ge level of responden ts	UWR Communities		UER communities			NR communities		
Knowled ge level	Nando m	Jirap a	Namoalig o	Kotintab ig	Chian a	Jawan i	Nalerig u	Mankarig u
Yes	92	197	138	141	157	97	170	178
No	8	3	12	9	43	3	30	22
Total	100	200	150	150	200	100	200	200

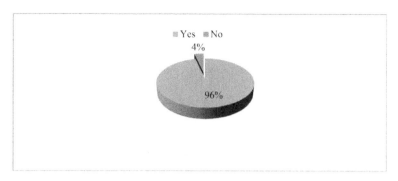

Figura 5.8.1 CONHECIMENTO DOS RESPONDENTES DA REGIÃO DO ORIENTE SUPERIOR SOBRE OS PROGRAMAS/PROJECTOS EXISTENTES/EM CURSO NAS SUAS COMUNIDADES (NANDOM E JIRAPA)

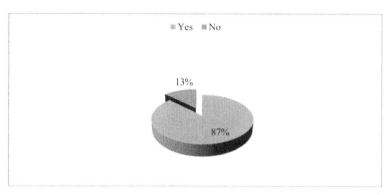

Figura 5.8.2 CONHECIMENTO DOS RESPONDENTES DA REGIÃO OESTE SUPERIOR SOBRE OS PROGRAMAS/PROJECTOS EXISTENTES/EM CURSO NAS SUAS COMUNIDADES (NAMOALIGO, KOTINTABIG E CHIANA)

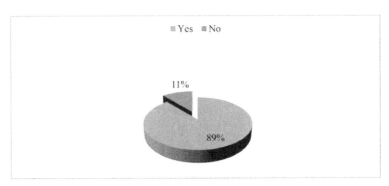

Figura 5.8.3 CONHECIMENTO DOS RESPONDENTES DA REGIÃO NORTE SOBRE OS PROGRAMAS/PROJECTOS EXISTENTES/EM CURSO NAS SUAS COMUNIDADES (JAWANI, NALERIGU E MANKARIGU)

A tabela mostra um cenário em que a grande maioria (mais de 80 por cento) dos inquiridos tinha um nível considerável de conhecimento da existência, preparação ou programas em curso a favor dos pobres nas suas respectivas comunidades. Por outras palavras, a maioria das pessoas tinha conhecimento de programas nas suas comunidades destinados ao seu desenvolvimento coletivo e à melhoria das suas vidas. No entanto, numa discussão de grupo de foco realizada em Namoaligo, Kotintabig e Mankarigu indicaram que a extensão do conhecimento e os níveis de envolvimento no aproveitamento desse conhecimento em actividades de desenvolvimento precisavam de ser devidamente coordenados para oferecer às pessoas alguma compreensão e envolvimento. Os jovens de Mankarigu, durante uma discussão em grupo, afirmaram que os jovens também não têm voz nos assuntos que afectam as suas vidas e não têm representação nos fóruns formais de tomada de decisões a nível doméstico, comunitário ou mesmo distrital e nacional. A contribuição da sua mão de obra para o trabalho doméstico e comunitário é muitas vezes a única forma de participação de que dispõem para garantir a subsistência do agregado familiar e da comunidade. É através de greves e manifestações que conseguem ser ouvidos pelo público e pelos profissionais do desenvolvimento. Mesmo assim, isso é normalmente reservado aos grupos de jovens institucionalizados, como as uniões e movimentos estudantis. Fora desta categoria, como diz Pul (2003), "os jovens são apenas vistos, mas não são ouvidos". Por outras palavras, a presença dos jovens não é desaprovada, mas, de um modo geral, as suas opiniões não são prontamente tidas em conta.

Quadro 5.8 Programas realizados para melhorar a vida da comunidade

Programmes To improve community life	UWR communities		UER communities			NR communities		
programmes	Nando m	Jirap a	Namoali go	Kotintabi g	Chia na	Jawa ni	Nalerig u	Mankari gu
Schools	58	78	0	56	59	0	77	45
Roads	0	0	0	0	4	0	33	0
Dams	0	5	0	4	45	0	2	0
Agro forestry	5	9	10	15	13	0	55	44
Farm credits	15	4	11	45	33	79	64	77
Borehole /well	0	4	89	34	2	67	22	3
Grinding mills	6	13	78	3	0	55	4	5
National Health Insurance Scheme	34	57	45	65	72	76	70	55
Family planning	56	68	75	58	82	77	83	69
Others	5	10	8	14	14	10	21	32

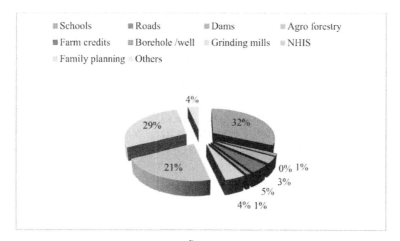

■ Schools　　■ Roads　　■ Dams　　■ Agro forestry
■ Farm credits　　■ Borehole /well　　■ Grinding mills　　■ NHIS
■ Family planning　　■ Others

Figura 5.9.1 DISTRIBUIÇÃO DOS PROGRAMAS DE MELHORAMENTO DA VIDA COMUNITÁRIA NA REGIÃO DO ORIENTE SUPERIOR (NANDOM E JIRAPA)

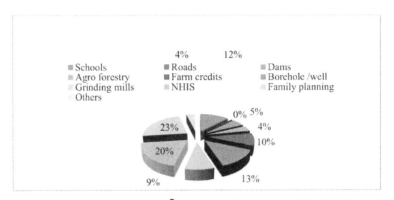

Figura 5.9. **2DISTRIBUIÇÃO DOS PROGRAMAS DE MELHORAMENTO DA VIDA COMUNITÁRIA NA REGIÃO OESTE SUPERIOR (NAMOLAGO, KOTINTABIG E CHIANA)**

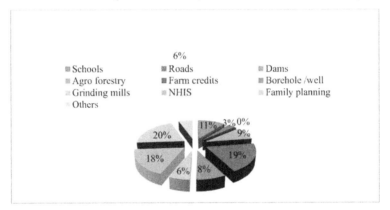

Figura 5.9. **3DISTRIBUIÇÃO DOS PROGRAMAS DE MELHORIA DA VIDA COMUNITÁRIA NA REGIÃO NORTE (JAWANI, NALERIGU E MANKARIGU)**

Aparentemente, de acordo com a tabela 5.8 acima, duas das oito comunidades não beneficiaram de infra-estruturas escolares, enquanto seis comunidades não registaram a construção de estradas. No entanto, todas as comunidades beneficiaram de programas tais como esquemas de crédito agrícola, esquemas nacionais de seguro de saúde (NHIS) e educação sobre planeamento familiar; e sete das oito comunidades beneficiaram de furos que forneceram uma fonte de água potável de qualidade. Estes programas indicam que algumas actividades de desenvolvimento são ou foram realizadas nas comunidades estudadas para melhorar a vida.

174

Quadro 5.9 Inquiridos que participaram em debates organizados por ONG

Respondents who participated in development discussions	UWR communities		UER communities			NR communities		
Response	Nando m	Jirap a	Namoali go	Kotintab ig	Chia na	Jawa ni	Naleri gu	Mankari gu
Yes	72	117	98	101	147	79	100	186
No	28	83	52	4 9	53	21	100	14
	100	200	150	150	200	100	200	200

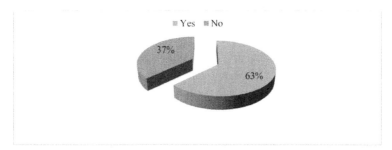

Figura 5.10.1 DISTRIBUIÇÃO DOS RESPONDENTES QUE PARTICIPARAM NAS DISCUSSÕES SOBRE O DESENVOLVIMENTO NA REGIÃO DO OESTE SUPERIOR (NANDOM E JIRAPA)

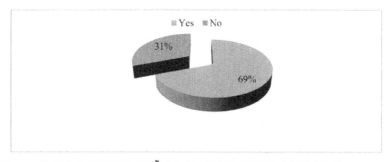

Figura 5.10.2 DISTRIBUIÇÃO DOS RESPONDENTES QUE PARTICIPARAM NAS DISCUSSÕES SOBRE O DESENVOLVIMENTO NA REGIÃO DO ORIENTE SUPERIOR (NAMOALIGO, KOTINTABIG E CHIANA)

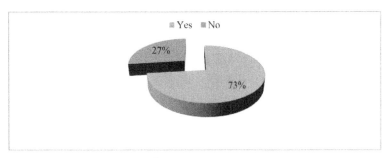

Figura 5.10.3 DISTRIBUIÇÃO DOS RESPONDENTES QUE PARTICIPARAM EM DISCUSSÕES SOBRE O DESENVOLVIMENTO NA REGIÃO NORTE (JAWANI, NALERIGU E MANKARIGU)

As respostas indicam que uma média de 68,3 por cento dos membros da comunidade participaram em programas organizados por agentes a favor dos pobres, conforme evidenciado pelas respostas da comunidade na tabela acima. Isto implica que 32,7% não participaram nas mesmas actividades ou em actividades semelhantes organizadas pelas agências de implementação, quer por uma razão ou por outra, conforme evidenciado por alguns na tabela 5.10 abaixo.

Quadro 5.10 Razões apresentadas pelos inquiridos que participaram em debates organizados por ONG em comparação com debates organizados por agências governamentais

Reasons for NGO as compared with government	UWR communities		UER communities			NR communities		
Reasons	Nando m	Jirap a	Namoali go	Kotintab ig	Chia na	Jawa ni	Naleri gu	Mankari gu
Motivation (Money and certificates)	50	100	55	85	110	55	100	120
Punctuality	6	15	15	10	15	12	5	10
New knowledge	14	25	20	10	15	13	25	15
Proper integration	10	20	25	15	20	10	35	25
Deliver on promise	20	40	35	30	40	10	35	30
Total	100	200	150	150	200	100	200	200

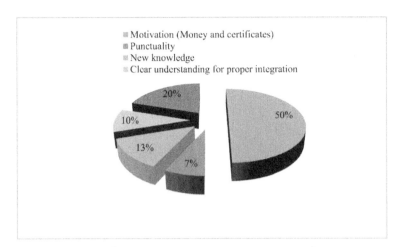

Figura 5.11.1 RAZÕES PARA RESPONDER ÀS ONG EM COMPARAÇÃO COM AS DISCUSSÕES DO GOVERNO NA REGIÃO DO OESTE SUPERIOR (NANDOM E JIRAPA)

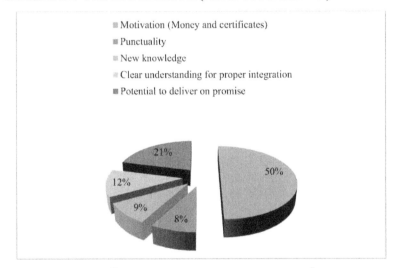

Figura 5.11.2 RAZÕES PARA RESPONDER ÀS ONG EM COMPARAÇÃO COM AS DISCUSSÕES DO GOVERNO NA REGIÃO DO ORIENTE SUPERIOR (NAMOALIG, KOTINTABIG E CHIANA)

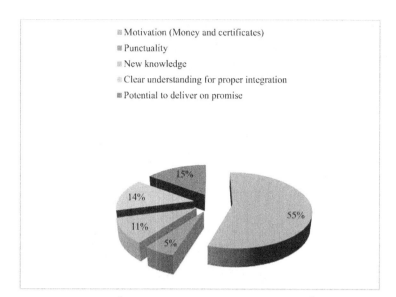

Figura 5.11.3 RAZÕES PARA RESPONDER ÀS ONG EM COMPARAÇÃO COM AS DISCUSSÕES DO GOVERNO NA REGIÃO NORTE (JAWANI, NALERIGU E MANKARIGU)

A Tabela 5.10 indica que, à exceção de Namoaligo, todas as outras comunidades em estudo responderam 50% ou mais aos convites das ONGs para debates com base em incentivos monetários e outros e 30% ou mais atribuíram a sua vontade de participar em debates convocados pelas ONGs à perceção de que as ONGs cumprem as promessas, em comparação com as agências governamentais. No entanto, cerca de 12% das razões apresentadas pelos membros da comunidade para participarem em debates com as ONGs baseavam-se na aquisição de novos conhecimentos e 6,6% baseavam-se na pontualidade das actividades em relação às agências governamentais. 12% das razões prendiam-se com o facto de as ONG fornecerem uma compreensão clara da integração. Os restantes inquiridos pouco se importaram com a aquisição de novos conhecimentos ou com a compreensão clara da integração, o que mais importava era o nível de motivação que obtinham das ONG em comparação com actividades semelhantes realizadas por organismos governamentais.

Quadro 5.11 Instituições e projectos empreendidos pelo governo e pelas ONG e a resposta aos apelos dos membros da comunidade para participarem

Instituti on /respond ents participa tion	Upper West region Communities		Upper East region communities						Northern communities				Region	
Instituti on	Nando m	Jirapa	Namoal igo		Kotinta big		Chiana		Jawani		Nalerig u		Mankar igu	
response s	ye s	n o	ye s	no	ye s	no	ye s	no	ye s	no	ye s	n o	ye s	no	ye s	no
Govern ment	2 0	8 0	34	16 6	28	12 2	45	10 5	71	12 9	39	6 1	95	10 5	98	10 2
NGO	9 7	3	17 9	11	13 2	18	13 5	15	17 6	32	19 1	9	18 8	12	19 2	8
Total	100		200		150		150		200		100		200		200	

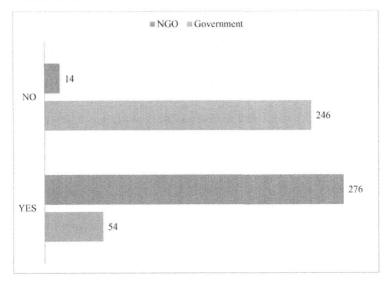

NGO   Government

NO 14

246

YES 54

276

Figura 5.12.1 PARTICIPAÇÃO DAS INSTITUIÇÕES/RESONDENTES NA REGIÃO DO OESTE SUPERIOR (NANDOM E JIRAPA)

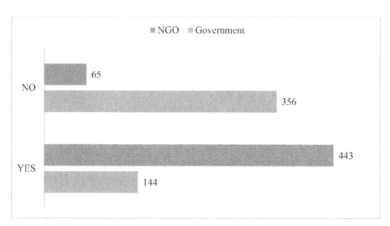

Figura 5.12.2 PARTICIPAÇÃO DAS INSTITUIÇÕES/RESONDENTES NAS REGIÕES DO ORIENTE SUPERIOR (NAMOALIGO, KOTINTABIG E CHIANA)

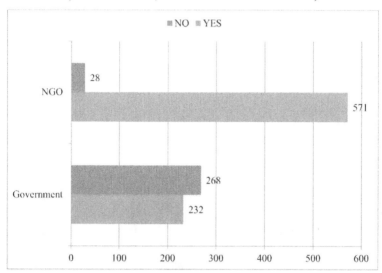

Figura 5.12.3 PARTICIPAÇÃO DAS INSTITUIÇÕES/RESONDENTES NAS REGIÕES DO NORTE (JAWANI, NALERIGU E MANKARIGU)

O quadro (5.11) sugere que muitas comunidades preferem responder ao apelo das ONG para participarem mais do que ao apelo das agências governamentais. Os dados do quadro 5.11 mostram que 88,7% dos inquiridos da região do Alto Oriente, 93,3% da região do Alto Oeste e 95,2%

da região do Norte preferem as actividades das ONG às das agências governamentais. Foram apresentadas algumas razões para esta inclinação para as ONG, nomeadamente, os subsídios recebidos da ONG pela participação nas suas discussões e intervenções de desenvolvimento, os pacotes de almoço para os participantes de cada vez, a cortesia e o respeito concedidos pelos funcionários às pessoas; a satisfação sentida pelos membros da comunidade relativamente às actividades de intervenção realizadas pela ONG nas suas respectivas comunidades, em comparação com as iniciadas pelas agências governamentais locais.

Quadro 5.12 Projectos mais benéficos para a comunidade, classificados por ordem decrescente com 9, 8, 7, 6, 5, 4, 3, 2 e 1

Projects	Ranking	No of respondents
Schools	5	502
Roads	1	100
Dams	7	925
Agro forestry	3	124
Farm credits	9	1200
Borehole/well	8	1125
Grinding mills	6	800
NHIS	4	432
Family planning	2	110

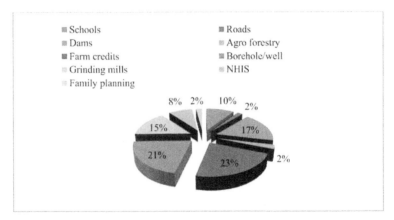

Figura 5.13.1 PROJECTOS DE QUE A COMUNIDADE MAIS BENEFICIOU

61% dos inquiridos acreditam que os créditos agrícolas, os furos/poços e as barragens lhes dão o máximo benefício do que o resto, como evidenciado pela classificação mais elevada (9, 8 e 7), como se pode ver na tabela (5.13) acima. Seguiram-se os moinhos e as escolas, respetivamente. O NHIS e a agro-silvicultura foram os próximos na classificação. Idealmente, em

Nas comunidades rurais, o crédito agrícola constitui um apoio significativo para impulsionar as suas actividades agrícolas e os furos/poços fornecem água de qualidade para consumo humano e animal. O planeamento familiar e as estradas obtiveram uma classificação excecionalmente baixa em comparação com os restantes projectos. Em muitas comunidades rurais das regiões-alvo do Norte, as estradas são escassamente construídas, o que explica a baixa classificação dos seus benefícios para os membros da comunidade. O planeamento familiar é considerado inadequado por algumas comunidades do norte do Gana. Isto foi verbalizado por alguns inquiridos durante uma discussão de grupo de foco na comunidade de Kotintabig da seguinte forma: "ensina-nos a limitar o número de filhos que as nossas mulheres devem ter; embora não gostemos, não os impedimos de nos dizerem". Este é um caso em que as pessoas participam num evento apenas para satisfazer os organizadores ou o seu chefe ou líder de opinião, embora possam não subscrever a essência da informação dada. Os membros da comunidade podem ter respondido ao apelo para participar, conforme indicado na tabela 5.8 acima, numa discussão sobre planeamento familiar, mas na realidade, eles vieram como sinal de respeito ou por coerção. A este respeito, não se pode dizer que houve participação, pois o seu envolvimento total na discussão e na implementação de processos para alcançar resultados viáveis não foi claramente demonstrado pelas pessoas.

Quadro 5.13 Níveis de participação dos beneficiários comunitários durante as intervenções de desenvolvimento a favor dos pobres

Levels of participation	UWR communities		UER communities		NR communities			
Levels	Nando m	Jirap a	Namoali go	Kotinta big	Chia na	Jawa ni	Naleri gu	Mankari gu
Idea initiation	0	0	0	0	0	0	0	0
Planning	0	0	0	0	0	0	0	0
Preparation for implementatio n	0	5	0	4	0	0	0	0
implementatio n	70	105	79	75	111	79	55	86
Monitoring/ev aluation	10	65	55	45	48	10	64	67
Sustainability process	14	20	12	24	37	11	71	46
None of the above	6	5	4	6	4	0	10	1
Total	100	200	150	150	200	100	200	200

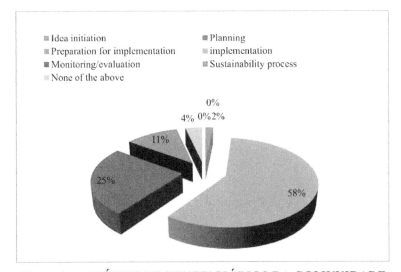

Figura 5.14.1 NÍVEIS DE BENEFICIÁRIOS DA COMUNIDADE PARTICIPAR NAS INTERVENÇÕES DE DESENVOLVIMENTO A FAVOR DOS POBRES NA REGIÃO DO ALTO OESTE (NANDOM E JIRAPA)

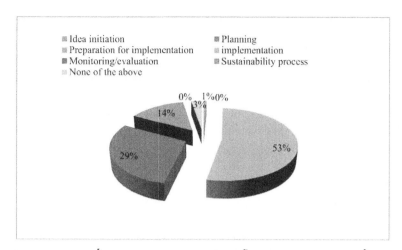

Figura 5.14.2 NÍVEIS DE PARTICIPAÇÃO DOS BENEFICIÁRIOS COMUNITÁRIOS DURANTE AS INTERVENÇÕES DE DESENVOLVIMENTO PRÓ-POVO NA REGIÃO DO ORIENTE SUPERIOR (NAMOALIGO, KOTINTABIG E CHIANA)

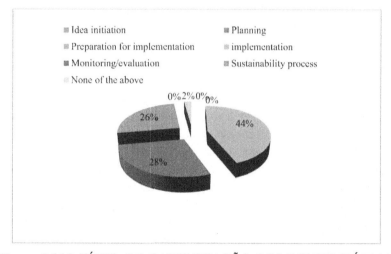

Figura 5.14.3 NÍVEL DE PARTICIPAÇÃO DOS BENEFICIÁRIOS COMUNITÁRIOS DURANTE AS INTERVENÇÕES DE DESENVOLVIMENTO PRÓ-POVO NA REGIÃO NORTE (JAWANI, NALERIGU E MANKARIGU)

O quadro acima indica que 53% dos inquiridos afirmam fortemente que a

185

participação da comunidade no norte do Gana é muito sentida durante a fase de implementação. Os indicadores claros são as comunidades de Chiana, Jirapa e Mankarigu. Para além da fase de implementação, o acompanhamento e a avaliação seguem de perto em termos de participação a nível comunitário. Uma dedução dos números da tabela 5.13 e das figuras 5.14.1 a 5.14.3 indica que a implementação e o controlo e avaliação são as fases do processo de desenvolvimento em que o esforço e a presença da comunidade são sentidos pelos intervenientes no programa, em comparação com os outros.

5.2 Análise e apresentação dos dados dos grupos de discussão

5.2. 1Introdução

As discussões dos grupos de discussão foram apresentadas sob a forma de perguntas e respostas. As respostas dadas pelos inquiridos foram analisadas qualitativamente sob a forma de descrições e inferências feitas sobre as várias respostas. Os dados foram divididos em dois: institucionais (5.2.2) e centrados na comunidade (5.3.1-5.3.3), catalogados ao longo da repartição das comunidades de cada um dos três distritos de cada uma das três regiões do norte do Gana.

5.2. 2Discussão com o diretor do CRS sobre a ajuda ao desenvolvimento ultramarino

Numa entrevista pessoal com o Chefe de Programas do CRS (entrevista pessoal em Tamale, em 2010), o investigador colocou-lhe uma questão com base num estudo de um relatório do Banco Mundial (2001:108-109) sobre a assistência bilateral e multilateral ao desenvolvimento no estrangeiro a organizações governamentais e não governamentais para actividades de desenvolvimento nos países em desenvolvimento, incluindo o Gana. De acordo com o relatório, a ajuda direta ao desenvolvimento no estrangeiro para actividades a favor dos pobres, "... é, na melhor das hipóteses, cerca de um quinto" do montante total atribuído pelos financiadores.

A questão: Para onde vão os quatro quintos? Quem decidiu como é que esses quatro quintos, a maior parte do financiamento para o desenvolvimento comunitário, devem ser gastos?

Resposta: Respondeu à pergunta com um exemplo prático da sua organização (CRS, Gana): de um subsídio de quatro milhões de dólares americanos concedido à CRS de 2002 a 2007 para implementar actividades de projectos de sobrevivência infantil em distritos selecionados das três regiões do norte do Gana, no final do período do projeto o montante efetivamente gasto nas comunidades foi inferior a seiscentos mil dólares americanos. Quando questionado sobre a utilização do resto do dinheiro, mencionou, sem ser específico, que uma boa parte do dinheiro foi utilizada para pagar salários e tomar conta do pessoal expatriado. O resto do dinheiro foi utilizado para pagar os salários do pessoal local, adquirir veículos Land Cruiser de quatro rodas e para a manutenção administrativa e institucional.

Os parágrafos seguintes descrevem em pormenor a repartição demográfica dos participantes em respostas de participantes masculinos e femininos e algumas das comunidades utilizadas no estudo para a repartição das comunidades para as discussões dos grupos de discussão.

5. 3Desagregação demográfica dos participantes nas discussões dos grupos de centragem Cada uma das comunidades teve pelo menos uma discussão de grupo de centragem durante o estudo e uma de cada região é aqui registada para efeitos de discussão e análise.

5.3.1 Comunidade de Namoaligo   (região do Alto Leste)
Por que razão são mais os homens do que as mulheres que respondem às questões colocadas pelos investigadores?
Respostas: (feminino) - os homens são os chefes e, a menos que não estejam presentes, as mulheres só respondem a questões ou dão respostas quando autorizadas pelos homens no contexto da comunidade (esta resposta foi aceite por quase todas as mulheres inquiridas)

Quem decide quem deve participar numa determinada atividade na casa e porquê?
Respostas: (feminino) - Dentro de casa, é o homem (neste caso, o marido ou o filho mais velho do sexo masculino na ausência do pai). A nossa cultura assim o determinou e nós cumprimo-lo desde tempos imemoriais.

Porque é que o belo projeto que foi criado na sua comunidade raramente é utilizado?
Respostas: sabe, (explica uma inquirida), por vezes não sabemos o que fazem, quero dizer, as pessoas que vêm estabelecer os projectos. Vemos isso

como desenvolvimento e ficamos a olhar; eles acabam e vão-se embora e nós ficamos à espera que eles voltem e usem o que têm. Nem sempre temos a certeza do que devemos fazer exatamente. Ah, bem, talvez tenham explicado aos homens e ao deputado. Quanto a nós, ainda não nos disseram o que fazer. Temos medo de nos aproximar, com receio de sermos presos se alguma coisa correr mal.

Foi-lhe pedido que decidisse o tipo de projeto de que necessitava antes de esse projeto ser iniciado na sua comunidade e como é que isso foi feito?

Respostas: *(homens e mulheres) - Ninguém nos pediu a nossa opinião. Apenas nos pediram para sairmos num determinado dia e levarmos algum cascalho para a construção de uma casa de banho na clínica comunitária. Foi um anúncio local que envolve telefonar de casa em casa e a mensagem é transmitida de forma semelhante até que todas as casas da comunidade estejam cobertas.*

Quais são as suas impressões gerais sobre a forma como os projectos ou intervenções são estabelecidos na sua comunidade?

Respostas: *(Feminino) - precisamos de ser informadas sempre que houver necessidade de apoio e devem certificar-se de que os homens têm conhecimento prévio para nos darem autorização para apoiar plenamente.*

Respostas: *(homem) aqueles que trazem o dinheiro e implementam os projectos, deviam perguntar-nos para decidirmos o que queremos. Vemo-los chegar apenas para dizer que estão a fazer coisas que ninguém sabe quem diz que devem fazer.*

5.3.2 Comunidade de Mankarigu   (região Norte)
Porque é que são mais os homens do que as mulheres que respondem às perguntas dos investigadores?
Respostas: *(mulher) - Os homens falam primeiro. Nenhuma mulher pode começar a falar quando os homens ainda não falaram. Eles são os nossos maridos e foram eles que nos trouxeram, por isso não podemos falar sem que eles tomem a iniciativa*

Quem decide quem deve participar numa determinada atividade na casa e porquê?

Respostas: (mulher) - São sempre os homens porque são eles os proprietários

Porque é que o belo projeto que foi criado na sua comunidade raramente é utilizado?

Respostas: (homens e mulheres) - Não sabemos. Não nos disseram para o utilizar e não sabemos quem é o proprietário. Até que os nossos maridos ou o deputado nos digam para que serve e para que serve, esperamos até lá.

Foi-lhe pedido que decidisse o tipo de projeto de que necessitava antes de esse projeto ser iniciado na sua comunidade e como é que isso foi feito?

Respostas: (homens e mulheres) - Ninguém nos consultou e nunca soubemos como chegaram a essa conclusão

Quais são as suas impressões gerais sobre a forma como os projectos ou intervenções são estabelecidos na sua comunidade?

Respostas: (mulheres) - deviam dizer-lhes (aos criadores) para nos pedirem sempre a nós, mulheres, para decidirmos o que queremos, de modo a poderem fornecer-nos.

Respostas: (Homens) - nem sempre somos consultados. Eles trazem o dinheiro e começam a trabalhar e só nos convidam para as reuniões; nós vamos, sentamo-nos e ouvimos (palavras dos homens).

5.3.3 Comunidade de Jirapa (região do Alto Oeste)

Por que razão são mais os homens do que as mulheres que respondem às questões colocadas pelos investigadores?

Respostas: (tanto masculinas como femininas) - apenas os homens devem responder a perguntas colocadas por pessoas de fora

Quem decide quem deve participar numa determinada atividade na casa e porquê?

Respostas: (tanto de homens como de mulheres) - só os homens é que devem decidir porque são os chefes

Porque é que o belo projeto que foi criado na sua comunidade raramente é utilizado?

Respostas: (homens e mulheres) - não nos foi dito quando e para que o utilizar. Não estamos muito interessados neste projeto. Eles não ouviram as nossas opiniões, deixem-nos ter o seu projeto.

Foi-lhe pedido que decidisse o tipo de projeto de que necessitava antes de esse projeto ser iniciado na sua comunidade e como é que isso foi feito?

Respostas: (tanto de homens como de mulheres) - Sim, mas recusaram as nossas sugestões e fizeram o que queriam

Quais são as suas impressões gerais sobre a forma como os projectos ou intervenções são estabelecidos na sua comunidade?

Respostas: (Homem) - O que queremos é que respeitem as nossas opiniões em assuntos que dizem ser para nosso benefício. Se não for assim, de que serve perdermos o nosso tempo a assistir a reuniões e a falar de assuntos que não lhes interessam.

Respostas: (mulher) - precisamos de água e comida e não de falar muito sobre o como e o quê das coisas. Dizer-lhes que, quando vierem, não se esqueçam de nos dar dinheiro para a comida ou de nos mostrar como podemos obter algum do seu dinheiro para nos desenvolvermos.

5.3.4Inferências das discussões dos grupos de discussão

Tirando conclusões das discussões de foco, uma coisa que se destaca claramente é que a participação nas actividades de intervenção comunitária tem um entendimento diferente para pessoas diferentes. Por exemplo, nas discussões de foco da comunidade em cada uma das três regiões, é evidente que as opiniões dos membros da comunidade raramente foram adoptadas para intervenção. Apesar do facto de alguns membros da comunidade desejarem outros projectos para além do que os intervencionistas de desenvolvimento planearam, eles avançaram com os seus planos independentemente do que significava para as pessoas que iriam beneficiar das suas actividades.

Para além disso, as discussões dos grupos de discussão revelaram algum

190

nível de semelhança entre as fronteiras geográficas das três regiões do Norte. É evidente que os homens dominam, em última análise, os assuntos da família e do agregado familiar e, por conseguinte, a tomada de decisões e a aquisição de recursos para a família. Embora não tenha sido indicado que as mulheres não têm uma palavra a dizer nas questões de desenvolvimento da comunidade, os debates dos grupos de discussão e as opiniões expressas por algumas das mulheres nos debates revelam que as mulheres só podem desempenhar um papel ativo depois de os homens o terem feito ou lhes terem dado autorização para o fazer.

Com base na experiência de trabalho do investigador no norte do Gana, as opiniões expressas pelas pessoas entrevistadas dão crédito ao que realmente acontece entre os actores do desenvolvimento e os membros da comunidade que são beneficiários diretos do processo de intervenção a favor dos pobres. O investigador define aqui uma posição nesta perspetiva, ou seja, a participação, tal como definida pelos estudiosos da participação comunitária, não acontece realmente como devia. Muitos actores do desenvolvimento não consultam os membros da comunidade sobre as suas necessidades nem revelam às pessoas onde e como obtêm os fundos do projeto. Para além disso, não é declarado o que deve ser feito com os fundos e quem deve beneficiar de quê e de quanto. Os membros da comunidade são meros receptores e consumidores finais e não planeadores nem executores das actividades planeadas. Pede-se aos membros da comunidade que se envolvam e não que tomem parte ativa no processo de intervenção do projeto desde o início. O investigador trabalhou com a Catholic Relief Services (CRS), Linkages Ghana, Oxfam BG, Ghana e PARDA Ghana. A experiência em todas estas organizações tem sido uma participação que envolve as pessoas onde e quando elas (os actores do desenvolvimento) precisam delas e não que elas tomem parte ativa na decisão, planeamento, execução e avaliação do processo de intervenção. A participação como um processo de desenvolvimento comunitário não é funcional em sua forma, mas modificada para se adequar aos caprichos da maioria das organizações de desenvolvimento que trabalham com os membros da comunidade para resolver os problemas de pobreza entre eles.

Estas exposições mostram claramente como os desafios dos pobres continuam a ser as quintas dos ricos e dos profissionais influentes do desenvolvimento. Por outras palavras, a riqueza dos pobres tornou-se a base de construção dos ricos. A comunidade rural pobre ou o grupo de referência crítico (Wadsworth, 1998:11) é, convencionalmente, a que menos participa nos programas de desenvolvimento que se destinam, em grande medida, a satisfazer as suas necessidades não satisfeitas. Uma abordagem desta forma é um ato de trabalhar para baixo. Ou seja, um ato não progressivo que pode resultar em retornos negativos para o grupo-alvo ou ter um impacto negativo sobre ele. Na verdade, o grupo de referência crítico nas actividades de redução da pobreza pode levar a uma maior relevância do inquérito para aqueles que não só partilham o problema, mas também são desafiados por ele. Nesta consideração, Wadsworth (1998:11) acredita que os membros dos grupos de referência críticos que criaram uma situação problemática "estão na posição mais estratégica para trabalhar na sua melhoria". Por outras palavras, os membros da comunidade que enfrentam os desafios da pobreza podem apresentar formas concretas e estratégicas de lidar com a sua situação tal como a vêem.

5. 4 Conclusões

Os resultados finais do estudo são os seguintes:
Em primeiro lugar, 61% dos inquiridos dão preferência ao apoio ao crédito agrícola, a fontes de água limpa sob a forma de furos/poços e barragens para irrigação na estação seca e para o abeberamento de animais domésticos. Além disso, o principal sector económico dos inquiridos das oito comunidades estudadas do norte do Gana é a agricultura (quadro 5.3, página 122). O quadro mostra que mais de (65%) de todos os inquiridos indicaram a agricultura como o sector económico em que ganham a vida. De acordo com os inquiridos, estes obtêm o máximo benefício destas intervenções (quadro 5.12, página 143 e figura 5.13, página 144).

Em segundo lugar, 92,4% dos inquiridos das oito comunidades tendem a participar mais em actividades organizadas por organizações não governamentais (ONG) para obter ganhos pessoais e motivação sob a forma de incentivos monetários e outros. 95,2% dos inquiridos eram da região Norte, 93,3% da região do Alto Oeste e 88,7% da região do Alto Este, enquanto 12% dos inquiridos preferem as ONG às actividades governamentais, porque as ONG dão uma compreensão clara para uma maior integração. Algumas outras razões deduzidas das respostas e do comportamento de participação dos inquiridos na escolha das reuniões em que participam ou não, incluem o respeito pelas pessoas, a motivação e a rápida execução de projectos iniciados a nível comunitário pelas ONGs, mais do que as iniciativas conduzidas pelo governo. A tabela 5.10 e as figuras 5.11.1 a 5.11.3 (páginas 138-140) apresentam as evidências destes factores.

Em terceiro lugar, 53% dos inquiridos das oito comunidades selecionadas do norte do Gana participaram mais ativamente nas intervenções a favor das pessoas pobres na fase de implementação do processo de participação (isto é, quando os agentes de desenvolvimento requerem o apoio do trabalho comunitário), no período de monitorização e na fase de avaliação (quadro 5.13 na página 144, figuras 5.14.1 a 5.14.3 nas páginas 145-147). As fases de iniciação do projeto, planeamento e mobilização de recursos são feitas exclusivamente pelos actores do desenvolvimento, sem a contribuição ou o envolvimento ativo dos membros da comunidade.

Em quarto lugar, está o baixo investimento na área de projectos de escolas, estradas e barragens nas comunidades estudadas. A investigação revelou que, das oito comunidades, apenas duas beneficiaram de um projeto de escola ou de estrada e apenas três das oito comunidades beneficiaram de projectos de barragens (tabela 5.8, página 134 e figuras 5.9.1 - 5.9.3, páginas 135-136).

Firth, os homens dominam as mulheres na participação comunitária em actividades de intervenção a favor dos pobres nas comunidades selecionadas do norte do Gana. O Quadro 5.2 e as figuras 5.3.1 a 5.3.3 indicam que 57% dos homens, contra 43% das mulheres, participaram em actividades organizadas por agentes de desenvolvimento a nível comunitário (páginas 121 - 122).

Em sexto lugar, de um modo geral, o livro identificou, durante as discussões dos grupos de discussão, que existem desequilíbrios de poder e influências negativas por parte das partes interessadas quando se trata de intervenções a favor dos pobres no norte do Gana (como é demonstrado na figura 6.1).

As discussões feitas pelos participantes nos grupos de discussão lançaram mais luz sobre as várias preocupações expressas por cada um dos inquiridos e proporcionaram algum nível de clareza sobre o estudo. Por conseguinte, o investigador apresenta uma conclusão sobre o capítulo 5, que inclui os resultados e a apresentação dos resultados e, em seguida, as inferências da análise dos resultados no ponto 5.5.

5. 5Conclusão

A investigação examinou os níveis de envolvimento disponíveis, os membros da comunidade que participam e o apoio e as oportunidades disponíveis para os membros da comunidade participarem em actividades a favor dos pobres destinadas ao seu benefício coletivo. Descobrir coisas para fazer mudanças foi um objetivo comum deste livro. O capítulo apresenta resultados sobre vários aspectos, incluindo projectos de benefício para os inquiridos, os níveis de educação e participação em actividades de intervenção a favor dos pobres e a preferência por um ator de desenvolvimento mais do que por outro. O capítulo também contém as constatações, que são um resumo dos resultados dos resultados, conforme evidenciado no ponto 5.4 acima. Os actores de desenvolvimento, com base nos resultados e conclusões contidos neste capítulo, reconheceram que, embora a finalidade, o objetivo e os resultados esperados de um processo de participação sejam inicialmente assumidos pela organização que inicia o processo, também é imperativo que estes sejam suficientemente flexíveis para permitir que os participantes da comunidade façam comentários.

O sexto capítulo fornece uma plataforma para uma maior elaboração dos resultados da investigação, discutindo os resultados em conformidade com as questões de investigação e os objectivos definidos neste livro.

CAPÍTULO 6

6. 1Introdução

O sexto capítulo reúne três aspectos fundamentais do estudo. Estes são o segmento de discussão, as conclusões e as recomendações que o investigador faz para quem o lê. Para maior clareza e ênfase na direção dos debates, as questões de investigação são aqui retomadas e o debate sobre os resultados é articulado em torno da análise, tal como no capítulo cinco. As questões de investigação são apresentadas abaixo.

1. a participação da comunidade é explorada na prática em programas a favor dos pobres como o principal objetivo dos profissionais do desenvolvimento?

2. a participação da comunidade nos programas de desenvolvimento existentes oferece alguma oportunidade aos actores do desenvolvimento[21] para identificar conhecimentos e talentos locais?

3. a participação reflecte o poder da população local, tal como Mosse (2006:16) opina?

4 - De que forma é que os membros da comunidade compreendem os valores e as expectativas estabelecidos pelos profissionais do desenvolvimento em relação à redução da pobreza nas suas comunidades?

5. Finalmente, que níveis de participação esperam as comunidades locais e os actores do desenvolvimento uns dos outros para desempenharem um papel coletivo na realização dos objectivos de desenvolvimento que beneficiarão diretamente os beneficiários?

As questões acima referidas são discutidas nos subtítulos seguintes.

6.2 discute como a participação comunitária é vista nos programas a favor dos pobres pelos actores do desenvolvimento e responde à pergunta 1, fazendo uso dos resultados relacionados dos capítulos cinco com a análise do estudo de caso no caso 2 em 1.2.2; 6.3 discute questões relacionadas com as perguntas 2 e 4, que tratam do papel da participação comunitária na identificação de conhecimentos e talentos locais e dos valores e expectativas

---

[21] Agentes de desenvolvimento - refere-se tanto a agentes de desenvolvimento não governamentais como governamentais que ajudam direta ou indiretamente nas actividades de desenvolvimento destinadas a reduzir a pobreza nas comunidades rurais.

dos profissionais de desenvolvimento em relação aos programas a favor das pessoas pobres e à análise do caso 3 no ponto 1.2.2; e 6.4 discute as perguntas 3 e 5, que tratam do género, poder, nível educacional e contribuição dos membros da comunidade na participação no programa a favor das pessoas pobres, com a análise do estudo de caso no ponto 1.2.2.

6.3 Como os actores do desenvolvimento vêem a participação comunitária nos programas a favor dos pobres

Esta secção discute a questão de investigação um que pretende explorar a forma como os actores de desenvolvimento vêem a participação da comunidade nos programas a favor dos pobres. A investigação identificou nas comunidades estudadas que, de facto, as actividades de desenvolvimento têm lugar nas comunidades. Estas intervenções são levadas a cabo tanto por agências governamentais como por organizações não governamentais e têm como objetivo melhorar a vida e gerar participação nos beneficiários da comunidade. Isto é evidenciado pelas respostas dos inquiridos das comunidades estudadas, conforme descrito na tabela 5.8 no capítulo cinco deste livro. Embora os membros da comunidade participem nas actividades organizadas pelos actores de desenvolvimento, raramente articulam os seus próprios pontos de vista sobre a intervenção iminente ou questionam os actores de desenvolvimento e oferecem necessidades de intervenção alternativas. Muitas vezes, os membros da comunidade mantêm-se em silêncio durante este tipo de reuniões, deixando muito pouco espaço para os actores de desenvolvimento apreciarem as suas opiniões. Por exemplo, os jovens de Mankarigu e Jawani, durante uma discussão de grupo de foco, aludiram ao facto de que os jovens não têm voz nas questões de redução da pobreza que afectam as suas vidas. Acreditam que nos fóruns formais de tomada de decisões a nível da comunidade, ou mesmo a nível distrital e nacional, não são apreciados pelos mais velhos e por alguns actores do desenvolvimento. Pul (2003:94) insinua que "os jovens só são vistos mas não são ouvidos". Por outras palavras, a presença dos jovens não é desaprovada, mas, de um modo geral, os seus pontos de vista não são prontamente tidos em conta.

Em termos de participação, os membros da comunidade só se tornam activos quando se trata de contribuir com a sua mão de obra para o trabalho comunitário. As opiniões e sugestões dos membros da comunidade são por vezes ignoradas, o que provoca frequentemente uma guerra de silêncio. No estudo de caso 2 (1.2.2), na comunidade de Jawani - Kambago, na região norte do Gana, uma ONG iniciou um projeto de construção de uma escola. Os membros da comunidade queriam um edifício de cimento e betão, mas a ONG utilizou gravilha para construir a escola, recorrendo a métodos de construção locais. Embora as pessoas não tenham impedido a ONG de avançar com o projeto, não ficaram satisfeitas com o facto de o pessoal da ONG se ter recusado a considerar os seus pontos de vista sobre as razões pelas quais queriam um edifício de blocos de cimento em vez de utilizarem recursos e métodos locais para a escola, com receio de que esta pudesse ruir durante a estação das chuvas. A população de Kambago foi justificada, pois a escola desmoronou-se quando as chuvas começaram. Isto custou dinheiro e tempo humano gasto na construção do projeto. Assim, quando não há participação ativa por parte dos membros da comunidade ou quando os seus pontos de vista não são tidos em conta, os projectos correm o risco de fracassar, tal como se verificou no projeto da escola comunitária de Jawani-Kambago. A população indígena de Jawani, na região norte do Gana, atribui grande valor ao silêncio como forma de manifestar a sua oposição a uma questão. O silêncio em reuniões e comités a nível comunitário pode ser tanto uma forma de protesto como um baixo nível de educação dos principais participantes nesses fóruns. Por exemplo, na tabela 5.4 (página 126) acima, entre 13 e 41% dos inquiridos eram analfabetos. Isto significa que nunca foram à escola e, portanto, não sabiam ler nem escrever. A implicação aqui é que o seu nível de compreensão e contribuição para o planeamento das actividades seria muito reduzido. No entanto, por vezes, o silêncio pode ser uma expressão de opiniões alternativas de intervenção na vida dos membros da comunidade, mas estes têm dificuldade em expressar tais opiniões ou receiam que os actores de desenvolvimento possam ir embora com o seu apoio. Nas palavras de Mefalopulos (2008:123), "se as palavras obtêm o consenso, o silêncio pode expressar a discordância". Por outras palavras, o silêncio nem sempre significa que as pessoas concordaram, compreenderam e aceitaram a mensagem ou não, mas é um código-chave para expressar desacordo ou desapontamento com a informação, possivelmente como mera retórica com acções transformadoras limitadas.

No entanto, é importante dizer, desde já, que a ideia de participação limitada nas decisões e intervenções de desenvolvimento a favor dos pobres truncou as oportunidades das comunidades beneficiárias de participarem plenamente nas questões iniciadas para o seu bem coletivo. Isto emergiu dos relatos das pessoas das comunidades estudadas e não se trata apenas de desigualdade de oportunidades, pobreza ou oportunidades de vida, mas está relacionado com todos estes aspectos, tais como a participação na definição das necessidades e aspirações dos beneficiários locais durante a iniciação até à implementação de actividades de desenvolvimento e acesso a bens e serviços dentro das suas respectivas comunidades. Usando a ferramenta do cartão de participação dos intervenientes como parte das sessões de discussão do grupo de foco, os membros das comunidades de Jawani, Mangariku e Namoaligo chegaram às seguintes conclusões sobre a escala, como se vê abaixo. A sua demonstração descreveu um cenário em que os participantes tentaram reduzir os desequilíbrios de poder e as influências negativas dos intervenientes no processo de desenvolvimento da comunidade.

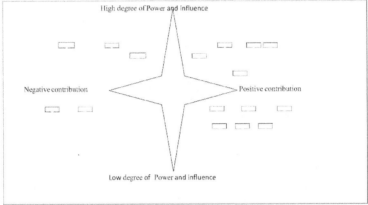

Figura 6.1 Ferramenta do cartão de participação das partes interessadas

O processo envolveu a distribuição aleatória dos cartões de participação dos interessados a todos os membros do grupo. Foi pedido aos participantes que colocassem esses cartões no ponto da matriz (figura 6.1) que considerassem adequado. Depois de os participantes terem colocado os seus cartões, todo o grupo se afastou e olhou para a imagem apresentada. De seguida, os participantes pediram cartões em branco nos quais escreveram os seus próprios intervenientes e colocaram-nos na matriz. Cada participante podia questionar a colocação de até dois cartões, o que poderia provocar uma discussão. Após 20 minutos, cada participante podia mover um cartão, se assim o desejasse. A nova imagem foi avaliada e seguiu-se um debate com base nesta imagem para ilustrar quem tinha ou era considerado como tendo poder e quem não tinha. Também ilustra quem é sentido como simpático e solidário e quem não é. O objetivo da ferramenta era fazer com que o grupo se concentrasse na forma de reduzir o nível de poder de alguns intervenientes e aumentar o poder de outros, bem como de mudar os intervenientes considerados negativos.

A ilustração mostra que, na sua tentativa de participar, os membros da comunidade sofrem constrangimentos externos e internos ou, como Ofosu-Appiah (2008) descreve, constrangimentos "sociais e pessoais", respetivamente, e assim perdem a oportunidade de tomar parte ativa nas questões e projectos que os beneficiam diretamente. Isto resulta diretamente da influência negativa do poder de vários intervenientes que não os beneficiários da comunidade na cadeia de desenvolvimento.

Nos parágrafos seguintes, são abordadas as questões 2 e 4, tal como indicado no ponto 6.3.

6.4 O papel da participação comunitária na identificação dos conhecimentos e talentos locais, dos valores e das expectativas dos profissionais do desenvolvimento em relação aos programas a favor dos pobres.

A participação em questões de desenvolvimento humano não é apenas um direito, mas também uma responsabilidade. De acordo com Cornwall, et al (2004:9) "descobrir mais sobre quem está a participar, o que o diálogo realmente significa na prática, até que ponto a participação envolve um envolvimento de base ampla ou permanece uma questão técnica específica é importante - mas também um desafio". É um desafio no sentido de que quem participa onde e porquê, como indicado nas tabelas 5.8, 5.9 e 5.10 (páginas 134-139) no capítulo cinco deste livro, e o quanto as pessoas participam no discurso do desenvolvimento são fenómenos intrigantes (questões fascinantes) para os activistas do desenvolvimento. A participação, portanto, desafia a consciência dos profissionais do desenvolvimento e dos beneficiários da comunidade a envolverem-se no processo de desenvolvimento participativo voluntariamente e como parte da sua responsabilidade, a fim de oferecer orientação sobre o que fazer ou não fazer, uma reflexão sobre o que Chambers (2004:10) descreve como "o significado prático da participação".

Com base na noção de responsabilidade, os "outsiders" (Chambers, 2005:131), ou seja, os profissionais do desenvolvimento que não são membros diretos de uma determinada comunidade, "têm frequentemente expectativas irrealistas sobre a propensão dos grupos pobres para contribuírem com recursos e para participarem em exercícios participativos, especialmente na fase de gestão do projeto" (Hall e Midgley, 2004:101). Se houvesse um desenvolvimento que recorresse menos ao envolvimento dos ricos e dos intervencionistas ou actores do desenvolvimento comunitário ou "forasteiros", como lhes chama Chambers (2005), e incluísse mais os próprios membros da comunidade, isso daria aos membros da comunidade a oportunidade de definirem como e porquê as actividades de desenvolvimento (planeamento, processo de mobilização de recursos, implementação e sustentabilidade) devem decorrer. A observação de Hall e Midgley (2004:101) sobre como os planeadores ignoram muitas vezes a necessidade de estruturas de incentivo adequadas, implementadas em troca do apoio da comunidade sem criar dependência a longo prazo, acentua adequadamente os resultados do estudo. Durante a investigação, (quadros 5.10 e 5.11, páginas 139-141) descobriu-se que, muitas vezes, as ONGs oferecem algum apreço sob a forma de pacotes de incentivos tangíveis, tais como certificados de reconhecimento, t-shirts ou quaisquer outros presentes, por mais pequenos que possam parecer aos participantes merecedores da comunidade. Estes presentes servem para encorajar os membros da comunidade a fazer mais pelo sucesso do programa, bem como para demonstrar que os beneficiários são dignos e têm potencial para contribuir para a continuação e apropriação dos projectos durante um período de tempo considerável. No entanto, isto foi mínimo, ou mesmo inexistente, nas intervenções iniciadas pelo governo.

Por outro lado, é um facto que a participação da comunidade pode, em alguns aspectos, causar desilusão e acabar por conduzir à desresponsabilização, em vez de gerar o engenho dos participantes. As ligações entre as decisões e os procedimentos dos doadores e os do trabalho participativo das ONG parceiras ou das agências governamentais parecem distantes do ponto de vista das comunidades beneficiárias. No sentido em que, o que se espera que as ONG e os agentes governamentais implementem nas comunidades é, na maioria das vezes, incongruente com as necessidades dos membros da comunidade. Por exemplo, a tabela 5.11 ilustra a forma como as comunidades alvo (Namoaligo, Mankarigu e Jawani) respondem ao apelo para participarem na planificação dos seus projectos de desenvolvimento comunitário. De acordo com Crewe e Harrison (1998:70-71), a parceria para o desenvolvimento é "um processo de cooperação entre iguais", o que implica que "aqueles que recebem a ajuda são retratados como se estivessem em condições de igualdade: são parceiros - implicitamente com os mesmos objectivos e a mesma capacidade" (Crewe e Harrison, 1998:71) de articular ideias e acções como os doadores e principais intervenientes no desenvolvimento comunitário.

Os dados da investigação (caso 3, ponto 1.2.2) indicam um projeto de barragem de irrigação de pequena escala iniciado pelo deputado de Jirapa. A intenção do projeto era oferecer aos jovens uma oportunidade de permanecerem na agricultura durante todo o ano. Por muito boa que a intenção do deputado parecesse na altura, os jovens não lhe prestaram atenção e migraram para as regiões do sul do Gana durante a estação seca. As razões recolhidas pelo investigador foram que a comunidade queria que a barragem fosse colocada num local diferente, onde, na sua opinião, havia terra arável suficiente para a agricultura na estação seca, em vez do local onde o deputado colocou o projeto da barragem. Todos os apelos de alguns membros da comunidade para que o projeto não fosse implantado no local onde se encontrava falharam. Consequentemente, as pessoas recusaram-se a utilizar a barragem para cumprir as intenções originais da barragem, que era para a agricultura de irrigação em pequena escala durante a estação seca. Assim, a intenção subjacente à construção da barragem para a agricultura da estação seca, para minimizar a migração urbana rural e aumentar a segurança alimentar rural, foi perdida. Este caso indica que os membros da comunidade, quando têm a oportunidade de participar plenamente na decisão das melhores opções para a redução da pobreza, acabam por se tornar os instrumentos para o desenvolvimento sustentável.

Mais uma vez, as conclusões estão de acordo com a insinuação de Chambers (2005:131) de que "as pessoas locais têm capacidades que os de fora" (como os profissionais do desenvolvimento)

"desconheciam em grande parte, ou totalmente". Os dados do quadro 5.13 indicam as várias categorias de projectos em que os membros da comunidade mostraram interesse em participar e os benefícios que deles retiraram. Os profissionais do desenvolvimento devem ouvir os pobres, em vez de, como Dorothee Fiedler do Ministério Alemão da Cooperação para o Desenvolvimento (BMZ) coloca, "... dizer-lhes o que deve ser feito para melhorar a sua situação" (em Irvine, Chambers e Eyben, 2004:28). Assim, "num mundo de muito dinheiro e de pacotes de compensação multimilionários, a ganância é um trabalhador que quer um salário digno", como descreve Korten (1995:291). As questões do envolvimento na decisão do futuro e do alívio da pobreza tornam-se subjugadas à medida que os membros da comunidade fixam os olhos no pão de agora e não na forma como esse pão lhes deve chegar e durante quanto tempo. Os pobres esquecem as suas preocupações sobre a participação e os direitos, e concentram-se em receber o que lhes é dado para satisfazer as suas necessidades imediatas, em vez de se preocuparem com a forma como o doador deveria ter efectuado o processo ou com o que fazer para receber as necessidades desejadas no futuro. O que se pode deduzir desta perceção é que os níveis de pobreza, a quantidade de subsídios e as questões de intervenção de desenvolvimento e a forma como estes são comunicados aos beneficiários-alvo criam mal-entendidos na mente de muitos. Assim, para os membros da comunidade do norte do Gana, participação significa receber o que é dado e fazer o que é pedido, para depois obter algo como resultado. Esta é frequentemente a perceção verbalizada por alguns inquiridos da comunidade durante uma sessão de discussão de grupo de foco em Nadwoli, uma das comunidades do estudo.

A secção seguinte (6.4) aborda as questões três e cinco.

6.5Género , poder, nível educacional e contribuição dos membros da comunidade na participação no programa a favor dos pobres

A participação comunitária oferece possibilidades de desenvolver o que Wenger, et al (2002:27) descrevem como "comunidade de prática"[22] . A participação é uma alternativa de desenvolvimento que coloca o interesse humano em primeiro lugar. Na opinião de Korten (1995:262), "Existem

---

[22]De acordo com Wenger, et al, a comunidade de prática é constituída por três elementos fundamentais: um domínio de conhecimento, que define um conjunto de questões; uma comunidade de pessoas que se preocupam com este domínio; e uma prática partilhada que estão a desenvolver para serem eficazes no seu domínio. (2002:27).

alternativas humanas, e aqueles que vêem o mundo através da lente do interesse humano têm tanto o direito como o poder de as escolher". Por alternativas, Korten estaria talvez a referir-se às escolhas de envolver as comunidades beneficiárias em programas de redução da pobreza e de ter sucesso ou fracassar com elas. Quem escolher a primeira opção não só terá razão ao fazê-lo, como também tem o poder de o fazer, pois o poder pertence ao povo. Assim, escolher o interesse das pessoas acima da burocracia organizacional é poder em si mesmo.

No quadro 5.13 (página 144) sobre o nível de participação no capítulo cinco, as fases de iniciação da ideia e de planeamento da programação tiveram lugar sem qualquer envolvimento dos beneficiários da comunidade-alvo. Foi durante a fase de implementação (quadro 5.13) que se registou uma representação significativa dos membros da comunidade. Por exemplo, 27,5 por cento dos inquiridos em Nalerigu e 55,5 por cento nas comunidades de Chiana indicaram que participaram em programas planeados e implementados diretamente nas suas comunidades para seu benefício. Contudo, o processo de monitoria e avaliação e sustentabilidade caiu abaixo de 50% em todas as comunidades estudadas. Claramente, a participação da comunidade parece ser mais apreciada pelos intervencionistas de desenvolvimento mais na fase de implementação. Isto coloca os membros da comunidade numa posição de receptores, mais do que de contribuintes activos e colaboradores para o seu processo de mitigação social nas intervenções de desenvolvimento.

Existe um consenso substancial (Narayan, 2002:6) de que as abordagens que dão às pessoas pobres mais liberdade para tomarem decisões económicas aumentarão a eficácia do desenvolvimento a nível local em termos de conceção, execução e resultados, tal como evidenciado no quadro 5.13 deste livro. A capacitação dos pobres para participarem efetivamente na luta contra a pobreza nas suas comunidades locais é uma forma de investimento (Chambers, 2005), liberta as energias de desenvolvimento das pessoas e ajuda a impulsionar o crescimento a favor dos pobres. Além disso, a atribuição de poderes à população local reforça a inclusão e a participação dos cidadãos na base e garante que os serviços básicos cheguem às pessoas pobres e tem o potencial de reduzir os custos de funcionamento e de manutenção, em comparação com a abordagem de desenvolvimento do topo para a base a nível comunitário.

A importância do planeamento local participativo na gestão e implementação do desenvolvimento é amplamente reconhecida (Chambers, 2005, Banco Mundial, 2000). As relações e a confiança formadas entre um grupo proporcionam um contexto para a aprendizagem. Isto pode levar à produção de conhecimentos através de processos participativos. Por exemplo, a participação comunitária sugere que as comunidades não podem ser construídas sem o apoio popular e a plena participação da sua população e que o envolvimento ou a participação das pessoas resulta na democratização do processo de desenvolvimento (Wunsch e Olowu 2000). A marginalização da participação das populações na formulação de políticas públicas pode ter exacerbado a persistente crise socioeconómica que o Gana enfrentou ao longo da década de 1980, com a consequente preocupação crescente dos governos com a gestão da crise a curto prazo. O planeamento local participativo pede basicamente aos planeadores, profissionais e investigadores do desenvolvimento que renunciem ao que até agora consideravam erradamente as suas prerrogativas fundamentais: definir os problemas e resolvê-los (Mikkelsen, 1995) e que, em vez disso, reorientem a estratégia de desenvolvimento de base, baseada em grande medida na resolução dos problemas e aspirações identificados pelos próprios pobres com uma estrutura de gestão em que tenham confiança.

O ponto de vista de Kothari (2001:151) sobre o laxismo geral entre os profissionais de desenvolvimento para reconhecer ou reconhecer a capacidade dos indivíduos e grupos de reter informação, conhecimento e valores, e atuar de forma a apresentarem-se de várias formas, dá crédito às constatações das comunidades estudadas, conforme indicado na tabela 5.11 no capítulo cinco. Numa discussão de grupo de foco em Jawani, uma das comunidades estudadas, alguns membros pensaram que alguns intervencionistas de desenvolvimento não os envolvem realmente no planeamento e na obtenção de fundos para intervenção nas suas comunidades. Eles (os inquiridos da comunidade) viam este comportamento como "esconder-lhes as fontes e os montantes envolvidos" em tais intervenções. Em consequência, o não envolvimento dos membros da comunidade nos programas de combate à pobreza torna-se um sistema predatório que consome o próprio objetivo dos fundos dos doadores. A longo prazo, pode fazer com que as comunidades responsáveis se tornem desafiadoras, em vez de serem pedintes e sóbrias receptoras de caridade. De certa forma, isto pode ser comparado com o que Harrison (1993:220) chama de "concentração sem centralização", o que, na minha opinião, implica a forma como os agentes de desenvolvimento investem os seus esforços em intervenções a favor dos pobres naquilo que poderiam ganhar, em vez de centrarem os seus esforços naquilo que beneficiará a comunidade com a sua preocupação e participação.

Os intervencionistas pró-pobres mais influentes concentrariam de facto o poder para si próprios (Mefalopulos, 2008:54-56), face à pobreza perpetuada, em vez de a aliviarem. A razão deduzida pode ser que aqueles que se envolvem em actividades de redução da pobreza com recursos intensivos dependem desses mesmos recursos para a sua própria sobrevivência e, portanto, têm interesse na existência da pobreza e não na sua erradicação (Ostrom, 1990:13-15). Se os profissionais do desenvolvimento e as comunidades beneficiárias beneficiarem de um interesse comum, tal como deduzido, o êxito de uma intervenção a favor dos pobres só pode ser mais significativo se ambas as partes participarem na sua apropriação através da sua participação mútua e de um diálogo dinâmico. Os estudos (Johnson e Forsyth, 2002:1593; Bromley, 1992:4-12; Ostrom, 1990:30; Wade, 1988:183-184) mostraram que os indivíduos têm mais probabilidades de manter e conservar os recursos quando acreditam que irão colher os benefícios a longo prazo da conservação e da contenção.

No entanto, a restrição absoluta de não envolver os beneficiários da comunidade no processo participativo poderia trair a confiança dos membros da comunidade e, num curto espaço de tempo, alguns participantes poderiam optar por abandonar completamente o processo participativo. Um exemplo claro é manifestado na construção da junta de freguesia na zona eleitoral de Namoaligo-Tindongo, uma das zonas estudadas, onde a colocação da junta de freguesia foi contestada pela maioria das comunidades envolvidas, mas os agentes do governo ainda assim colocaram-na onde acharam melhor (Estudo de caso 1, ponto 1.2.2). Consequentemente, o conselho não foi utilizado para o fim a que se destinava desde então. Esta é uma situação em que o processo de alívio da pobreza pode ser melhor descrito como estando numa ordem inversa, em que os promotores do alívio da pobreza e não os pobres da comunidade beneficiam. A Tabela 5.9 das constatações no capítulo cinco fornece provas deste cenário, onde a maioria dos inquiridos disse que os créditos agrícolas e os furos/poços lhes dão o máximo benefício do que o resto das intervenções delineadas. Isto porque, nas comunidades rurais, o crédito agrícola é um apoio significativo para as actividades agrícolas e o furo/poço fornece água de qualidade para o consumo humano e animal. Além disso, estas intervenções beneficiam-nas de uma forma mais direta e aumentam a possibilidade de apropriação, tal como propagado pelos intervencionistas de desenvolvimento no decurso do seu trabalho de desenvolvimento comunitário.

Na intervenção comunitária a favor dos pobres, os intervencionistas tratam a comunidade como uma entidade única. Ela não é uma entidade única - ela compreende muitas comunidades diferentes que se sobrepõem. Mesmo quando as estratégias de participação comunitária são bem sucedidas, como no caso de Nandom e Chiana, conforme evidenciado na tabela 5.13, algumas comunidades podem ser privilegiadas e outras excluídas. Uma vez formadas as instituições, "elas não são instrumentos neutros, mas mecanismos através dos quais são produzidos e reproduzidos padrões duradouros de desigualdade", observam Heller e Mahoney (2003:29). É importante que as vozes de todas as comunidades e dos seus membros sejam ouvidas, apreciadas e algumas implementadas de acordo com o consenso geral. A ideia das desigualdades nas intervenções a favor dos pobres não é meramente abstrata. Ela resulta do facto de se terem ouvido as vozes de pessoas das oito comunidades estudadas do norte do Gana que dificilmente são ouvidas no discurso e na intervenção sobre o desenvolvimento rural. Este grupo de pessoas é frequentemente discutido em relação aos serviços - como beneficiários, não beneficiários e potenciais beneficiários (Narayan, 2002). Por vezes, algumas categorias de pobres da comunidade são "difíceis de alcançar" (os sem-educação, os desempregados e os jovens) e tornam-se "crónica e socialmente excluídas" (os sem-abrigo, os idosos e os debilitados, as mulheres e as crianças), (Oxfam, 2008), por exemplo, são esquecidas durante o planeamento e o desembolso de recursos no processo da cadeia de desenvolvimento.

É evidente que as iniciativas de desenvolvimento comunitário que visam melhorar as condições de vida exigem a participação ativa de todas as pessoas, independentemente do género, nomeadamente a participação das mulheres. É altamente encorajada uma rutura acentuada com as restrições tradicionais à participação das mulheres nas actividades comunitárias. As mulheres do norte do Gana são motivadas pelos apelos dos profissionais do desenvolvimento, tanto de agências governamentais como de organizações não governamentais, para participarem com os homens na assembleia geral da aldeia, a todos os níveis de debates e actividades, o que é frequentemente evitado a níveis tradicionais comuns, em especial nas comunidades muçulmanas da região norte do Gana. Durante algumas sessões de discussão em grupo em Mankarigu, durante a recolha de informação para este livro, algumas mulheres responderam com alacridade a esta nova oportunidade de participação igual em todos os níveis de desenvolvimento e deliberações da comunidade. As mulheres, em particular, encararam-na como uma viragem positiva ou, como Gupta, Grandvoinet & Ramoni, (2003) colocaram, "uma força motriz de mudança" para uma abordagem de desenvolvimento melhor e mais inclusiva. Este despertar e esta auto-motivação impulsionaram as mulheres a envolverem-se de forma significativa nos debates desse dia. Para manter a motivação das mulheres nas discussões comunitárias e na participação em actividades de desenvolvimento nas suas comunidades, a equipa de investigação, após uma discussão de grupo de foco, aconselhou-as a participarem sempre nas reuniões comunitárias, sempre que fossem convocadas, e encorajou os seus maridos a participarem também. Ao fazê-lo, os maridos começariam a apreciar o facto de que as mulheres, tal como os homens, têm muito para contribuir, quer se trate de ideias ou de trabalho manual, para melhorar o desenvolvimento da comunidade.

Um grande desafio de desenvolvimento que o norte do Gana enfrenta atualmente é: como é que as comunidades pobres e em desenvolvimento podem tornar os seus ambientes mais propícios ao crescimento e à redução da pobreza. O Grupo do Banco Mundial (2004:26) observou que o crescimento por si só não é suficiente. Os pobres e vulneráveis podem não ser capazes de partilhar os benefícios do crescimento se não tiverem as competências necessárias para encontrar um emprego remunerado ou se as áreas em que vivem estiverem isoladas devido a infra-estruturas deficientes. Os investimentos na educação e nas infra-estruturas de base - realizados por instituições que servem bem os pobres - podem garantir que os benefícios do crescimento sejam amplamente partilhados e que as desigualdades de rendimento, de activos e de acesso não aumentem. Este é um elemento fundamental para obter melhores resultados em termos de desenvolvimento. Para que qualquer ação colectiva seja bem sucedida, são necessárias as competências e os conhecimentos dos principais intervenientes para desempenharem eficazmente os seus papéis. No entanto, na prestação de serviços públicos aos pobres a nível comunitário, os actores envolvidos (decisores políticos, prestadores de serviços e beneficiários) raramente partilham a mesma formação educacional em princípios de governação e valores culturais (Darlan e Anani, 2005:2) e, por conseguinte, representa uma limitação para os actores (neste caso, os membros da comunidade) com baixos níveis de educação e compreensão para tomarem parte ativa no processo de forma eficaz e eficiente. Historicamente, as intervenções a favor dos pobres são conduzidas por pessoas que procuram melhorar a vida dos outros, mas que não têm elas próprias uma experiência significativa de pobreza (Salim, in Banco Mundial, 2000:48). Esta é ainda uma tradição forte que é difícil de desafiar. A investigação ilustrou a forma como os resultados do desenvolvimento nas três regiões do norte do Gana são moldados pela natureza das instituições governamentais e não governamentais, bem como pelo tipo de regimes políticos e de organização administrativa existentes. Neste ponto, concentramo-nos num subconjunto de questões relacionadas com a melhoria da prestação de serviços a nível comunitário e, de um modo mais geral, com a ajuda às comunidades rurais para conseguirem fazer a transição das circunstâncias actuais para contextos institucionais mais funcionais.

As comunidades são caracterizadas por uma densa rede de relações multifacetadas, cuja dinâmica pode obstruir ou facilitar o desenvolvimento. A participação ativa da comunidade no processo de desenvolvimento tem várias vantagens e inclui o conhecimento direto da situação (apesar das assimetrias de informação entre os membros), o interesse nos projectos implementados e uma participação direta nos resultados (quadro 5.12, página 144). No quadro 5.12, as várias respostas das comunidades são indicativas das intervenções que irão obter a máxima participação das pessoas. A informação local pode ser utilizada de muitas formas para planear e implementar programas, embora se deva ter cuidado para evitar "resultados negativos" (Tendler, 2000). A informação local também pode ser muito útil no controlo da utilização dos fundos do programa e da prestação de serviços. Isto é especialmente importante quando as pessoas que estão a ser monitorizadas têm laços estreitos com a comunidade; as sanções por infracções são difíceis de ignorar quando vêm de pessoas com quem se tem necessariamente relações multifacetadas e de longa data.

Argumenta-se (Grupo do Banco Mundial, 2004:32) que a possibilidade de gerar sinergias de desenvolvimento entre o Estado e a comunidade é grandemente reforçada por intervenções que reduzam os graves desequilíbrios de poder no seio das comunidades, por exemplo, através da reforma agrária, da reforma do arrendamento e do desenvolvimento de fontes de rendimento não agrícolas. Isto reduz a dependência das pessoas pobres das elites locais, ajudando a preparar as comunidades para iniciarem acções colectivas e a colaboração entre si e com as agências governamentais. A insuficiência de recursos no Gana é um fator debilitante contra a participação efectiva das pessoas em programas de intervenção orientados para o desenvolvimento de infra-estruturas ou baseados no conhecimento. Bastos (2004:19)

argumentaram que a pobreza de recursos inibe a participação efectiva no padrão de vida predominante na sociedade. Embora os membros da comunidade possam ser pobres e necessitem de ajuda, não querem ser excluídos dos actos que lhes trarão a assistência final. Eles querem participar na definição do tipo de assistência adequada e relevante para as suas necessidades, conforme evidenciado nas tabelas 5.9, 5.10 e 5.12. A participação dos membros da comunidade é uma atividade voluntária e implica dotar os participantes de conhecimentos e formação adequados, o que os deixa igualmente satisfeitos. É o envolvimento ativo dos membros de uma determinada comunidade em todos os aspectos dos procedimentos de desenvolvimento (planeamento, tomada de decisões, implementação, avaliação e monitorização). Por conseguinte, é necessário que os intervenientes a favor dos pobres criem um ambiente propício para iniciar o envolvimento de diferentes comunidades dispostas a participar, tanto quanto possível, no processo participativo.

O apelo do planeamento e implementação locais participativos pode, portanto, ser resumido da seguinte forma: "nenhum programa de desenvolvimento, por mais grandioso que seja, pode ser bem sucedido a não ser que a população local esteja disposta a aceitá-lo e a fazer um esforço para participar" (Makumbe, 1996:12). Este envolvimento da população local em todos os momentos importantes do ciclo do projeto permite utilizar os seus conhecimentos sobre as condições locais para resolver os problemas locais de forma mais eficiente e eficaz. Os problemas de desenvolvimento não devem ser definidos por peritos isoladamente, mas devem basear-se no diálogo com as partes afectadas (Mikkelsen, 1995, Osman, 1997).

O envolvimento total da comunidade no discurso participativo das intervenções a favor dos pobres é da maior importância e deve ser praticado a nível local e internacional. É possível avaliar que o custo de não envolver as comunidades rurais no desenvolvimento de programas e na intervenção a favor da pobreza pode ser o colapso das iniciativas comunitárias, a devastação ecológica, a fragmentação humana e social e o empobrecimento espiritual (Reason e Bradbury, 2001:4). O desenvolvimento humano é mais do que o rendimento (Ellis, 2005, Chambers, 2004). Trata-se de alargar as possibilidades de escolha das pessoas para viverem vidas que valorizam (Chambers, 2005, Bastos, 2004). Isto significa alargar as capacidades das pessoas para viverem vidas longas, saudáveis e criativas, para adquirirem conhecimentos, para terem acesso aos recursos necessários a um nível de vida decente e para gozarem de dignidade, respeito próprio e respeito dos outros. Por conseguinte, compensa-nos pensar de novas formas (Bateson, 1972:423). Não conseguir o apoio da comunidade na definição dos seus problemas de pobreza e na erradicação dos factores instigantes seria repetir o que Reason e Bradbury descrevem como os "erros incorporados nas nossas formas de pensar e as suas consequências para a justiça e a sustentabilidade ecológica" (2001:4), também referidos por Bateson como "erros epistemológicos do nosso tempo" (1972:424). Os erros do tempo de Bateson continuam a ser evidentes na atualidade em vários aspectos, tais como as razões das tensões políticas e étnicas, o aumento da pobreza e da desigualdade social (Hall e Midgley, 2004:45) e o fraco envolvimento dos membros da comunidade nas intervenções a favor dos pobres, entre outros. O desafio para os actores governamentais e de desenvolvimento é assegurar que as comunidades rurais se tornem participantes activos em quaisquer programas que lhes sejam destinados. Por conseguinte, Mosse (2001:10) considera o desenvolvimento participativo como a incorporação dos conhecimentos das populações locais no planeamento dos programas. A utilização dos conhecimentos das populações rurais locais reflecte o poder e o engenho instintivo dos membros da comunidade em todas as fases do processo de desenvolvimento, desde a identificação das necessidades até à implementação e avaliação dos programas.

Ribes (in Bening, 2010) observou que, para que o desenvolvimento corresponda às expectativas das pessoas, não pode ser modelado a partir de um modelo exterior. Tem de ser alcançado de acordo com os objectivos e métodos livremente escolhidos por cada sociedade. Para tal, é necessário ter o cuidado de assegurar que a transferência de conhecimentos nas ciências sociais e humanas, tal como na tecnologia, não impeça a iniciativa local, mas, pelo contrário, a ajude a arrancar. Na comunicação das questões de desenvolvimento no norte do Gana, por exemplo, prevê-se que as populações rurais estejam no centro de qualquer iniciativa de desenvolvimento (Bening, 2010) e que os planificadores, os trabalhadores do desenvolvimento, as autoridades locais, os agricultores e as populações rurais sejam vistos como *iguais em termos de comunicação* (Salim, in Banco Mundial, 2000:49), empenhados na compreensão mútua e na ação concertada em condições de igualdade.

A comunicação é vital para estimular a participação das pessoas e a mobilização da comunidade, a tomada de decisões e a ação, o reforço da confiança, a sensibilização, a partilha de conhecimentos e a mudança de atitudes, comportamentos e estilos de vida; melhorar a aprendizagem e a formação e difundir rapidamente a informação; ajudar no planeamento e na formulação de programas; promover o apoio dos decisores. Neste processo, todos os actores podem ser inovadores, intermediários e receptores de informação e conhecimentos.

A figura abaixo explica as seguintes questões centrais: o bloco do topo (global) refere-se à fraternidade internacional de doadores, o bloco seguinte (regional) refere-se à comunidade de doadores dentro do continente e os três blocos seguintes desempenham um papel duplo, tanto como beneficiários como benfeitores. O terceiro bloco a contar do topo (governos nacionais) representa os beneficiários, por exemplo, é aqui que o governo do Gana beneficia da comunidade de doadores regionais e globais e, ao mesmo tempo, serve as necessidades das comunidades e dos agregados familiares, que são os pilares das comunidades, caso em que o governo nacional se torna um benfeitor das comunidades e dos agregados familiares, que são os beneficiários finais.

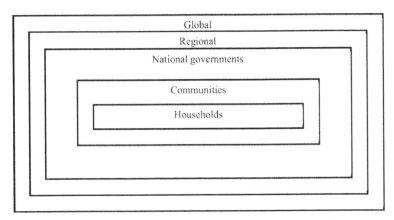

Figura 6.2 O paradigma dos beneficiários e dos benfeitores

Os principais beneficiários das intervenções a favor dos pobres são os membros do agregado familiar, que subsistem no seio da comunidade, como se pode ver na figura acima. Também mostra que existem poderes que detêm a chave para os programas que facilitariam a redução da pobreza dentro da comunidade e que dão poder ao agregado familiar. Esses poderes são as ONGs, o governo e os blocos da comunidade global. Embora sejam beneficiários centrais e principais, as comunidades e as famílias são reduzidas a consumidores e não a produtores. É-lhes ensinado como comer peixe em vez de como pescar e em que massas de água devem ou não pescar.

Curiosamente, quando se trata de responsabilidade, conforme observado por Darlan e Anani (2005:3), o que não foi feito durante a implementação dos programas (participação comunitária) é o que é relatado primeiro. A implicação é que, embora estes actores do desenvolvimento conheçam os valores das acções participativas para a redução da pobreza, raramente as praticam.

6.6Conclusões   , implicações e recomendações

6.6. 1Introdução

Este capítulo apresenta uma conclusão sobre o livro. Como resultado, um resumo dos objectivos e do problema principal que o livro procura resolver foi repetido aqui para maior clareza e fácil referência neste processo. Estes são os seguintes: o objetivo principal do estudo é explorar e influenciar a política sobre como a participação da comunidade em intervenções a favor dos pobres pode situar os beneficiários para descobrirem e se comprometerem com o que precisam e querem para o futuro no norte do Gana. Inclui os objectivos primários e secundários que abordam o problema de investigação e são os seguintes

1. explorar a base teórica da participação comunitária e das actividades de redução da pobreza, com ênfase no norte do Gana

2. descrever e analisar as práticas participativas actuais e identificar as razões que as justificam.

3. explorar as possibilidades de como os membros da comunidade podem tomar as suas próprias decisões sobre o que querem que seja implementado para seu benefício através das actividades e intervenções disponíveis em oito comunidades selecionadas no norte do Gana.

Este estudo centra-se no problema de a participação dos pobres nas intervenções a favor dos pobres a nível comunitário no norte do Gana parecer ser mínima ou inexistente. Consequentemente, os cuidados e a utilização das intervenções de desenvolvimento pelos beneficiários diretos dessas intervenções tendem a ser fracos. As intervenções a favor dos pobres a nível comunitário parecem ser realizadas de forma deficiente e sem a participação direta dos próprios membros da comunidade através do processo participativo e são frequentemente consideradas pelos membros da comunidade como propriedade dos agentes de desenvolvimento e não deles, os membros da comunidade que são os beneficiários diretos.

Esta secção procura delinear as implicações do livro para a teoria, a prática e a formulação de políticas, bem como para a investigação futura na área das oportunidades, esperanças e aspirações desfeitas dos pobres, tendo em consideração o seu nível de participação em intervenções de desenvolvimento a favor dos pobres e a contribuição do livro para o conjunto de conhecimentos. Conclui com as recomendações.

6.6.2 Implicações para a teoria

A maior parte das intervenções emergentes a favor das pessoas pobres nas zonas rurais do norte do Gana estão a tomar emprestadas as estratégias de desenvolvimento de outras agências já existentes que têm vindo a trabalhar com as populações rurais ao longo do tempo. O desenvolvimento participativo pode ter um valor significativo na criação de capacidade rural para, e no estudo de, esforços de apoio ao desenvolvimento sustentável a favor dos pobres. São apresentados dois modelos em relação ao tópico do livro: primeiro, um modelo de 'o que ocorre com a participação' e, segundo, um modelo de 'como ocorre a participação' no norte do Gana. Estes dois modelos relacionam-se com a literatura específica sobre este tipo de intervenção, bem como com a literatura mais geral sobre a participação da comunidade em intervenções a favor das pessoas pobres no norte do Gana, com inferências dos resultados deste livro.

6.6.2.1 *Que participação ocorre*

As mudanças na participação da comunidade numa intervenção a favor dos pobres dependem da história da participação e do nível e natureza do seu envolvimento nas intervenções de desenvolvimento comunitário em questão. As iniciativas participativas de desenvolvimento devem ser inclusivas, especialmente tendo em conta as realidades culturais e económicas dos membros das comunidades rurais do norte do Gana. A participação da comunidade em actividades de desenvolvimento a favor dos pobres promove o desenvolvimento sustentável, na medida em que facilita o espaço para o diálogo e aumenta a confiança dos membros da comunidade. Além disso, faz com que os habitantes das zonas rurais desenvolvam uma atitude de investigação pessoal e colectiva sobre as formas alternativas de superar a pobreza. Bradbury (2001, 312) vê esta forma de investigação como um processo de inovações tecnológicas que ajuda os pobres a procurar um estado sustentável através do seu envolvimento ativo nas intervenções de desenvolvimento. Por outras palavras, estas intervenções processuais podem aliviar os silenciosos conflitos de personalidade entre os actores do desenvolvimento e os beneficiários da comunidade através de um trabalho que reconhece que as pessoas são importantes. No entanto, com base nas conclusões deste livro, a participação dos membros da comunidade ocorre mais durante a implementação (isto é, quando os actores do desenvolvimento requerem o apoio do trabalho comunitário), o período de monitorização e a fase de avaliação. As fases de iniciação do projeto, planeamento e mobilização de recursos são feitas exclusivamente pelos actores do desenvolvimento, sem a contribuição ou o envolvimento ativo dos membros da comunidade. Por conseguinte, para que o desenvolvimento desempenhe o seu papel histórico de dar poder aos grupos pobres e vulneráveis da sociedade, deve basear-se na participação. A participação é vista como um conjunto de processos genuínos de diálogo e interação e substitui assim "as relações sujeito-objeto entre os intervenientes e os intervencionados, permitindo assim que os oprimidos actuem como sujeitos livres do seu próprio destino" (Rahnema, 1993:120-121). É nesta consideração que Mefalopulos (2008) conclui que os projectos iniciados sem a participação dos membros da comunidade no processo de tomada de decisão podem conduzir ao fracasso. Com base no estudo, o investigador conclui que a participação em intervenções a favor dos pobres no norte do Gana é deficiente e, consequentemente, é a principal razão para os maus resultados das intervenções de projectos comunitários.

6.6.2.2 Como   ocorre a participação

Foi agora estabelecido (7.1.1.1) 'que participação ocorre' e, mais importante ainda, que a intensidade das mudanças na participação comunitária em questões de intervenção a favor das pessoas pobres que uma pessoa experimenta depende do seu historial de participação, e do nível e natureza do seu envolvimento nas intervenções de desenvolvimento comunitário em questão. O passo seguinte é explicar 'como a participação ocorre'. Para o fazer, o investigador reviu os resultados e a análise dos capítulos cinco (resultados) e da primeira parte do capítulo seis (sobre discussões).

A criação de respeito e apreço mútuos entre os participantes (actores do desenvolvimento e beneficiários da comunidade), e também entre os seres humanos e a natureza, é importante para se chegar a uma relação horizontal sujeito-sujeito ou ao que Heller (1989:304) chama "reciprocidade simétrica". Na opinião de Heller, o objetivo do desenvolvimento participativo como discurso fundamental das ciências sociais é libertar as pessoas. Ou seja, tem um poder libertador, na medida em que faz com que a humanidade veja os pobres como pessoas com recursos, com valores e economicamente corretas, apesar da sua atual circunstância de pobreza.

A participação é frequentemente descrita como abrangendo uma série de níveis (Chambers, 2005), desde a participação baixa à participação elevada, tal como indicado no capítulo dois deste livro. Exemplos de níveis baixos de participação incluem: recolha de informação junto de pessoas ou comunidades e fornecimento de informação a pessoas ou comunidades. Exemplos de níveis elevados de participação são: tomar parte em referendos ou envolvimento em fóruns onde as pessoas exercem efetivamente o poder de decisão. As indicações dos resultados desta investigação mostraram que as comunidades do norte do Gana têm a paixão de responder a convites para participar em fóruns comunitários sobre questões de desenvolvimento. Contudo, a tabela 5.10 mostra claramente que os membros da comunidade tinham várias razões para aceitar tais convites. Com base nas razões dadas pelos inquiridos para preferirem reuniões lideradas por ONGs em vez de convites liderados pelo governo, o objetivo final da intervenção de melhoria geral dos meios de subsistência da comunidade parecia estar ausente. Por conseguinte, é necessário estabelecer uma distinção clara entre o envolvimento da comunidade e a participação da comunidade (Craig, 1995). No extremo inferior do espetro, o envolvimento da comunidade não confere necessariamente uma capacidade de tomada de decisões aos membros da comunidade, mas dá-lhes a oportunidade de terem acesso a informações relativas a iniciativas iminentes ou em curso nas suas próprias comunidades. No extremo superior do espetro, a participação da comunidade permite que se procurem opiniões da comunidade e que os representantes da comunidade sejam incluídos nos processos de tomada de decisão. A participação e o envolvimento das comunidades é um princípio chave que sustenta o desenvolvimento comunitário. No contexto da estratégia a favor dos pobres, o desenvolvimento comunitário é um processo que ativa, incentiva e apoia grupos de pessoas em situação de pobreza a juntarem-se em actividades que promovem o seu interesse comum, apoiam e melhoram as suas comunidades e que as ajudam a influenciar e a ter uma palavra a dizer nas políticas que afectam diretamente o seu bem-estar.

Se os grupos que trabalham com pessoas em situação de pobreza interpretarem um processo como um processo de tomada de decisão, enquanto outros o interpretam como um processo de informação ou de troca de pontos de vista, é provável que surjam falsas expectativas e frustrações. Por exemplo, no quadro 5.11, os inquiridos preferem participar em fóruns organizados por ONG do que em fóruns organizados por agências governamentais. É possível que, com esta ocorrência, se corra o risco de desconfiança institucional e cinismo entre os agentes de desenvolvimento e os beneficiários da comunidade. A implementação de diretrizes participativas que considerem as vozes e os direitos do envolvimento efetivo dos membros da comunidade é particularmente relevante para minimizar este risco. Isto é manifestado na tabela 5.9 onde 93% dos inquiridos estavam dispostos a participar em reuniões e actividades relacionadas de ONGs em vez de iniciativas lideradas pelo governo (Tabela 5.11).

Para que a ação de desenvolvimento seja bem sucedida, os principais intervenientes devem possuir as competências e os conhecimentos necessários para desempenharem os seus respectivos papéis, especialmente na prestação de serviços públicos aos pobres a nível comunitário, em que os intervenientes envolvidos (política, prestadores de serviços e beneficiários) raramente partilham a mesma formação em matéria de princípios de governação e valores culturais (Darlan e Anani, 2005:2). Historicamente, o trabalho a favor dos pobres também tende a ser liderado por pessoas que procuram melhorar a vida dos outros, mas que não têm experiência significativa de pobreza (Salim, in Banco Mundial, 2000:48). Esta é ainda uma tradição forte e pode ser difícil de desafiar. No quadro 5.13, as reuniões de implementação, monitorização e avaliação e sustentabilidade parecem ter atraído mais participação dos membros da comunidade do que as fases de preparação dos projectos. Isto pode significar que os membros da comunidade consideram estas reuniões mais participativas. Numa discussão um a um durante a recolha de dados no terreno, alguns participantes da comunidade de Namoaligo mencionaram que sempre que eles (membros da comunidade) tinham a oportunidade de contribuir com os seus conhecimentos, isso encorajava-os a fazer constantemente esforços adicionais para o sucesso e sustentação dos projectos empreendidos nas suas comunidades. Este atestado da população de Namoaligo esclarece a afirmação de Sarvaes (2003:20) de que os sucessos e fracassos da maior parte dos projectos de desenvolvimento são muitas vezes determinados por dois factores cruciais: a comunidade e a participação das pessoas (o nível de coesão entre as pessoas num local definido chamado comunidade e a sua plena participação para garantir que os projectos implementados os beneficiem como desejado).

6.6.3 Implicações para a política e a prática
Esta secção explora a forma como a participação pode ser utilizada pelas organizações de desenvolvimento, desde agências internacionais a organizações da sociedade civil. Dentro deste panorama de organizações, a participação é uma ferramenta essencial em projectos de intervenções a favor dos pobres em vários aspectos e inclui:
Prestação eficaz de serviços básicos - Os mecanismos de prestação de serviços públicos ou privados, incluindo a saúde, a educação, os transportes, a extensão agrícola e a água, implicam estratégias acessíveis e inclusivas, mesmo para os grupos marginalizados.

Prossecução dos objectivos de sensibilização - A recolha de dados dos cidadãos comuns contribui para que a sua voz seja ouvida nos processos de formulação de políticas. Um elemento-chave para conseguir este contributo é o apoio à sociedade civil e às iniciativas de governação local, como a participação popular no orçamento público e os programas de capacitação individual e comunitária que reforçam a voz dos grupos marginalizados. Além disso, a advocacia tem crescido significativamente nos últimos anos como atividade das ONG.

Monitorização do progresso em direção aos objectivos - Estas actividades incluem esquemas de auto-relato e envolvimento direto da comunidade nos processos de monitorização.

Facilitar a reflexão e a aprendizagem entre os grupos locais - As oportunidades para o diálogo, a aprendizagem e a crítica tornam-se elementos centrais na avaliação de um projeto ou programa em que os trabalhadores no terreno colaboram com as pessoas locais que vivem nos locais do programa ou perto deles para avaliar as ligações entre o processo de implementação do projeto e os impactos subsequentes em termos de adoção dos programas pelas comunidades. O estudo (quadros 5.8-5.11) constatou que a implementação do projeto foi substancialmente maior quando a participação na planificação e implementação foi interactiva e interdisciplinar entre os extensionistas do governo e a população local, e foi menor quando a participação foi simplesmente consultiva. Isto explica o facto de que, embora haja uma ampla aceitação da eficácia das abordagens participativas entre os profissionais do desenvolvimento, ainda há um debate em curso na literatura que expressa dúvidas de que a mera participação nas iniciativas de desenvolvimento não pode, por si só, garantir que os pobres sejam capazes de expressar as suas preocupações, dada a "natureza policéfala da paisagem institucional existente" (Mosse, 2001; Cleaver, 2001, Kinyashi, 2006:3).

Desde 1992, a pobreza tem continuado a ser um fenómeno rural importante, sendo a pobreza rural três vezes superior à pobreza urbana (Aryeetey, 2006). A zona da savana, no entanto, apresenta uma forte concentração de pobreza urbana e rural, o que sugere que esta zona tem beneficiado muito pouco dos benefícios do crescimento económico do Gana. A pobreza extrema está novamente concentrada na zona da savana e, neste caso, também nas zonas costeiras, onde a pobreza urbana extrema não registou praticamente qualquer alteração. É também de salientar que, embora a pobreza global tenha registado um certo declínio, a profundidade da pobreza manteve-se praticamente estável. De facto, a profundidade da pobreza extrema aumentou. As regiões do Centro, do Norte e do Alto Oriente registaram aumentos da pobreza, tal como a região do Alto Oeste, onde o aumento é um reflexo do agravamento da situação de bem-estar das famílias chefiadas por mulheres, cuja situação é mais precária. Na região oriental, onde a pobreza diminuiu ligeiramente, a pobreza feminina aumentou. No Gana, as mulheres enfrentam múltiplos condicionalismos. O Inquérito às Condições de Vida no Gana (GLSS, 5) indicou que as mulheres gastam em média 6,3 horas por dia em actividades domésticas, em comparação com 4,2 horas para os homens. O acesso e o controlo das mulheres aos bens e aos factores de produção constituem um desafio importante: embora o seu papel na agricultura seja importante, a sua produtividade é limitada pelo acesso e pela propriedade limitados da terra e do crédito ou dos factores de produção (ISSER, 2007). Este facto mostra claramente que as mulheres são vulneráveis e tendem a ser as principais vítimas da pobreza.

Em termos de agricultura, os agricultores de exportação foram os que obtiveram maiores ganhos nos seus rendimentos, enquanto os agricultores de culturas alimentares foram menos afortunados (Canagarajah e Portner, 2003:63-65). No Alto Oeste, a pobreza extrema dos agricultores de culturas alimentares intensificou-se. Estas constatações são prova dos padrões não sistemáticos da ligação entre agricultura e pobreza nas zonas rurais do Gana (GSS, 2008). Como medida de bem-estar, a posse de bens duradouros aumentou em geral, mas também aqui a dicotomia rural-urbana é evidente: poucas famílias rurais possuem bens duradouros em quantidade significativa. A análise de outros indicadores de bem-estar, como a acessibilidade a água potável e a instalações sanitárias, mostra que, em geral, se registaram algumas melhorias, mas, mais uma vez, existem diferenças nas mudanças relativas entre as zonas rurais e urbanas e entre as famílias pobres e não pobres (PNUD, 2009).

Embora o acompanhamento e a avaliação do programa (PME) tenham sido realizados nas comunidades, as comunidades beneficiárias afectadas não compreenderam totalmente os processos envolvidos. Os membros da comunidade limitaram-se a responder às questões que lhes foram colocadas pela equipa de monitorização e avaliação, sem oferecerem quaisquer contra-perguntas que teriam ajudado a moldar a sua compreensão sobre se os projectos implementados absorveram a sua participação. Assim, o seu nível de participação no processo do PME foi mais ou menos passivo. A questão pode ter sido o facto de os monitores e avaliadores avaliarem o impacto dos projectos implementados nas comunidades sem realmente explicarem à compreensão dos participantes o que as suas acções na altura significavam para os membros da comunidade.

Tendo em conta os debates anteriores, a participação das pessoas, sem ser acompanhada de uma compreensão clara dos processos que conduzem à mudança institucional, pode produzir mais ou menos o mesmo resultado que a não participação. Bromley (1998:87) sugere que os pobres continuam pobres porque as disposições institucionais os tornaram pobres antes da intervenção de desenvolvimento, e há pressões duradouras - e indivíduos não triviais - para garantir que o mero advento de um "projeto de desenvolvimento" não perturbe de alguma forma as disposições institucionais que criaram a atual estrutura de vantagem económica em primeira instância.

Nesta situação, a introdução da participação no mesmo quadro institucional beneficiará a minoria que é capaz de manipular qualquer intervenção que chegue à sua localidade (Kinyashi, 2006:4). Mosse e Cleaver, (2001), afirmaram corretamente que "a participação não mitigada comporta o risco de confirmação da estrutura de poder pré-existente e conduz frequentemente à captura pelas elites locais". Por outras palavras, as pessoas instruídas e muito influentes no seio da comunidade dominam e controlam as decisões e o poder, e não necessariamente as massas gerais da liderança popular.

Para concretizar esta visão da participação, o reforço das capacidades deve ir além de uma focalização restrita nas competências técnicas, passando a incluir as competências de análise política para avaliar os contextos, os riscos, o poder e as causas subjacentes de um problema. A contestação de atitudes e valores de subordinação e o desenvolvimento de uma consciência crítica e de uma vontade de atuar sobre as questões são componentes adicionais. O desenvolvimento de capacidades também inclui a exploração de fontes de inspiração e esperança e o reforço de competências para conceber e implementar uma série de estratégias de ação. Entre estas, contam-se as abordagens de organização, o desenvolvimento da liderança, a recolha de informação, o trabalho com os meios de comunicação social, os esforços de educação, o planeamento conjunto e os processos de definição de agendas, a gestão de conflitos, bem como formas de envolvimento direto com instituições estatais ou empresariais, tais como a defesa de causas, sessões de responsabilização pública e lobbying.

Para além dos pontos acima referidos, é necessário relacionar esquematicamente a participação com uma estratégia de comunicação abrangente que facilite o envolvimento de todas as partes interessadas, incluindo os beneficiários da comunidade, em todas as actividades de desenvolvimento. Aumentar a sensibilização do público em geral e o interesse por todos os programas a favor dos pobres e do crescimento económico no Gana. Neste contexto, a comunicação significa um sistema eficaz e organizado de intercâmbio de informações de trabalho (anúncios, materiais, sugestões e comentários, entre outros) entre os intervenientes. É preferível que a informação destinada a um público vasto (por exemplo, anúncio ou convite para uma reunião de trabalho ou um debate) seja distribuída às partes interessadas através: da preparação do Programa de Redução da Pobreza e de Crescimento Económico no Gana; dos meios de comunicação social, tanto impressos como electrónicos, tais como a televisão, a rádio e os jornais; e da Internet (fóruns/discussões na Internet, listas de discussão moderadas). O principal inconveniente da Internet é o facto de não ser igualmente acessível a todos os participantes (nas zonas urbanas e rurais do país e de a mensagem não ser facilmente traduzida para as línguas sob a forma de voz para aqueles que não sabem ler nem escrever). No entanto, a Internet pode ser indispensável para: divulgação rápida e fácil de materiais, debates públicos e para garantir a transparência e a responsabilização

A prestação de serviços de comunicação, pelo menos ao nível básico, é da responsabilidade primária dos agentes de desenvolvimento; no entanto, para uma comunicação em grande escala, são necessários recursos/assistência adicionais, tanto por parte dos agentes de desenvolvimento como dos beneficiários. Os esforços para reforçar as capacidades locais não só garantem a responsabilização pública, como também, por sua vez, se tornam um meio para as populações rurais influenciarem a elaboração de políticas e a forma como os programas de alívio da pobreza devem ser implementados nas comunidades para seu benefício final. Como sugerem Abbot e Guijt (1997:9), há necessidade de uma mudança "dos programas de procura de dados controlados externamente para o reconhecimento de processos localmente relevantes de recolha, análise e utilização da informação". A participação deve realçar a importância do contexto - sistemas sociais, políticos e de valores. Desta forma, a incorporação colectiva da vida e do trabalho das pessoas é tida em conta e o seu sentido de dignidade é reforçado de forma positiva.

6.6.4 Domínios de investigação futura

É necessário rever os Documentos de Estratégia para a Redução da Pobreza (DERP) do Gana, tendo em conta a ênfase regional e os processos de execução reais das actividades planeadas. Deste modo, poderá ser possível defender a atribuição de recursos para o desenvolvimento a favor dos pobres nos sectores mais pobres do Gana, tal como previsto no DERP. O Governo do Gana preparou um Documento de Estratégia de Redução da Pobreza (DERP) como base para a futura assistência ao desenvolvimento por parte de doadores multilaterais e bilaterais. Para melhorar a compreensão dos desafios políticos que se colocam ao Gana, é necessário elaborar documentos de referência sobre as causas e as consequências da pobreza endémica que prevalece no norte do Gana e as oportunidades de mudança; sobre a incidência das despesas públicas nos benefícios e sobre o acompanhamento dos fluxos de despesas públicas. É evidente que não é apenas o acompanhamento das entradas e saídas financeiras que pode reverter visivelmente a endemicidade da pobreza no norte do Gana, mas que são necessários progressos substanciais na saúde, na educação e nos serviços sociais em geral para melhorar o bem-estar e as condições de vida dos pobres nas três regiões do norte do Gana.

Além disso, é necessário aprofundar secções específicas das actividades de desenvolvimento planeadas a favor dos pobres, por exemplo, a produção de arroz versus a produção de milho ou milho-da-índia nas terras da savana do norte; as atitudes dos profissionais de saúde em relação aos pobres e os impactos na garantia de uma nação saudável para a criação de riqueza e a redução da pobreza, com vista a aumentar as oportunidades, no norte do Gana, em particular. Por exemplo, está documentado (Canagarajah e Portner, 2003:63-65) que o Gana é o nono país da África Subsariana em termos de despesa pública per capita e tem a terceira taxa mais baixa de mortalidade de crianças com menos de cinco anos de idade. Tem também a terceira maior esperança de vida. No entanto, estas estatísticas nacionais escondem as disparidades regionais na qualidade dos serviços que afectam o sistema de saúde do Gana (Banco Mundial, 2001). Além disso, as despesas de saúde são substancialmente a favor dos pobres, mas desde 1992 tornaram-se menos favoráveis: os 40% mais pobres recebem menos de 25% dos benefícios de saúde. O número de pessoas que não recorrem a médicos aumentou entre 1998/99 e 2008/09, chegando ao ponto de mais de 75% das pessoas não consultarem uma unidade de saúde pública, mesmo quando estão doentes. Apesar de muitas pessoas estarem inscritas no sistema nacional de seguro de saúde (NHIS), a taxa de renovação anual é abismalmente baixa. Isto é verdade para todas as famílias urbanas e rurais, exceto para as famílias urbanas mais ricas, uma vez que lhes é concedido um maior respeito pela sociedade em geral e pelo facto de terem os recursos para renovar o seu NHIS como e quando é devido.

Por conseguinte, não basta partilhar informações ou instalar uma escola ou um centro de saúde numa comunidade e depois ir embora. Nem o crescimento económico, por si só, resolverá o problema. As falhas que contribuem para a fraca participação dos membros da comunidade nas intervenções de desenvolvimento a favor dos pobres são generalizadas, da identificação da necessidade ao planeamento, da consulta institucional ao envolvimento da comunidade e da mobilização de recursos à implementação do projeto em sectores económicos únicos ou múltiplos, como a agricultura, a saúde, a educação e a nutrição, os serviços de extensão, o saneamento, a administração local, o comércio e os transportes. Uma resposta eficaz a um desafio tão vasto não pode ser limitada a uma única intervenção, disciplina ou mandato institucional. Será necessária uma resposta coordenada entre sectores e com uma participação mais ampla dos benfeitores (financiadores e executores) e dos beneficiários da comunidade no processo de intervenção.

6.7 Contribuição do livro para o acervo de conhecimentos

Este livro está destinado a contribuir significativamente para a teoria e a prática do desenvolvimento e para a disciplina dos estudos de desenvolvimento das seguintes formas;

Oferece uma oportunidade para identificar, analisar e propor formas e meios através dos quais as intervenções externas podem conduzir ao desenvolvimento a favor dos pobres no norte do Gana. Além disso, molda a compreensão das implicações teóricas de como as pessoas de fora vêem as possibilidades e limitações de promover a participação genuína e totalmente

223

inclusiva dos pobres nas intervenções de desenvolvimento a favor dos pobres (quadros 5.7, 5.10 e 5.11).

Também ilustra a questão de que os membros da comunidade local e as suas instituições paralelas podem ser um obstáculo à participação da comunidade pobre em actividades de desenvolvimento a favor dos pobres. Além disso, o livro procura demonstrar como as comunidades pobres vêem as intervenções de desenvolvimento nas suas comunidades e o que elas possivelmente consideram benéfico em comparação com as intenções dos intervencionistas (Tabela 5.12).

Os beneficiários das intervenções de desenvolvimento preferiram mais o que os beneficiaria diretamente a curto prazo do que os benefícios a longo prazo. Nas tabelas 5.10 e 5.11, é evidenciado que a intervenção comunitária a favor dos pobres, como parte de um esquema geral de desenvolvimento comunitário, tem uma dimensão dinâmica. Este dinamismo é mais centrado no ser humano do que nas provisões de recursos e infra-estruturas.

O facto de os beneficiários do desenvolvimento comunitário não responderem às ideias e informações partilhadas pelos profissionais do desenvolvimento não significa aceitabilidade ou ignorância, mas talvez seja um sinal de alguma forma de respeito ou de falta de disponibilidade para esses projectos nesse momento (6.4).

Além disso, o livro identificou que os membros da comunidade no norte do Gana participam em actividades de desenvolvimento quando os implementadores estão dispostos a motivá-los (em dinheiro ou em géneros, sob a forma de certificados, t-shirts, sapatos ou telemóveis) no local ou quando esses projectos se centram mais nas suas principais áreas profissionais, por exemplo, a agricultura, o pequeno comércio ou as necessidades de cuidados de saúde que, de outra forma, teriam solicitado assistência.

Além disso, este livro identificou que políticas mal orientadas (programas de ajustamento estrutural) contribuem largamente para a pobreza e a insegurança das famílias no norte do Gana. Isto deve-se frequentemente a instituições fracas e ao não envolvimento dos beneficiários diretos em intervenções a favor dos pobres, a relações de poder desiguais, a grupos vulneráveis encurralados, nomeadamente os agricultores de subsistência, os pobres sem terra, muitas mulheres e crianças, num ciclo vicioso de privação, insegurança alimentar, baixo desenvolvimento humano e afectações distorcidas das receitas nacionais e da ajuda externa que ofuscam a agricultura, a nutrição e a educação.

Uma outra contribuição deste livro é a manifestação de que uma intervenção a favor dos pobres baseada num modelo exterior e subjetivo é uma intervenção a favor dos pobres inadequada nas comunidades estudadas do norte do Gana. Para que seja alcançada, os objectivos e os métodos podem ser livremente escolhidos por cada comunidade através da sua participação concertada a todos os níveis da cadeia de intervenção (remete-se para o ponto 6.4). Embora os membros da comunidade possam ser pobres e necessitem de ajuda, não querem ser excluídos dos actos que lhes trarão a ajuda final. Eles querem participar na definição do tipo de assistência adequada e pertinente às suas necessidades (quadros 5.9, 5.10 e 5.12).

Além disso, o livro sublinha a igualdade entre os intervencionistas e os membros da comunidade, para que partilhem um entendimento mútuo sobre as questões das actividades de desenvolvimento em pé de igualdade. Retrata que a comunicação participativa no desenvolvimento implica um processo bidirecional em dimensões iguais. As ideias iniciais ou conceptuais dos implementadores são apresentadas aos membros da comunidade que as interrogam e pretendem dar contributos. O consenso coletivo é apresentado como uma agenda de desenvolvimento para financiamento e implementação.

Além disso, considera que o desenvolvimento deve ser de natureza mais participativa, com uma abordagem ascendente, do que não participativa, com uma abordagem descendente, em especial quando os beneficiários se tornam destinatários com pouca ou nenhuma contribuição para as principais decisões e conclusões sobre as actividades de desenvolvimento.

Por último, a participação dos beneficiários da comunidade na intervenção a favor dos pobres reforça o desenvolvimento da comunidade, na medida em que aumenta a confiança e a vontade de possuir e sustentar projectos e minimiza os conflitos, as divergências e reforça as capacidades (em termos de conhecimentos e competências) dos membros da comunidade em particular. Quando as prioridades e as percepções dos pobres são examinadas e ampliadas, a eficácia do alívio da pobreza será maior, uma vez que aborda questões que os pobres identificam como constituindo pobreza e que satisfazem as suas necessidades.

6.8Conclusões   sobre o livro

Desde os primeiros apoios programáticos à participação na década de 1970 até à adoção generalizada de processos participativos hoje em dia, destinados a iniciar novas dinâmicas de mudança e capacitação, a linguagem e os métodos de participação parecem ter entrado no centro do pensamento e da prática do desenvolvimento. A investigação demonstrou que a participação é um termo de combinação que abrange uma série de coisas diferentes, tanto na teoria como no conceito, como nas tensões que envolvem a forma como é interpretada por diferentes agentes. A utilização de métodos participativos na análise da pobreza através do processo de participação em actividades a favor dos pobres é outro aspeto que contribui para as variações na compreensão e interpretação do termo participação.

O principal desafio enfrentado na utilização de métodos participativos para a análise da pobreza está implícito na passagem das técnicas participativas do nível do projeto para os processos políticos. Embora, de facto, tenha havido exemplos de processos participativos que contribuíram grandemente para o debate sobre a participação, tanto a nível local como nacional, foram identificados muitos exemplos de abordagens participativas cosméticas ao desenvolvimento, utilizadas para fins extractivos e sem um compromisso de capacitar as populações locais para terem uma maior influência nos processos políticos. Foram discutidas as críticas que contestam a ideia de métodos participativos como instrumentos de investigação exactos e adequados para a análise do desenvolvimento a favor dos pobres. luz destes debates, parece quase inevitável a adoção de quadros novos e integrados para a análise da pobreza e da forma como os pobres devem participar na definição das suas opções de subsistência sustentada.

Este livro discutiu questões sobre a participação em intervenções comunitárias a favor dos pobres no norte do Gana. As discussões situaram a participação como um veículo para os membros da comunidade tomarem e influenciarem decisões e transferirem o poder político daqueles que o exercem para as bases, através do planeamento, análise e implementação, a fim de melhorar a vida dos cidadãos. O estudo foi realizado em oito

226

comunidades, nomeadamente, *Nandom, Jirapa, Namoaligo, Kotintabig, Chiana, Jawani, Nalerigu e Mankarigu*, das três regiões do norte do Gana. O estudo centra-se nas questões e actividades de intervenção das populações rurais pobres e a favor dos pobres.

O principal objetivo do livro é saber como os beneficiários da comunidade podem situar, descobrir e comprometer-se com o que precisam e querem para o futuro através da sua participação em intervenções de desenvolvimento no norte do Gana.

Além disso, o estudo divide o livro inteiro em seis capítulos, cada um dos quais trata de uma atividade específica. O primeiro capítulo aborda as partes introdutórias, o segundo aborda a literatura sobre a participação, o terceiro analisa a situação da pobreza no Gana, o quarto discute os métodos utilizados na recolha e tratamento dos dados, o quinto contém os resultados, o sexto discute os resultados ou constatações e as conclusões, implicações e recomendações.

Os instrumentos de recolha de dados utilizados no estudo incluíram o seguinte: referência a fontes secundárias, tais como manuais escolares, Internet, revistas e relatórios de ONG selecionadas como fontes de informação para a revisão da literatura, a fim de compilar este livro.

As principais conclusões do livro são apresentadas a seguir;
O estudo indicou que 61% dos inquiridos dão grande prioridade ao apoio ao crédito agrícola, fontes de água limpa sob a forma de furos/poços e barragens para irrigação na estação seca e para dar de beber aos animais domésticos. Além disso, o principal sector económico dos inquiridos das oito comunidades estudadas do norte do Gana é a agricultura (quadro 5.3). A tabela mostra que mais de (65%) de todos os inquiridos indicaram a agricultura como o sector económico em que ganham a vida. De acordo com os inquiridos, estes obtêm o máximo benefício destas intervenções (quadro 5.12 e figura 5.13, página 144).

Além disso, o livro revelou que 92,4% dos inquiridos das oito comunidades tendem a participar mais em actividades organizadas por organizações não governamentais (ONG) para ganho pessoal e motivação sob a forma de incentivos monetários e outros. 95,2% dos inquiridos eram da região Norte,

93,3% da região do Alto Oeste e 88,7% da região do Alto Este, enquanto 12% dos inquiridos preferem as ONG às actividades do governo porque as ONG dão uma compreensão clara para uma maior integração. Algumas outras razões deduzidas das respostas e do comportamento de participação dos inquiridos na escolha das reuniões em que participam ou não, incluem o respeito pelas pessoas, a motivação e a rápida execução de projectos iniciados a nível comunitário pelas ONGs mais do que as iniciativas conduzidas pelo governo. A tabela 5.10 e as figuras 5.11.1 a 5.11.3 (páginas 139-140) apresentam as evidências destes factores.

Além disso, 53% dos inquiridos das oito comunidades selecionadas do norte do Gana participaram mais ativamente em intervenções a favor dos pobres na fase de implementação do processo de participação. A monitorização e avaliação das actividades de desenvolvimento é outra fase em que o envolvimento e a participação da comunidade são visíveis (quadro 5.13, figuras 5.14.1 - 5.14.3 nas páginas 146-147).

A pesquisa identificou que existe um baixo investimento na área dos projectos de escolas, estradas e barragens nas comunidades estudadas. A pesquisa revelou que das oito comunidades, apenas duas beneficiaram de um projeto de escola ou de estrada e apenas três das oito comunidades beneficiaram de projectos de barragens (tabela 5.8, figuras 5.9.1 - 5.9.3, páginas 134-136).

Em geral, o estudo mostra que os homens dominam as mulheres na participação comunitária em actividades de intervenção a favor dos pobres nas comunidades selecionadas do norte do Gana. O Quadro 5.2 e as figuras 5.3.1 a 5.3.3 indicam que 57% dos homens, contra 43% das mulheres, participaram em actividades organizadas por agentes de desenvolvimento a nível comunitário (páginas 121 - 122).

A seguir à recapitulação das constatações, há as discussões sobre os resultados que foram categorizados ou agrupados em três subtítulos, como se segue: 6.2 discute como a participação comunitária é vista nos programas a favor dos pobres pelos actores do desenvolvimento e responde à pergunta 1, fazendo uso das constatações relacionadas dos capítulos cinco; 6.3 discute questões relacionadas com as perguntas 2 e 4, que tratam do papel da participação comunitária na identificação de conhecimentos e talentos locais

228

e dos valores e expectativas dos profissionais de desenvolvimento em relação aos programas a favor das pessoas pobres; e 6.4 discute as perguntas 3 e 5, que tratam do género, poder, nível educacional e contribuição dos membros da comunidade na participação em programas a favor das pessoas pobres

O que este livro sugere é a capacitação social, descrita por Sourbati (2012) como a prevenção da exclusão através do acesso e a capacitação da inclusão através da oferta de oportunidades de participação nos processos sociais. O envolvimento significativo dos actores do desenvolvimento em intervenções a favor dos pobres depende do acesso eficiente de todos aos canais de participação e da existência de informação e capacidade adequadas para participar em cada fase do processo de intervenção. O acesso e a capacidade podem servir para distinguir os que têm e os que não têm essas capacidades; assim, podem realçar ou agravar as desigualdades existentes e fazer parte da maquinaria da solução através de um processo eficaz de desenvolvimento de capacidades. Assim, para que a intervenção a favor dos pobres possa satisfazer as expectativas das pessoas, não pode ser modelada segundo um modelo exterior e subjetivo, a par da compreensão e dos planos dos actores do desenvolvimento. Tem de ser alcançada de acordo com os objectivos e métodos livremente escolhidos por cada sociedade e povo através da sua participação concertada a todos os níveis da cadeia de intervenção.

A participação procura dar às pessoas um sentimento de pertença e de apropriação, um sentimento de serem criadores, pessoas capazes de identificar as suas necessidades e capazes de empreender acções colectivas destinadas a obter possíveis soluções para as suas necessidades não satisfeitas. Além disso, a participação reforça as capacidades de reflexividade dos participantes, "ou seja, a capacidade de refletir e de tomar consciência do próprio comportamento e do seu impacto sobre os outros e sobre a dinâmica das situações sociais e profissionais em que se encontra" (Cornwall, et al 2004:5).

Em concordância com Wangari Maathai, quando diz: "Acredito que o mundo se aproximou da unidade e que mais pessoas se vêem umas às outras como um com o outro... é possível ter novos pensamentos e novos valores comuns para os seres humanos e todas as outras formas de vida" (Maathai, 1992:27).

A participação da comunidade nas iniciativas de desenvolvimento pode melhorar as estratégias de luta contra a pobreza e de promoção da justiça social e, por conseguinte, oferece uma promessa considerável de tirar os pobres do desespero, tal como ilustrado na figura abaixo. No entanto, à medida que a natureza da pobreza, da desigualdade e da governação muda, torna-se imperativo que as estratégias associem os direitos, o desenvolvimento e a participação a uma compreensão mais profunda do poder e da mudança social, para garantir que essas promessas sejam cumpridas através de um envolvimento total dos beneficiários das intervenções a favor dos pobres.

Figura 6.3 As pessoas em situação de pobreza sentem que as suas vidas são uma série de sinais de proibição de entrada

O título: "*Os pobres nas actividades do programa de intervenção para o desenvolvimento a favor dos pobres no Gana*" oferece uma oportunidade para identificar, analisar e propor formas e meios através dos quais as intervenções externas podem conduzir ao desenvolvimento a favor dos pobres no Gana. Para além disso, molda a compreensão das implicações teóricas da forma como as pessoas de fora vêem as possibilidades e limitações de promover uma participação genuína e totalmente inclusiva dos pobres nas intervenções de desenvolvimento a favor dos pobres. Também ilustra o facto de os membros da comunidade local e as suas instituições paralelas poderem ser um obstáculo à participação dos pobres da comunidade em actividades de desenvolvimento a favor dos pobres. Além disso, o tópico tende a demonstrar como as comunidades pobres vêem as intervenções de desenvolvimento nas suas comunidades e o que elas possivelmente consideram benéfico em comparação com as intenções dos intervencionistas. Este ponto é claramente ilustrado no capítulo cinco do livro.

6. 9Recomendações

No Gana, a participação das mulheres na tomada de decisões nos domínios da participação comunitária, em comparação com a dos homens, é mínima. Este livro recomenda que, para uma educação e participação eficazes da comunidade, sejam organizados fóruns baseados no género a nível comunitário, a fim de aumentar a participação e a contribuição específicas do género nas intervenções a favor dos pobres, mesmo que se destinem a todos na comunidade. No norte do Gana, em particular, a participação das mulheres nas intervenções a favor dos pobres tem sido mínima em comparação com a dos homens (quadro 5.2), a menos que uma atividade seja destinada às mulheres. Assim, a participação de homens e mulheres aumentará o empenho de todos os membros da comunidade e garantirá a sustentabilidade dos projectos implementados em benefício das pessoas durante um período de tempo prolongado.

Este estudo identificou que a agricultura é o principal sector económico (74%) das pessoas em estudo (quadro 5.3) e recomenda que as intervenções governamentais e não governamentais ao nível da comunidade se concentrem mais nas actividades agrícolas, tais como a educação sobre técnicas agrícolas, tecnologia de sementes e fornecimento de equipamento agrícola melhorado para melhorar o rendimento agrícola e encorajar muitos mais jovens a dedicarem-se à agricultura para aumentar a produção alimentar e a segurança alimentar no sector norte do Gana.

A Tabela 5.4 deste livro mostra uma população analfabeta (aqueles que não sabem ler nem escrever) significativamente grande nas comunidades estudadas do norte do Gana (54,92%); este estudo recomenda, portanto, que o governo reveja a sua política de ensino obrigatório gratuito para todas as crianças que frequentam a escola e expanda o seu programa de alimentação escolar para abranger todas as oito comunidades do norte do Gana, a fim de melhorar as matrículas no ensino, particularmente ao nível do ensino básico e secundário, de modo a inverter a maré crescente de analfabetismo, particularmente no norte do Gana, no futuro.

Este livro recomenda que a coordenação adequada das intervenções de desenvolvimento deve ser feita a nível comunitário pelos actores de desenvolvimento. A Tabela 5.3 indica que os membros da comunidade têm um conhecimento mais amplo das intervenções a favor dos pobres nas suas respectivas áreas. No entanto, a extensão do conhecimento e os níveis de envolvimento no aproveitamento desse conhecimento em actividades de desenvolvimento são mal coordenados pelos actores do desenvolvimento e isso não oferece às pessoas alguma compreensão e envolvimento, particularmente aos jovens, nas intervenções a favor dos pobres nas suas comunidades, destinadas a seu benefício.

O livro recomenda que o Governo crie uma política que permita aos membros da comunidade exigir o direito de tomar parte ativa em todas as fases do processo participativo, independentemente do agente que implementa a intervenção. As constatações na tabela 5.7 retratam um cenário de conhecimento das intervenções sem uma participação direta correspondente nas fases iniciais dessas intervenções. Por isso, este livro recomenda vivamente que os agentes de desenvolvimento criem um espaço de participação ou oportunidades adequadas para que os beneficiários do desenvolvimento tomem ou desmascarem decisões críticas sobre intervenções de desenvolvimento na fase inicial de decisão do processo participativo e não apenas na fase de implementação (Quadro 5.13). Isto irá melhorar os seus meios de subsistência através da compreensão, apropriação e sustentabilidade das intervenções de desenvolvimento a nível comunitário, e influenciar ou transformar sistemas e instituições que afectam as suas vidas. Além disso, verão a participação como um processo lateral com os actores do desenvolvimento e os beneficiários em pé de igualdade, exercendo uma abordagem de baixo para cima em vez de uma abordagem de cima para baixo, em que os beneficiários se tornam receptores com pouca ou nenhuma contribuição para as decisões e conclusões fundamentais sobre as actividades de desenvolvimento a nível comunitário. Além disso, a comunicação participativa no desenvolvimento implica um processo bidirecional em dimensões iguais, em que os intervenientes e os beneficiários partilham um entendimento mútuo sobre as questões das actividades de desenvolvimento em pé de igualdade. Isto permitir-lhes-á participar nas intervenções estratégicas a todos os níveis do processo participativo, para além das consultas superficiais (apenas uma questão de dever ou de obrigação) na fase de implementação, para participarem ativamente na definição da agenda, na tomada de decisões e nas estruturas que têm influência no seu bem-estar social.

Os actores governamentais e não governamentais que se dedicam a intervenções a favor dos pobres no norte do Gana devem reforçar as capacidades da população local da zona. O Quadro 5.8 mostra que vários intervenientes estão a envidar esforços em matéria de infra-estruturas educativas nas comunidades rurais do norte do Gana, mas há um relativo silêncio sobre o reforço das capacidades dos recursos humanos para gerir as instalações educativas nestas zonas rurais. Por conseguinte, a fim de assegurar a melhoria da educação e de outras actividades de desenvolvimento que exigem conhecimentos especializados em vários domínios, as intervenções de desenvolvimento do governo e das ONG devem orientar os seus esforços para um maior reforço das capacidades dos membros autóctones das comunidades, a fim de assegurar recursos humanos sustentáveis para gerir qualquer investimento de desenvolvimento a nível comunitário.

Este livro recomenda que as agências governamentais, tais como as assembleias metropolitanas, municipais e distritais, colaborem mais eficazmente com as ONGs das suas respectivas áreas nas intervenções a favor dos pobres no norte do Gana. As tabelas 5.9 e 5.11 indicam que os membros da comunidade no norte do Gana trabalham melhor com as ONGs do que com as instituições governamentais envolvidas em actividades semelhantes. As conclusões mostram que as ONG cumprem as suas promessas, enquanto as agências governamentais, na maior parte das vezes, não cumprem as suas promessas às pessoas. Se as agências governamentais e as ONG colaborarem em benefício dos pobres, os seus esforços colectivos produzirão resultados positivos.

O livro recomenda que os actores do desenvolvimento (agências governamentais e não governamentais) envolvidos em intervenções a favor dos pobres devem ter em consideração as necessidades mais desejadas dos beneficiários da comunidade. Um órgão de coligação para o desenvolvimento comunitário poderia ser instituído pelo governo ou por um grupo de pressão para garantir que os intervenientes no desenvolvimento comunitário ponham em prática as necessidades e opiniões dos beneficiários através da sua participação activa. Os membros da comunidade tendem a participar em intervenções que lhes trazem mais benefícios e estas intervenções, tais como créditos agrícolas para fins agrícolas e a provisão de fontes de água potável (furos e poços escavados à mão) foram identificadas como algumas destas actividades benéficas para os membros da comunidade no norte do Gana (quadro 5.12). A participação ativa da comunidade em actividades que consideram benéficas pode aumentar a sustentabilidade e a apropriação dos projectos de intervenção na comunidade depois de os actores do desenvolvimento terem retirado o seu apoio.

BIBLIOGRAFIA

Abbot, J. e Guijt, I. 1997. Changing views on change. A working paper on participatory monitoring of the environment, in *working paper*. Instituto Internacional para o Ambiente e o Desenvolvimento (IIED).

Agrawal, A., e Gibson, C. 1999. Enchantment and disenchantment: the role of community in natural resource conservation, em *World Development, 27(4)*. Grã-Bretanha. Pergamon. Páginas 629-649.

Agunga, R.A.A. 1990. Development support communication and popular participation in development projects, in the *Gazette 45:137-155*. Países Baixos. Kluwer Academic Publishers.

Agunga, R.A.A. 1997. Developing the Third World: a communication approach. Commack, NY. Nova Science Publishers.

Akerkar, S. 2001. Gender and participation: overview report, in *BRIDGE development dossier*. Sussex. Instituto de Estudos de Desenvolvimento.

Amanda, G. 2000. Problematizando a participação: Uma revisão crítica das abordagens à participação na teoria da avaliação. *Avaliação*. Vol. 6(2), 179-199. London. SAGE Publications.

Amuzu, C. Jones, N. e Pereznieto, P. 2010. 'Gendered risks, poverty and vulnerability in Ghana: To what extent is the LEAP cash transfer programme making a difference? Relatório do ODI

Ansa, M.A. 2006. A redução da pobreza continua a ser uma miragem. Accra. Daily Graphic, quinta-feira, 6 de abril de 2006. No. 149707.

Anuradha, J. e Moore, M. 2000. *The mobilisation potential of anti-poverty programmes, IDS discussion paper 374*. Sussex. Instituto de Estudos de Desenvolvimento.

Anyemedu, K. 2010. "Trade union responses to globalization: Case study on Ghana". Instituto Internacional de Estudos do Trabalho
http://www.ilo.org/public/english/bureau/inst/download/dp12100.pdf:
Descarregado: 07/05/11.

Appiah, K.O.A. 1999. Redução da pobreza no Gana: Guidelines and options for the preparation of an Agenda and Strategy. Documento preparado para o Comité Técnico da Pobreza, Comissão Nacional de Planeamento do Desenvolvimento.

Asare, E. 2003. Apresentação sobre comércio, desenvolvimento e seus efeitos no Gana na rede global. Documento não publicado apresentado no seminário regional africano da Streetnet 31st março-5 abril). Joanesburgo, África do Sul.

Asenso-Okyere, W.K., Twum-Baah, D.A. & Kasanga, A. 2000. Poverty Trends in Ghana in the 1990s (Tendências da Pobreza no Gana na década de 1990). *Jornal do Serviço de Estatística do Gana*, Accra. Páginas 7-9

Assimeng, M. 2010. *Religião e mudança social na África Ocidental. Uma introdução ao estudo da religião* (2nd ed). Accra. Woeli Publishing Services.

Ardayfio-Schandorf, E. 2006. 'The Family in Ghana: Past and Present Perspectives', em Y. Oheneba-Sakyi & B.K. Takyi (eds) *African Families at the Turn of the 21st Century*. Westport, CT: Praeger.

Aryeetey, E. 2006. Globalisation, employment and poverty in Ghana. Um documento apresentado em Tamale num workshop sobre a economia do norte do Gana, organizado pela UDS, ISSER e Cornel University, EUA.

Aryeetey, E. & Fosu, A.K. 2003. "Economic growth in Ghana: 1960-2000", Mimeo, African Economic Research Consortium, Nairobi.

Ayaga, M.A. 2000. *Valores comuns, estratégias contraditórias: um estudo das relações entre a Igreja, o Estado e as ONG no Gana*. Accra. SonLife Printing Press.

Baland, J.M. & Platteau, J.P. 1996. Halting degradation of natural resources: is there a role for rural communities? Oxford. Clarendon Press para a Organização das Nações Unidas para a Alimentação e a Agricultura.

Ball, S. & Gilligan, C. (Eds). (2010). Visualising migration and social division: Insights from social sciences and the visual arts. Forum Qualitative

Sozialforschung / Forum: Pesquisa Social Qualitativa, 11(2), http://www.qualitative-research.net/index.php/fqs/issue/view/34. Descarregado: 23/12/ 2014.

Bamberger, M. 1991. A importância da participação comunitária, em *administração pública e desenvolvimento*, volume 11. Páginas 281-284.

Barr, S. 2003. Strategies for Sustainability: Cidadãos e Comportamento Ambiental Responsável. *Area*,35(3),p. 227-240.

Bastos, A. 2004. Pobreza e exclusão social nas sociedades contemporâneas: conceitos e contextos, no *combate à pobreza e à exclusão social em Portugal*. STEP, OIT. Genebra. OIT.

Bateson, G. 1972. Forms, substance and difference, *insteps to an ecology of mind*, editado por G. Bateson. São Francisco, CA. Chandler.

Beall, J. 2004. Social policy and urban development, in *social policy for development*, editado por A. Hall e J. Midgley. London. Sage Publications.

Beierle, T.C. 1998. Participação do público nas decisões ambientais: An evaluative framework using social goals. Documento de discussão 99-06, *Resources for the future*. Washington, D.C. http:Zwww.rff.org

Bell, E.E. 2001. Infusing race into the US discourse on action research, in *Handbook of action research: participatory enquiry and practice*, editado por P. Reason e H. Bradbury. London. SAGE Publications Ltd.

Bening, R. B. 2010. "Endogenous development, poverty reduction and Africa's development" in *Topical issues in Africa's development paradigm*, editado por A. Apusigah. Tamale. Captured Africa/University for Development studies, Gana.

Bhatt, Y. & Tandon, R. 2001. Citizen participation in natural resource management, in *Handbook of action research: participatory enquiry and practice*, editado por P. Reason e H. Bradbury. London. SAGE Publications Ltd.

Blaikie, N. 2000. *Designing Social Research*. Cambridge: Polity Press.

Boarini, R & d'Ercole, M.M. 2006: Alternative measures of well-being, *Statistical Brief*. OECD.

Boltvinik, J. 2006. Poverty measurement methods-an overview. http://www.undp.org/poverty/publication/pov red/poverty Measurement methods.pdf. Descarregado: 8/07/06.

Boonzaaijer, C.M.S. & Apusigah, A.A. 2008. Endogenous development in Africa, em D. Millar, C.M.S. Boonzaaijer e A. Apusigah (Eds), *Endogenous development in Africa: towards a systematisation of experiences. Navrongo. COMPAS/UDS*.

Booth, D., Holland, J., Hentschel, J., Lanjouw, P. & Herbert, A. 1998. Participation and combined methods in African poverty assessment: renewing the agenda, em relatório encomendado pelo Departamento para o Desenvolvimento Internacional do Reino Unido para o grupo de trabalho sobre pobreza e política social, programa especial de assistência a África. London. DFID.

Bradbury, H. 2001. Learning with the natural step: action research to promote conversations for sustainable development, in *Handbook of action research: participatory enquiry and practice*, editado por P. Reason e H. Bradbury. London. SAGE Publications Ltd.

Bradshaw, G. & Burger, W. 2005. Public participation, sustainable development and public disputes: public scooping processes in the Coega deep water port and industrial development zone, in *Africanus: Journal of Development Studies*, Vol. 35 No 1, editado por L. Cornwell e P. Stewart. Pretória. Imprensa da UNISA

Brock, K. & Pettit, J. 2007. *Springs of participation: creating and evolving methods for participatory development (Molas de participação: criação e evolução de métodos para o desenvolvimento participativo)*. Warwickshire, Reino Unido. Practical Action.
Brockling, U. 2001. Vermittlung als befriedigung: Uber mediation. Comunicação apresentada no Seminnaire Bestuurlijkheid, centrum

fundamentele pedagogiek. KatholiekeUniversiteitLeuven . ˮ

http://www.sed.manchester.ac.uk/idpm/particpation/wp03.pdf.

Descarr
egado:
04/06/2006.

Bromley, D. 1992. The commons, property and common-property-regimes, in *making the commons work: theory, practice and policy*. São Francisco. Instituto de Estudos Contemporâneos.

Brown, L.D & Gaventa, J. 2010. "Constructing Transnational Action Research Networks: Reflections on the Citizenship Development Research Centre", *Action Research*, vol 8 (1), 5-28.

Bruce, J. 2009. *Meios de subsistência sustentáveis no norte do Gana: lições aprendidas.*
Tamale. ACDEP

Burkey, S. 1993. *As pessoas primeiro: A guide to self-reliant participatory rural development*. Londres: Zed Books.

Calas, M.B. & Smircich, L. 1999. Passado o pós-modernismo? Reflections and tentative diretions, in *Academy of management review*, 24(4).

Canagarajah, S. & Portner, C.C. 2003. Evolution of poverty and welfare in Ghana in the 1990s: achievements and challenges, in Africa Region working paper series No. 61.

Castells, M. 2000. *The rise of the network society* (2ed). Oxford. Blackwell Publishers.

Cernea, M., (ed). 1985. Putting People First, Oxford University Press, Nova Iorque.

Chambers, R. 1983. *Rural development: putting the last first*. Essex. Longman.

Chambers, R. 1993. *Challenging the Professions: Frontiers for Rural Development*, ITDG Londres

Chambers, R. 1994. The origins and practice of participatory rural appraisal, em *World Development*, 22(7). Páginas 953-969.

Chambers, R. 1996. *IDS Policy Briefing 13*. Inglaterra. Institute of Development Studies.

Chambers, R. 1997. *De quem é a realidade que conta? Colocar os últimos em primeiro lugar*. Londres. Intermediate Technology Publications.

Chambers, R. 2004. Ideas for development: reflecting forwards. *Documento de Trabalho 238 do IDS*. Inglaterra. Instituto de Estudos para o Desenvolvimento.

Chambers, R. 2005. *Ideas for development*. Londres. Earthscan, James and James Publishers.

Chambers, R. 2006. Notas para os participantes nos workshops de familiarização do PRA-PLA em 2006. Brighton. Instituto de Estudos de Desenvolvimento. http://www.ids.ac.uk/ids/participation/pdf. Descarregado: 05/05/2006.

Chambers, R. 2007. "Do PRA ao PLA e ao Pluralismo: Practice and Theory". *Instituto de Estudos para o Desenvolvimento. Documento de Trabalho 286, julho. Sussex. IDS.*

Chevalier, J.M. & Buckles, D.J. 2013. *Participatory Action Research: Theory and Methods for Engaged Inquiry*, Routledge UK.

Chossudovsky, M. 1997. *The globalisation of poverty: impacts of IMF and World Bank reforms (A globalização da pobreza: impactos das reformas do FMI e do Banco Mundial)*. Londres: Zed Books.

Christens, B. & Speer, P. W. 2006. Tyranny/Transformation: Power and Paradox in Participatory Development; Review Essay http ://www.qualitative- research.net/index.php/fqs/article/view/91/189. Descarregado: 7/10/2014

CIA. 2004. The World Fact Book. Washington DC. CIA

ClayDord consult. 2004. Análise da Pobreza e do Impacto Social (PSIA). Study on enhancing pro-poor decentralisation in Ghana, relatório final apresentado ao NDPC/GOG, patrocinado pelo GOG, GTZ e KfW, Frankfurt/Accra.

ClayDord consult. 2006. A Poverty, Social Exclusion and Macroeconomic Model of Ghana (Atualização do modelo macro e de pobreza do Gana construído em 2004 para o estudo Analysis of pro -poor decentralisation).

Clayton, A., Oakley, P. & Pratt, B. 1997. *Empowering people: a guide to participation*. Oxford. INTRAC Publications.

Cleaver, F. 1999. Paradoxes of participation: questioning participatory approaches to development. Bradford. *Journal of international development,* vol. 11,597-612

Cleaver, F. 2001. Institutions, agency and the limitations of participatory approaches to development, in *participation: the new tyranny?* Editado por B. Cooke e U. Kothari. Londres. Zed Books.

Cochrane, A. 1986. Community politics and democracy, in *new forms of democracy*, editado por D. Held e C. Pollitt. London. Sage.

Coetzee, J.J. & Graaff, J. 1996. *Reconstrução, desenvolvimento e pessoas.* Joanesburgo. International Thompson Publishing, Southern Africa (PTY) Ltd.

Collier, P. Dollar, D. & Stern, N. 2000. Fifty years of development. Trabalho apresentado na Reunião Anual da Associação de Economia da América Latina e do Caribe, Rio de Janeiro, Brasil. http://www.ids.ac.uk/ids/participation/pdf. Descarregado: 4/06/2006.

Cooke, B. 2001. The social psychological limits of participation? Em *participation: the new tyranny?* Editado por B. Cooke e U. Kothari. Londres. Zed Books.

Cooke, B., & Kothari, U. 2001. *Participation: the new tyranny?* London. Zed Books.

Cornwall, A. 2000a. *Beneficiário, consumidor, cidadão: perspectivas sobre a participação para a redução da pobreza.* Estocolmo. Sida Studies 2.

SIDA.

Cornwall, A. 2000b. Making a difference? Gender and participatory development, in *IDS Discussion paper* 378. Brighton. Instituto de Estudos de Desenvolvimento, Universidade de Sussex.

Cornwall, A. 2001. Making a Difference? Gender and Participatory Development. *IDS Discussion Paper 378 Paperback.* Sussex. IDS.

Cornwall, A. 2002a. Locating citizen participation, in *IDS Bulletin*, vol.33 (2). Sussex. Instituto de Estudos de Desenvolvimento. Páginas 49-58.

Cornwall, A. 2002b. Making space, changing places: situating participation in development, in *IDS working paper* 170. Brighton, Sussex, Inglaterra. Instituto de Estudos de Desenvolvimento.

Cornwall A. 2008. Unpacking 'Participation': models, meanings and practices, in *Community Development Journal.* Oxford. Imprensa da Universidade de Oxford

Cornwall, A., Pratt, G. & Scott-Villiers, P. 2004. Participatory learning groups in an aid bureaucracy: lessons for change, in *Policy and organisations*, No.11. Brighton. Instituto de Estudos de Desenvolvimento.

Craig, S. (1995). *Community Participation: A Handbook for Individuals and Groups in local development partnerships.* Dublin. Combate à pobreza.

Crewe, E. & Harrison, E. 1998. *O desenvolvimento de quem? An ethnography of aid.* Londres/Nova Iorque. Zed Books.

Crowley, P. 2005. *Community participation and primary care: learning from the building healthy communities programme.* Dublin. Agência de Combate à Pobreza.

Dahl, R.A. 1990. *Depois da revolução? Authority in a good society.* New Haven: Yale University Press.

Gráfico Diário. 2005. Comentário editorial. Accra. Jornal Daily Graphic News, 10/06/05.

Darlan, G. & Anani, K. 2005. *Delivering services to the poor: an assessment of the capacity to deliver education, health and water services to local communities in Ghana.* Washington D.C. Banco Mundial.

Das Gupta, M., Grandvoinet, H. & Ramoni, M. 2003. Fostering community-driven development: What role for the state? *In World Bank Policy Research Working Paper 2969, janeiro de 2003.* Nova Iorque. Série do Banco Mundial

DASF. 2005. "Achieving gender parity in Basic Education in northern Ghana" patrocinado pela Northern Network for Educational Development (NNED), Netherlands Development Organisation (SNV) e The Commonwealth Education Fund dezembro de 2005, p.56ff

David, B. & Holland, J., et al. 1998. Participação e métodos combinados nas avaliações da pobreza em África: renovar a agenda. London. DFID Social Development, Africa Division. http://www.dfid.gov.uk. Descarregado: 4/06/2006.

Debus, M. 1988. Um manual para a excelência na investigação de grupos de discussão. Projeto HEALTHCOM
Série de relatórios especiais. Washington, D.C. Porter/Novelli.
Dentith, A. M., Measor, L & O'Malley, M. P. 2012. A imaginação de pesquisa em meio a dilemas de engajamento de jovens em trabalho participativo crítico. Forum Qualitative Sozialforschung / Forum: Investigação Social Qualitativa, 13(1), Art. 17, http://nbn-resolving.de/urn:nbn:de:0114-fqs1201176. Descarregado: 12/12/2014.

Denzin, N.K. e Lincoln, Y.S. 2005. The discipline and practice of qualitative research, em N.K. Denzin e Y.S. Lincoln (Eds.), the *Sage Handbook of Qualitative Research.* Thousand Oaks: Sage Publications.

Dulani, B. 2003. Quão participativa é a participação nos fundos sociais? Uma análise de três estudos de caso do fundo de ação social do Malawi (MASAF). http://www.sed.manchester.ac.uk/idpm/particpation/wp03_.pdf.
Descarr
egado:
01/06/2006.

Edwards, M. 1999. *Future positive: international cooperation in the 21ˢ century*. Londres, Reino Unido. Earthscan Publications.

Ellis, A. 2005. Issues of inclusion and participation in rural community development: a discussion paper. Inglaterra. Institute for Volunteering Research, University of East London.

Emeagwali, G. 2003. African indigenous knowledge systems: implications for curriculum, em T. Falola (Ed), *Ghana in Africa and the world, essays in Abu Boaden.*

Escobar, A. 1995. *Encountering development: the making and unmaking of the Third World.* Princeton, Nova Jersey. Princeton University Press.

Estrella, M. & Gaventa, J. 1998. Quem conta a realidade? Participatory monitoring and evaluation: a literature review, in *IDS working paper* 70. Sussex. Institute of Development Studies.

Fakade, W. 1994. Local determinants of development sustainability: a study of rural development projects in Tanzania, in *the SPRING Research series* no. 7. Dortmund. A série de investigação SPRING.

Fals Borda, O. 2001. Participatory (action) research in social theory: origins and challenges, in *handbook of action research: participative inquiry and practice*, editado por P. Reason e H. Bradbury. London. SAGE Publications.

Fellmann, J., Getis, A. & Getis, J. 1990. *Human geography: landscapes of human activities*, segunda edição. Estados Unidos da América. Wm. C. Brown Publishers.

Fetterman, D.M. 1996. Empowerment evaluation: an introduction to theory and practice, em *empowerment evaluation: knowledge and tools for self-assessment and accountability*, editado por D.M. Fetterman, S. Kaftarian e A. Wandersman. Thousand Oaks, CA. Sage.

Fetterman, D.M. 2005. *A window into the heart and soul of empowerment evaluation: looking through the lens of empowerment evaluation principles.* Califórnia. Guilford Press.

50/50, Jornal Gráfico Diário. 2007. Comentário editorial, página 6

Flyvbjerg, B. 2006. Five misunderstandings about Case-Study Research. *Qualitative Inquiry,* 12 (2), pp. 219-245.

Freire, P. 1997. *Pedagogia do oprimido* (Rev. Ed.). New York. Continuum

Friedmann, J. 1987. *Planning in the public domain: from knowledge to action.* Princeton. Princeton University Press.

Galeano, E. 1997. To be like them, in *the post-development reader,* editado por M. Rahnema e V. Bawtree. Londres e Nova Jersey. Zed Books e Dhaka. University Press Ltd.

Gaventa, J. & Cornwall, A. 2001. Power and knowledge, in *Handbook of action research: participatory enquiry and practice,* editado por P. Reason e H. Bradbury. London. SAGE Publications Ltd.

Gbedemah, C., Jones, N. & Pereznieto, P. 2010. "Gendered risks, poverty and vulnerability in Ghana: is the LEAP cash transfer programme making a difference?" in *Project Briefing, No.5.* Accra. ODI.
Comissão da SIDA do Gana, 2002. "AIDS - Figures for Ghana" de www.ghanaweb.com: Notícias Gerais de Quinta-feira, 19 de dezembro de 2002.

Governo do Gana. 1995. *Ghana-Vision 2020 (A primeira etapa: 1996-2000).* Relatório presidencial ao Parlamento sobre o programa coordenado de políticas de desenvolvimento económico e social. Accra: Assembly Press.

Serviço de Saúde do Gana (GHS). 2007. Relatório anual. Accra. GHS

Serviço de Saúde do Gana (GHS). 2009. Relatório anual. Accra. GHS

Inquérito sobre o nível de vida no Gana (GLSS). 2005. Extrato do Sentinel 2005
Relatório Survelance disponível em
http://www.ghanaids.gov.gh/main/results detail.asp?story id=95, - 7/6/2005

Serviços de Estatística do Gana (GSS). 2002. Recenseamento da População e Habitação 2000, Relatório Sumário dos Resultados Finais, Extrato do Quadro 4, Agrupamento Étnico dos Ganenses por Nascimento e por Região,

245

março de 2002,p.23

Serviço de Estatística do Gana (GSS). 2008. Ghana: Relatório de Análise de Dados da População, Vol. 1: Tendências Socioeconómicas e Demográficas, Accra. Serviço de Estatística do Gana, Accra.

Serviço de Estatística do Gana. 2008. Inquérito sobre o nível de vida no Gana: Relatório da Quinta Ronda (GLSS 5). Accra: GSS

Serviços de Estatística do Gana (GSS). 2012. Recenseamento da População e Habitação de 2010, Relatório Sumário dos Resultados Finais, Agrupamento Étnico dos Ganenses por Nascimento e por Região, janeiro de 2012.

Serviço de Estatística do Gana (GSS). 2013. *Relatório do recenseamento da população e da habitação de 2010. Uma pobreza não monetária no Gana.* Accra. GSS.

Giddens, A. 2001. *Sociologia*: Quarta edição totalmente revista e actualizada. Londres. Blackwell Publishers Ltd.

Glaser, B.G. 2001. A perspetiva da teoria fundamentada. Conceptualização em contraste com a descrição. Mill Valley, CA. Sociology Press.

Global Footprint Network. 2008. Ecological footprint and bio-capacity (Pegada ecológica e bio-capacidade). Nova Iorque. GFN

Ir entre. 2004. Iniciativa de alto nível contra a fome, in *go between: UN update,* No. 102 (fevereiro-março), editado por B. Peoc'h. Genebra. Serviço de Ligação Não Governamental das Nações Unidas (NGLS).

Gore, C. 1993. Entitlements relations and "unruly" social practices: a comment on the work of Amartya Sen, in *Journal of Development Studies, 29(3)*, editado por J. Ribot e D. Mosse. Nova Iorque. Oxford University Press. Páginas 429 - 460.

Gould, C. 1996. Diversity and democracy: representing differences, in *democracy and difference: contesting the boundaries of the political*, editado por S. Benhabib. Princeton. Princeton University Press.

Governo do Gana. 2003. Estratégia de Redução da Pobreza do Gana 2003-2005: Uma Agenda para o Crescimento e a Prosperidade. Accra: Comité Nacional de Planeamento do Desenvolvimento.

Governo do Gana. 2007. 'Livelihood Empowerment Against Poverty (LEAP) Social Grants Pilot Implementation Design'. Volume 1, projeto final. Accra: MESW (MMYE).

Governo do Gana. 2012. Livro Branco do Governo sobre a transformação do NYeP numa Autoridade Empresarial para a Juventude do Gana. Accra. GdG.

Governo do Gana. 2004. *Declaração orçamental*. Accra. Ghana Publishing Corporation.

Governo do Gana, Estratégia de Crescimento e de Redução da Pobreza (GPRS II), Estratégia Coordenada de
Programa para o desenvolvimento económico e social do Gana (2006-2009), projeto final,
Comissão de Planeamento do Desenvolvimento Nacional, setembro de 2005, p. x

Grbich, C. 1999. *Investigação qualitativa em saúde. An introduction*. St. Leonards, NSW. Allen and Unwin.

Green, L.W., George, M. A., Mark D., Frankish, C.J., Herbert, C. P., Bowie, W. P. & O'Neill, M. 2003. "Appendix C: Guidelines for Participatory Research in Health Promotion," in Minkler, Meredith and Nina Wallerstein (eds), Community-Based Participatory Research for Health. São Francisco, CA: Jossey- Bass Inc.

Greyling, T. 1998. Para a gestão de litígios ambientais: Participação pública adequada. Documento preparado para uma conferência sobre Resolução de Litígios Ambientais, Fourways, Gauteng, 10-11 de junho de 1998.

Guba, E.G. & Lincoln, Y.S. 2005. Paradigmatic Controversies, Contradictions and Emerging Confluences, em N.K. Denzin e Y.S. Lincoln

(Eds.) *The Sage Handbook of Qualitative Research*. Thousand Oaks: Sage Publications.

Guijt, I. & Kaul Shah, M. 1998. Despertar para o poder, o conflito e o processo, no *mito da comunidade: Gender issues in participatory development*. Londres. Intermediate Technology Publications.

Gupta, G., et al. 2003. Lógica, Coindução e Computação Infinita. Slides da palestra convidada CALCO' 11. http://www.utdallas.edu/~gupta/. Descarregado: 10/01/14.

Hall, A. 1993. Non-governmental organisations in Brazil under dictatorship and democracy, in *welfare, equity and development in Latin America*, editado por C. Abel e C. Lewis. London. MacMillan.

Hall, A. & Midgley, J. 2004. *Social policy for development*. Londres: Sage Publications.

Hall, B. 1993. "Introduction," in Voices of Change: Participatory Research in the United States and Canada por P. Park, M. Brydon-Miller, B. Hall e T. Jackson (Eds). Westport: Bergin & Garvey.

Hall, R.H. 2002. *Organisations: structures, processes and outcomes*, 8th edition. Índia. Prentice Hall Inc.

Hammersley, M. 1992. *What's Wrong with Ethnography?* London: Routledge.

Harold, P. 2002. "Upper West, Upper East Top Poverty Table" General News of Tuesday, 16 April 2002 available at www.ghanaweb.com, posted to the web on 16 April 2002.

Harrison, B. 1993. *Lean and mean: the changing landscape of corporate power in the age of flexibility*. Nova Iorque. Basic Books.

Hart, R. 1992. Children's participation: from tokenism to citizenship, in *UNICEF innocenti essays* number 4. Florença. UNICEF.

Hayward, C.R. 1998. De-facing power, in *polity*, 31(1). Páginas 1-22.

Heller, A. 1989. From hermeneutics in social science toward a hermeneutics of social science, in *Theory and society*, 18(3). Páginas 304-305.

Heller, P. 2001. Moving the state: the politics of democratic decentralisation in Kerala, South Africa and Porto Alegre, in *politics and society*, vol. 29(1). Pages 1-28.

Heller, P. & Mahoney, J. 2003. "A resiliência e a transformabilidade da desigualdade social na América Latina". Documento de referência para a *desigualdade na América Latina e nas Caraíbas: romper com a história?* Região da América Latina e Caraíbas, Banco Mundial, Washington, D.C.

Helmore, K. & Singh, N. 2001. *Sustainable livelihoods: building on the wealth of the poor*. Londres. Kumarian Press.

Heron, J. 1996. *Cooperative enquiry: research into the human condition*. London. Sage

Hickey, S. & Mohan, G. 2003. Relocalização da participação numa política radical de desenvolvimento: cidadania e modernismo crítico. Um documento de trabalho preparado para a conferência sobre participação sobre o tema: From tyranny to transformation? Explorando novas abordagens à participação no desenvolvimento. Universidade de Manchester.

Hope, K.R. 1996. *Development in the Third World: From policy failure to policy reform*. Londres. M.E. Sharpe, Inc.

Hutchful, E. 2002. *Ghana's adjustment experience - the paradox of reform*. Oxford. James Currey.

Imoro, J.R., Ahorlu, C. & Koka, E. 2009 in *Ghana Journal of Development Studies*. 6(2). Tamale. Faculdade de Estudos Integrados, Universidade de Estudos para o Desenvolvimento, Gana.

Index Mundi (IM). 2011. CIA World Fact book.
http://www.indexmundi.com/ghana/population below poverty line.html
Instituto de Investigação Estatística, Social e Económica (ISSER). 2007. 'Shared and Inclusive Growth in Ghana'. Relatório para o DFID. Accra: ISSER.

Organização Internacional do Trabalho (OIT). 2002. *O trabalho digno e a economia informal: Relatório VI.* Conferência da OIT 90th Session. Genebra.

Israel, B., Schultz, A., Parker, E & Becker, A. 1998. Review of Community-Based Research: Assessing Partnership Approaches to Improve Public Health. Annual Review ofPublic Health.

Jacobs, G. 2010. *Exigências conflituosas e o poder das rotinas defensivas na investigação-ação participativa.* REINO UNIDO. Sage Publications.

Johnson, G. e Forsyth, T. 2002. In the eyes of the state: negotiating a "rights- based approach" to forest conservation in Thailand, em *World Development 30(9).* Grã-Bretanha. Pergamon. Pages1591-1605. http://www.uni- hohenheim.de/id90a/lectures/M5110/ws 03 04/reading materials/Tenure/in%2 0the%20eyes%20of%20the%20state-Negotiating%20a%20right- based%20approach%20.pdf. Descarregado, 13/02/06.

Jolly, S. 2002. Gender and cultural change: overview report, in *BRIDGE: development.* IDS. Sussex. Instituto de Estudos para o Desenvolvimento.

Kambonga, R. 2004. Women in northern Ghana: An assessment, em *Community development and advocacy (CODAC) profiles.* Bolgatanga. CODAC. http://www.codac.org.uk/PROFILES.pdf. Descarregado a 11/02/05.

Kane, E. & O'Reilly-de Brun, M. 2001. *Doing your own research.* Londres: Boyars.

Kavannagh, A., Daly, J & Jolley, D. 2002. Research methods, evidence and public health (Métodos de investigação, provas e saúde pública). *Australian and New Zealand Journal of Public Health,* Vol. 26(4), 337342.

Keller, B. 1994. In Mandela's South Africa, foreign investors are few, in *New York Times,* August 3. Page A-1.

Kelly, U. 2003. Para além da tirania da segurança: reflexões sobre uma alternativa potencial. Documento preparado para a conferência "participation: from tyranny to transformation", Manchester 27-28. http://www.bradford.ac.Uk/u.kelly. Descarregado em 2/06/2006.

Killick, T. 2000. "Fragile still? The structure of Ghana's economy 1960-94" em Aryeety, Ernest, J. Harrigan e Machiko Nissanke (eds.) *Economic reforms in Ghana: the miracle and the mirage.* REINO UNIDO. James Currey Ltd.

Kindon, S.L., Pain, R. & Kesby, M. (eds). 2007. *Participatory action research approaches and methods: connecting people, participation and places.* REINO UNIDO. Routledge.

Kinyashi, G.F. 2006. Towards genuine participation for the poor: critical analysis of village travel and transport project (VTTP) Mongoro, Tanzânia. Dodoma- Tanzânia. http://www.eldis.org/genuine participation.pdf.
Descarr
egado:
01/06/2006.

Knoblauch, H., Baer, A., Laurier, E., Petschke, S. & Schnettler, B. (Eds). 2008. Métodos visuais. Forum Qualitative Sozialforschung / Forum: Qualitative Social Research, 9(3), http ://www.qualitative-research.net/index.php/fqs/issue/view/11. Descarregado: 10/12/2014.

Koelen, M., & Van der Ban, A. 2004. Educação para a saúde e promoção da saúde. Wageningen:
Wageningen Academic Publishers.

Korten, D. 1980. "Community Organization and Rural Development: A learning Process Approach", *Public Administration Review, Sept.-Out.* Washington D.C. Banco Mundial.

Korten, D.C. 1995. *When corporations rule the world.* EUA. Kumarian Press e Berrett-Koehler Publishers.

Kothari, U. Power, knowledge and social control in participatory development, in *participation: the new tyranny?* Editado por B. Cooke e U. Kothari. Londres. Zed Books.

Krueger, R. A. 1988. *Grupos de discussão: A practical guide for applied research*. Newbury Park, Califórnia, E.U.A.: Sage Publications, Inc.

Kumar, K. 1987. Conducting focus group interviews in developing countries. *A.I.D. Program Design and Evaluation Methodology Report No. 8*. Washington, D.C.: Agência dos Estados Unidos para o Desenvolvimento Internacional.

Kumar, S. 2002. *Methods for Community Participation: A complete guide for practitioners*. London. ITDG Publishing

Kunfaa, E.Y., Dogbe, T., MacKay, H.J. & Marshall, C. 2001. *Empty* Pockets, *em Voices of the poor: From many lands*. Accra: Ghana Publishing Corporation.

Kur, E., DePorres, D. & Westrup, N. 2008. Ensino e aprendizagem da investigação-ação. Transformando estudantes, professores e universidades no México. *Investigação-ação, 6(3)*, 327-349.

Kyessi, A.G. 2002. Community participation in urban infrastructure provision: servicing informal settlements in Dar es Salaam, in *the SPRING Research series*. Dortmund. A série de investigação SPRING.

La Voy, D. 2006. Como reconhecer uma abordagem participativa se a encontrarmos num beco escuro. Um documento de desenvolvimento participativo da USAID. http://www.usaid.gov/about/part devel/docs/darkally.html.
Descarregado: 7/08/2006.

Laderchi, C.R. 2001. Métodos participativos na análise da pobreza: uma revisão crítica. *Um documento de trabalho do QEH, Série Número 62*

Laderchi, C.R., Saith, R. & Stewart, F. 2003. Toda a gente concorda que precisamos de reduzir a pobreza, mas não o que isso significa: será que isso importa? Documento para a conferência WIDER sobre desigualdade, pobreza e bem-estar humano. Helsínquia. http://www.sed.manchester.ac.uk/idpm/publications/wp/mid/mid_wp03.pdf. Descarregado: 6/06/2006.

Leroke, 1996. O desenvolvimento como condição pós-moderna: Towards postmodern development, em J.J Coetzee e J. Graaff. *Reconstruction, development and people.* Joanesburgo. International Thompson Publishing, Southern Africa (PTY) Ltd.

Maathai, W. 1992. Tudo o que precisamos é de vontade; *será que o ambiente pode ser salvo sem uma nova abordagem radical do desenvolvimento mundial?* Comité de planeamento do CONGO para a CNUAD. Genebra. UNCED.

Makumbe, J. 1996. Participatory Development: The Case of Zimbabwe, Harare, University of Zimbabwe Publications.

Makuvaza, N. 1998. Development with an African face: Africa's perspectives and challenges to the centre, in c *ulture and development, perspectives from the south,* editado por E.M. Chiwome e Z. Gambahaya. Harare. Monds Books.

Manuh, T., Gariba, S. & Budu, J. 2007. *Change and transformation in Ghana's publicly funded universities. Accra.* Woeli Publishing Services.

Marsden, D. & Oakley, P. 1990. Evaluating social development projects, in *development guidelines* 5, editado por D. Marsden e P. Oakley. Oxford. Oxfam.

Masschelein, J. & Simons, J. 2002. Uma educação adequada num mundo globalizado? A note on immunisation against being together, in *Journal of philosophy of education*, 36(4), 589-608.

Mathie, A. & Cunningham, G. 2003. Quem está a impulsionar o desenvolvimento? Reflexões sobre o potencial transformador do desenvolvimento comunitário baseado em activos. Documento apresentado na conferência "Participation: from tyranny to transformation", Universidade de Manchester. Instituto Internacional Coady. http://www.stfx.ca/institute/coady. Descarregado: 10/06/2006.

McCoy, D., Sanders, D., Baum F., *et al.* 2004. Pushing the international research agenda towards equity and effectiveness. Lancet, Vol. 364(9445), 1630-1631.

McEwan, C. 2002. Post-colonialism, in *The companion to development studies*, editado por V. Desai e R.B. Potter. London: Arnold. Páginas 127-131.

McGee, R. & Norton, A. 2000. "Participation in poverty reductions strategies: a synbook of experience with participatory approaches to policy design, implementation and monitoring". Documento de Trabalho 109 do IDS.

McIntyre, J.J. 1995. *Achieving social rights and responsibility.* Victoria, Austrália. Editores comunitários.

McKay, A. & Aryeetey, E. 2004. Operationalising pro-poor growth: A case study on Ghana. Fundo de Desenvolvimento para o Desenvolvimento Internacional (DFID) e Banco Mundial. http://www.dfid.gov.uk. Descarregado: 22/04/06.

McNamara, R.S. 1973. Discurso anual de Robert S. McNamara, Presidente do Banco Mundial e das suas filiais, 24-28 de setembro, em *1973 Annual Proceedings of the Board of Governors, IRBD.* Washington D.C. Banco Mundial, fevereiro de 1975.

Mefalopulos, P. 2003. "Theory and practice of participatory communication; the case of FAO project communication for development in Southern Africa", dissertação de doutoramento, Universidade do Texas, Austin.

Mefalopulos, P. 2008. Development *communication sourcebook: broadening the boundaries of communication.* Washington D.C. Banco Mundial.

Middlemiss, L.K. 2009. "The role of community-based organisations in stimulating sustainability practices among participants". Um livro de doutoramento apresentado à Universidade de Leeds, Escola da Terra e do Ambiente. REINO UNIDO. Não publicado.

Mikkelsen, B. 1995. Methods for development work and research: a guide for Practitioners. New Delhi. Sage.

Millar, D., Apusigah, A.A. & Boonzaaijer, C. 2008. *Endogenous development in Africa: towards a systemisation of experiences*. Navrongo e Leusden. COMPAS/UDS.

Ministério da Educação e do Desporto (MOEYS) Gana, 2005. Relatório preliminar sobre o desempenho do sector da educação em 2005, p. 16. Livro Branco do Governo do Gana.

Minkler, M & Wallerstein, N. 2003. Community-based participatory research for health. São Francisco. CA. Jossey-Bass Inc.

Mody, B. 1997. *Designing messages for development communication*. Nova Deli, Índia. Sage Publications.

MOFA/IFAD. 2001. *Land tenure survey report on Upper East Region of Ghana (Relatório do inquérito sobre a posse da terra na região do Alto Leste do Gana)*. Tamale, Gana: Northern Integrated Development Consultants.

Moose, D. 2001. People's knowledge, participation and patronage: operations and representations in rural development, in *participation: the new tyranny?* Editado por B. Cooke e U. Kothari. Londres. Zed Books.

Mote, E.K. 2005. Household size, composition and distribution, in Ghana population data analysis report, vol. 1, p.29. Accra. Serviço de Estatística do Gana.

Namrata J. & Brown, L.D. 1999. Understanding Participation in Large Scale Development Programmes (Compreender a Participação em Programas de Desenvolvimento de Grande Escala). Relatórios IDR vol.15. No. 1. Genebra. OIT

Narayan, D. 2002 (ed.). *Empowerment and poverty reduction: a source book*. Washington, DC. Banco Mundial.

Narayan, D., Chambers, R., Shah, M.K. e Petesh, P. 2000. *Voices of the*

255

poor: crying out for change. Nova Iorque. Oxford University Press.

Narayan-Parker, D. 1993. Participatory evaluation: tools for managing change in water and sanitation, *documento técnico* 207 *do Banco Mundial*. Washington DC. Banco Mundial.

Narula, U. & Pearce, W.B. 1986. *Development as communication: A perspective on India*. Carbondale. Southern Illinois University Press.

Neubert, D. 2000. O combate à pobreza como intervenção em campos sociais complexos e dinâmicos. http://www.uni-hohenheim.de/i490a/dps/2000/10-2000/10-   2000.pdf. Descarregado: 13/02/06.

Newman, C. & Canagarajah, S. 2000. Non-Farm Employment, Poverty, and Gender Linkages: Evidence from Ghana and Uganda Working Draft paper, 9 de março, p2.

Nkum, A & Ghartey, A. 2000. Consultas sobre a redução da pobreza, NDPC/GTZ

Nugunya G.K. 2009. *Tradição e mudança: Uma introdução à sociologia*. Accra: Universidade do Gana, Legon Press.

Nyamjoh, F.B. 2001. Concluding reflections on beyond identities: rethinking power in Africa, in *identity and beyond: rethinking Africanity*, editado por S.B. Diagne, A. Mama, H. Melber e F.B. Nyamjoh. Documento de discussão 12 do Instituto Escandinavo de Estudos Africanos.

Oakley, P. 1991. *Projectos com pessoas: A prática da participação no desenvolvimento rural*. Genebra. OIT
Oakley, P. 1994. People's participation in development: Reviewing the Balance Sheet. Documento de trabalho da Save the Children.

Ofosu-Appiah, B. 2008. Reporting on the state of rural poverty in Ghana, in *People Daily Graphic*, 16 Jan. Accra. Daily Graphic Corporation.

O'Reilly-de Brun, M. & de Brun, T. 2010. *A utilização da aprendizagem participativa e da investigação-ação (PLA) na saúde intercultural: Alguns exemplos e algumas questões.* Translocações: Migração e Mudança Social, Vol.6 (1).

Osman, S. 1997. Participatory governance, people's empowerment and poverty reduction, http//www.undp.org/seped/publications/conf pub.htm. Descarregado: 29 de fevereiro de 2007

Ostrom, E. 1990. *Governing the commons: the evolution of institutions for collective action.* Cambridge. Cambridge University Press.

Oxfam GB. 2008. Documento de análise do contexto sobre as principais áreas temáticas de programação no norte do Gana. Workshop para parceiros e principais intervenientes, janeiro de 2008 (não publicado)

Pasteur, K. & Scott-Villiers, P. 2004. Minding the gap through organisational learning, in *Inclusive aid*, editado por L. Groves e R. Hinton. London. Earthscan.

Patton M. Q. 1997. Para distinguir a avaliação da capacitação e colocá-la num contexto mais vasto. Evaluation Practice.

Pawson, R. 1995. Quality and Quantity, Agency and Structure, Mechanism and Context, Dons and Cons. *Bulletin de Methodologie Sociologique*, Vol. 47 (junho), 5-48.

Pawson, R. 1996. Theorising the Interview. *British Journal of Sociology*, Vol. 47 (2), 295-314.

Pawson, R. & Tilley, N. 1997. *Realistic Evaluation.* Londres: Sage.

Peter H. 2002. "Upper West, Upper East Top Poverty Table" General News of Tuesday, 16 April 2002 available at: www.ghanaweb.com, posted to the web on 16 April 2002

Portner, C. & Canagarajah, S. 2003. Evolution of Poverty and Welfare in Ghana in the 1990s: Achievements and Challenges; Africa Region Working Paper Series No. 61,0ctober 2003

Pretty, J. 1994. Alternative systems of inquiry for sustainable agriculture, in *IDS Bulletin*, volume 25(2). Brighton. Institute ofDevelopment Studies.

Pretty, J. 1996. Participation, learning and sustainability: emerging challenges for agricultural development, in *social change*, volume 26(1). Páginas 7-23.

Pul, H. A. S. 2003. Exclusion, Association, And Violence: Trends And Triggers 0fEthnic
Conflicts in Northern Ghana, um livro apresentado ao McAnulty College and Graduate School
de Artes Liberais, Universidade de Duquesne, em cumprimento parcial dos requisitos para o grau de
Mestrado em Artes. Não publicado. P.94

Quaghebeur, K. & Masschelein, J. 2003. A participação está a fazer a diferença? Análise crítica das reivindicações participativas de mudança, reversão e capacitação. Documento apresentado numa conferência sobre participação subordinada ao tema: "Da tirania à transformação? Exploring new approaches to participation in development". Universidade de Manchester .
http://www.sed.manchester.ac.uk/idpm/particpation/wp03.pdf.
Descarre
gado:
04/06/2006.

Rahman, A.M. 1991. The theoretical standpoint of PAR, in *Action and knowledge: Breaking the monopoly with participatory action research,* editado por 0.F. Borda e A.M. Rahman. New York. The Apex Press e Londres: Intermediate Technology Publications.

Rahman, A. M. D. 1993. *O auto-desenvolvimento das pessoas: Perspectives on participatory action research, a journey through experience.* Londres. Zed Books

Rahnema, M. 1993. Poverty, in *the development dictionary: a guide to knowledge as power*, editado por W. Sachs. Joanesburgo. Witswatersrand University Press, e Londres. Zed Books.

258

Rahnema, M. 1997. Afterword: towards post-development searching for signpost, a new language and new paradigms, in *the post-development reader*, editado por M. Rahnema e V. Bawtree. Londres e Nova Jersey. Zed Books e Dhaka. University Press Ltd.

Rappaport, J. 1985. The power of empowerment languages in *social policy*, 16(2). Páginas 15-21.

Rath, J. 2012. Poesia e participação: Scripting a meaningful research text with rape crisis workers. Forum Qualitative Sozialforschung / Forum: Investigação Social Qualitativa, 13(1), Art. 22, http://nbn-resolving.de/urn:nbn:de:0114- fqs1201224. Descarregado: 22/12/2014.

Reason, P. 2001. Learning and change through action research, in *creative management*, editado por J. Hurry. London. Sage.

Reason, P. & Bradbury, H. 2001. *Handbook of action research: participative inquiry and practice*. London. SAGE Publications.

Repórteres sem Fronteiras. 2010. Índice Mundial de Liberdade de Imprensa. Londres. RWB

Ribes, B. 1981. "A procura de uma política científica e tecnológica" em *Domination or sharing: endogenous development and the transfer of knowledge*. França. UNESCO.

Ribot, J. 1998. Theorising access: forest politics along Senegal's charcoal commodity chain, in *development and change*, *29*, editado por J. Ribot e D. Mosse. Britain. Pergamon. Páginas 307-341.

Rifkin, S. 1985. *Planeamento da saúde e participação da comunidade*. Kent. Croom Helm.

Robb, C. 1999. *Podem os pobres influenciar as políticas? Participation in the World Bank's poverty assessments*. Washington, D.C. Banco Mundial.

Robson, C. 2002. Real world research (2nd ed.). EUA. Blackwell Publishers

Romm, N. 1996. Uma estratégia de intervenção dialógica para o desenvolvimento, em J.J Coetzee e J. Graaff. *Reconstruction, development and people.* Joanesburgo. International Thompson Publishing, Southern Africa (PTY) Ltd.

Rootman, I., Goodstadt, M., Hyndman, M. *et al* (eds). 2001. Evaluation in health promotion: principles and perspectives. Copenhaga. Publicações Regionais da OMS.

Rugh, J. 1992. *Self-evaluation: ideas for participatory evaluation of rural community development projects.* Oklahoma. World Neighbours, Inc.

Sankaran, S., Hase, S., Dick, B. & Davies, A. 2007. Cantar melodias diferentes a partir da mesma folha de canções: Quatro perspectivas do ensino da investigação-ação. *Investigação-ação*, 5, 293-305.

Satterthwaite, D. 2004. *The under-estimation of urban poverty in low and middle income nations [A subestimação da pobreza urbana em países de rendimento baixo e médio].* Londres.IIED.

Saxena, N.C. 1998. What is meant by people's participation? In *Journal of rural development,* 17(1). Páginas 111-113.

Sayer, A. 1999. Realism and Social Science. Thousand Oaks, Califórnia. London SAGE.

Scheidtweiler, T.W. 1998. Human and economic development: the importance of civil society and subsidiarity, in *Catholic academic exchange service*, vol.3, editado por T.W. Scheidtweiler. Bona. Publicações África.

Schmidt, D. & Rifkin, S. 1996. Measuring participation: its use as a managerial tool for district health planners based on a case study in Tanzania, in *international journal of health planning and management*, volume 11. Páginas 345-358.

Scott-Villiers, P. 2004. Personal change and responsible well being, in *Inclusive Aid*, editado por L. Groves e R. Hinton. London. Earthscan.

Selener, D. 1997. *Participatory action research and social change.* New York. A rede de investigação de ação participativa de Cornell: Universidade de Cornell.

Sen, A. 1999. *Development as freedom*. New York. Knopf.

Sen, A. 2000. A decade ofhuman development, *Journal of Human Development* 1(1), 17-23.

Sen, A.K. & Dreze, J. 1995. *India: economic development and social opportunity*. Delhi. Oxford University Press.

Sen, A.K. & Nussbaum, M.C. 1993. *The quality of life*. Oxford. Clarendon Press.

SEND-Gana. 2007. Projectos financiados pelos PPAE (2002-2005), que impacto? Tamale. Publicação da Fundação SEND.

SEND-Gana. 2009. Relatório do Synbook sobre o novo modelo de ajuda da Declaração de Paris. Tamale. Publicação da Fundação SEND.

SEND-Gana. 2010. Fazer com que a descentralização funcione para os pobres. Tamale. Publicação da Fundação SEND.

Servaes, J. 1999. *Comunicação do desenvolvimento: um mundo, múltiplas culturas*. Cresskill. NJ. Hampton Press.

Servaes, J. 2003. À guisa de introdução, em *approaches to development: studies on communication for development*, de J. Servaes (Ed). Paris. UNESCO.

Singh, K. 2001. "Handing over the stick: The Global spread of Participatory Approaches to Development", em Edwards e Gaventa (eds), Global Citizen Action, páginas 163-175. Boulder: Lynne Rienner Publishers.

Smith, K.L. 2007. Participação dos cidadãos no desenvolvimento da comunidade.
http://www.citizen-participation-in-community-development L700.htm.

Sourbati, M. 2012. "Comunicações incapacitantes? A Capabilities Perspective on Media Access, Social Inclusion and Communication Policy".

Media Culture Society (Publicações SAGE).

Stake, R.E. 1995. *The Art of Case Study Research*. Thousand Oaks: Sage.

Stake, R.E. 2005. Qualitative Case Studies, em N.K., Denzin e Y.S., Lincoln (Eds.), *The Sage Handbook of Qualitative Research*. Thousand Oaks: Sage Publications.

Stirrat, R. 1997. The new orthodoxy and old truths: participation, empowerment and other buzzwords, em S. Bastian e N. Bastian (eds), *Assessing participation: a debate from South Asia*. Delhi. Konark.

Swantz, M.L. 2008. "Participatory action research as practice", in *the Sage handbook of action research: participative inquiry and practice,* editado por P. Reason e H. Bradbury. CA. Sage.

Sweetman, C. (ed). 1995. Gender and development in *women and culture*, vol 3(1). Londres. Oxfam.

Taylor, P. & Fransman, J. 2003. Learning and teaching participation in institutions of higher learning: overview. *PLA notes: Learning and teaching participation,* 48, 5-9 dezembro

Taylor, P. & Pettit, J. 2007. Aprendizagem e participação no ensino através da investigação-ação:
Experiências de um programa de mestrado inovador. *Investigação-ação 5,* 231247.

Tendler, J. 2000. "Porque é que os Fundos Sociais são tão populares?" In local dynamics in the era of globalisation, S. Yusuf, W. Wu, and S. Everett, eds. Oxford: Oxford University Press.

Thirlwall, A. P. 2002. Development as economic growth, in *the companion to development studies,* editado por V. Desai e R.B. Potter. London. Arnold.

Toulmin, M. & Gustavsen, B. (eds) 1996. *Para além da teoria: mudar as organizações através da participação*. Amsterdam. John Benjamins.

Townsend, P. 2010: The meaning of poverty, *British Journal of Sociology* DOI: 10.1111⁄j,1468-4446.2009.01241.x, 85-102.

Transparência Internacional. 2010. Índice de perceção da corrupção. Londres. Transparência Internacional

Tufte, T., Mefalopulos, P., Thomas, A. & Paolo, P. 2009. Participatory communication a practical guide. Washington, DC: Banco Mundial.

Twum-Baah, K (estatístico governamental em exercício). 2002. "Poverty Alleviation or Wealth Creation- the Christian fator" (Alívio da pobreza ou criação de riqueza - o fator cristão), discurso proferido na Igreja Metodista de São Pedro, em Odorkor, e publicado no *Ghanaian Times* de 16 de abril de 2002, Accra

UNCTAD. 2002. *Economic development in Africa, from adjustment to poverty reduction: what is new*? Genebra e Nova Iorque. Nações Unidas.

PNUD (Programa das Nações Unidas para o Desenvolvimento). 2003. Community empowerment at the crossroads, in Thailand human development report. http://www.undp.or.th/publications/NHDR03/3-chapter4.pdf.

Descarregado: 4/09/05

Programa das Nações Unidas para o Desenvolvimento. 2009a. Índice de Desenvolvimento Humano 2007 e seus componentes. Nova Iorque: PNUD.

Programa das Nações Unidas para o Desenvolvimento. 2009b. Índice de Desenvolvimento Relativo ao Género e seus Componentes. Nova Iorque: PNUD.

PNUD. 2010. Índice de desenvolvimento humano. Nova Iorque. PNUD

UNICEF, 2004. "Ghana: Achieving Gender Parity by 2005", Relatório Anual da UNICEF. Accra. UNICEF

UNICEF, Gana. 2009. Child Poverty and Disparities in Ghana (Pobreza Infantil e Disparidades no Gana): Estudo Global da UNICEF sobre Pobreza Infantil e Disparidades, 2007-2008. Accra: UNICEF Gana.

263

Uphoff, N. 1998. Learning about and for participation: from theoretical and empirical studies to practical experience and back to theory, in *Canadian Journal of Development Studies*, Volume xix, No.3. Páginas 453-465.

USAID. 2002. Investimento no Ensino Básico; uma descrição das actividades actuais. Washington, D.C. USAID

Van Dyk. A. 2005. *HIV/AIDS Care and Counselling; a multidisciplinary approach (3rd edition)*. Cidade do Cabo, RSA. Maskew Miller Longman (Pty) Ltd.

Van de Ven W. P. M.M. & Ellis, R. P. (2000). "Risk Adjustment in Competitive Plan Markets" [Ajustamento do risco em mercados de planos competitivos]. Em A. J. Culyer e J. P. Newhouse (eds.), *Handbook of Health Economics, Vol. 1: 755-845*

Vanek, J. 1971. *The participatory economy. Ithaca.* Nova Iorque. Cornell University Press.

Von Lieres, B. 1999. New perspectives on citizenship in Africa, in *Journal of modern African Studies*, 25(1). Páginas 139-148.

Wade, R. 1988. *Village republics: economic conditions for collective action in south India.* São Francisco. Instituto de Estudos Contemporâneos.

Wadsworth, Y. 1998. O que é a investigação-ação participativa? Investigação-ação internacional. Instituto de Investigação no Local de Trabalho, Aprendizagem e Desenvolvimento, e Southern Cross University Press. http://www.scu.edu.au/schools/gcm/ar/ari/P- ywadsworth98.html. Descarregado: 22/02/06.

Wenger, E., McDermott, R. & Snyder, W.M. 2002. *Cultivating communities of practice.* Boston. Harvard Business School Press.

White, H.1996. Que quantidade de ajuda é utilizada para a redução da pobreza? *In IDS bulletin, 27(1),* janeiro. Páginas 83-99

Wilkins, K.G. 2000. *Redeveloping communications for social change: theory, practice and power.* Lanham, MD. Rowman and Littlefield.

Wombeogo, M. 2005. *"Pobre à força"*: *An exploratory study of the nature and impact of gendered poverty in northern Ghana.* Dissertação de mestrado apresentada à Universidade da África do Sul (UNISA). Não publicado.

Banco Mundial. 1987. Community Participation in Development Projects: The World Bank Experience. Washington, D.C. Banco Mundial.

Banco Mundial. 1996. The World Bank participation sourcebook. Washington D.C. Banco Mundial. http://www.worldbank.org. Descarregado: 4/06/2006.

Banco Mundial. 2000. *Poderá África reivindicar o século 21ˢ*? Washington D.C. Banco Mundial.

Banco Mundial. 2001. Attacking poverty, in *World development report 2000/2001.* Nova Iorque. Oxford University Press.

Banco Mundial, 2001. "Issues of Equity and Efficiency", Working Paper Series 2579, abril de 2001, Washington D.C. Banco Mundial.

Banco Mundial, 2002. *Basic Education: Building the Foundation for Peoples and Nations.* Newton, Massachusetts. Banco Mundial.

Grupo do Banco Mundial. 2004. Partnerships in development: process in the fight against poverty. Washington, D.C. Banco Mundial

Grupo do Banco Mundial. 2010. Objectivos de Desenvolvimento do Milénio. Washington D.C. Banco Mundial.

Banco Mundial. 2010. Relatório sobre o desenvolvimento mundial. Nova Iorque. Banco Mundial.

Programa Alimentar Mundial (PAM). 2011. Análise exaustiva da segurança alimentar e da vulnerabilidade do Programa Alimentar Mundial no Gana. Accra. PAM

Wrigley-Asante, C. 2008. "Os homens são pobres mas as mulheres são mais pobres: Gendered Poverty and Survival Strategies in the Dangme West District of Ghana". Jornal Norueguês de Geografia 62(3): 161-170.

Wunsch, J. & Olowu, D. 2000. The failure of the centralised African state, em Mukandala R. (ed.), *African Public Administration*, Harare, AAPS Books.

Yetter, S. 2012. "Introdução ao planeamento e ação participativos". Workshop na Universidade George Washington, Washington DC, em K., Appel, E., Buckingham, K., Jodoin & D., Roth *participatory learning and action toolkit: for application in BSR's Global Programmes*.

Yin, R.K. 2003. *Case Study Research: Design and Methods*. Thousand Oaks, Califórnia. Sage Publications.

Yunus, M. 1996. Small farmers, producers and micro-entrepreneurs caucus, *in social priorities of civil society: Speeches by NGOs at the World Summit for social development*. Genebra. Serviço de ligação não governamental da ONU (NGLS)

APÊNDICE 1: MAPA DO NORTE DO GANA

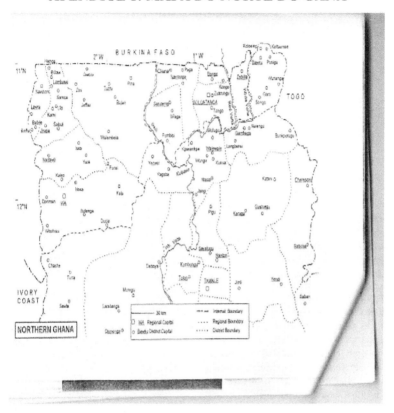

Fonte - Relatório anual da DDO, arquivos de 2010

Dr. Michael Wombeogo

O Dr. Michael Wombeogo é autor de vários artigos e livros de investigação revistos por pares, tais como *"Psychology at a glance; an introductory psychology for nursing and medical students"*, em 2008; *"Bandaging, a guide to nursing and medical students"* e *"Emergency health care '\for nursing and medical students"*, em seu nome. Tem outro livro ainda por publicar, intitulado ***"Man define yourself"* (*O homem define-se a si próprio)*, que procura motivar os aspectos psicossociais do homem a trabalhar, a viver de forma saudável e a desenvolver-se para o bem de todos.

O Dr. Michael Wombeogo é enfermeiro profissional, professor catedrático e chefe do departamento de saúde pública na Universidade de Estudos de Desenvolvimento, Tamale, Gana. Pertence aos seguintes organismos profissionais: Fellow, West African College of Nursing (FWACN), Fellow, Ghana College of Nursing, (FGCNM), Ghana Registered Nurses association (GRNMA), Sigma Teeta Tau International (STTI) e University Teachers Association of Ghana (UTAG). Além disso, é também membro de vários conselhos, comités e direcções na universidade e noutras áreas, incluindo o Conselho Escolar, os chefes de departamento e o comité executivo (SAHS), o Conselho Académico (UDS), o membro do Conselho de Administração do Vine Yard Hospital, Bawku e o Diretor de Programas da Participatory Action for Rural Development alternatives (PARDA), Gana.